黄色管理

解析中国皇朝管理

冯成平　白少飞　著

東方出版社

责任编辑:贺 畅

图书在版编目(CIP)数据

黄色管理——解析中国皇朝管理/冯成平 白少飞 著.
-北京:东方出版社,2008.4
ISBN 978-7-5060-3105-9

Ⅰ.黄… Ⅱ.管… Ⅲ.管理学-研究-中国 Ⅳ.C93

中国版本图书馆 CIP 数据核字(2008)第 036661 号

黄色管理

HUANGSE GUANLI

——解析中国皇朝管理

冯成平 白少飞 著

東方出版社 出版发行
(100706 北京朝阳门内大街 166 号)

三河南阳印刷公司印刷 新华书店经销

2008 年 4 月第 1 版 2008 年 4 月北京第 1 次印刷
开本:787 毫米×1092 毫米 1/16 印张:19.5
字数:230 千字

ISBN 978-7-5060-3105-9 定价:38.00 元

邮购地址 100706 北京朝阳门内大街 166 号
人民东方图书销售中心 电话(010)65250042 65289539

总 序

管理治国，中华文明复兴的必由之路

古代中国曾经辉煌、也几度盛世，为什么人们看到的却是经常性的王朝演变、周期性的兴衰更替，而且到最后远远落后于欧美列强？近代中国各派思想相互激荡，各种力量交互登场，为什么中华民族是在中国共产党的领导下从独立解放到再度实现伟大复兴？为什么西方工业化国家能够相继崛起，并长期维持安定的秩序、引领现代改革的方向？

对这些问题，人们从多个学科、多个角度，在不同层次上、不同框架中分析、评断，可谓见仁见智、不一而足。但能否寻找一个统一的视角、综合的学科，担当起描述这些现象、解释人们困惑、解决相关问题呢？我们最终选择了对组织、任务和人都很关注的学科——管理学。因为我们发现，不管是古代还是现今，无论是中国还是西方，所有这些兴衰、成败，都是组织、任务和人的交互作用，都不可回避管理——这个由实践产生理论、从经验走向科学的人类智慧结晶。

我们在管理学的框架内，把古代王朝、现代政党、民族国家都比作组织，把实现世代相传、推动民族复兴和确保长期先进都作为任务，把王朝、政党和国家的领导人看作组织领导人，内部有组织成员，外部是组织环境，用现代管理学来描述、解释这诸多现象。初始也有以企业代表组织、以企业负责人泛指组织领导者，把组织管理与企业管理相对接，在经济范畴内从企业组织的视角解读的计划。但是，当材料足够丰富、研究继续深入时，我们惊奇地发现，这一管理已不只是一个企业组织的普通管理问题，而是关于一切组织包括了经济组织、社会组织、政治组织乃至国家社会在内的“大管理”。管理学科作为一种实践和一个思考与研究的领域，不仅是面向企业、面向市场的，还是面向大众、面向社会的，更是面向权力、面向国家的。当市场经济呼唤科学管理，现代国家讲求科学执政时，“管理治国”理念和“管理也是生产力”的论断一并成为引领时代变革、推动社会进步的兴国之道。

基于“管理治国”理念，我们综合考察当前中国所处的时代环境，建构了“三色管理”体系，即红色管理、黄色管理、蓝色管理。我们用“红色管理”来定名现代管理与中国共产党的学科结合，写就《红色管理——向中国共产党学管理》，是把中国共产党管理实践活动理论化、学科化的大胆尝试；用“黄色管理”来定名现代管理与古代王朝的学科结合，写就《黄色管理——解析中国皇朝管理》，围绕古代中国皇帝及其皇朝进行管理学透视，因为黄色是中国古代皇家的特权颜色，由此我们称之为黄色管理；用“蓝色管理”来定名现代管理与西方国家先进管理思想的学科结合，写就《蓝色管理——破解西方管理本源》，破解现代管理的本源思想（这些管理思想起源于西方国家并在西方国家的发展演变过程中发挥了重大作用），进而借鉴国外的先进管理经验，把适合于中国国情的有益的东西进行归纳总结后拿过来。

我们的本意不在梳理历史（党史、皇朝史、思想史），何况管理学的本义也不在此。“三色管理”体系是以管理学科学理论为基础，用中国人“独特的思维方式”重新解读历史：管理学的科学方法将是我们的分析工具，历史的演进成为我们的研究对象，全新的思考角度让过去服务于未来。

“三色管理”立足管理学又不囿于管理学，指向管理而不局限于管理，不是以纯粹的合乎管理学的语言为表达约束，而是从历史中体悟管理和管理学的深意，做的是真正的“大管理”。

一定的管理理论体系必须适应一定的历史、社会、文化的条件。因此，我们有必要追溯整个20世纪在“中国文化向何处去”的问题上始终存在着的三种主张——自由主义的全盘西化论、保守主义的儒学复归论和马克思主义的综合创新论，以便为我们的大管理理论体系的建立提供向度。

自由主义的全盘西化论。这一主张对西方理论不加反思地接受，把本土资源作为论证西方理论实现西方社会思想的工具，无视西方学者已经深刻揭示的现代化危机等倾向仍然存在。事实上，一种民族的文化传统和文化惯性是在血液里流淌的，学习外来经验不可能如同电脑更新数据一样把植根于自身传统的文化观念彻底覆盖，这是西方文化在中国水土不服的深层原因。

保守主义的儒学复归论。一部分人寻求的不是对文化的“自知之明”，而是一种势头很猛的夸张的复旧，其中尤有甚者，宣扬“圣贤是文化之本，文化由历代圣贤创造”，认为中国100年近代史都错了，走的都是所谓“文化歧出”、“以夷变夏”的路；甚至主张“把儒教重新定为国教，建立一个儒教社会”。这种倒退复古、明显排外的取向当然不是提倡文化自觉的本意。

马克思主义综合创新论。事实上，在对待文化的问题上，毛泽东早已给我们确立了一个基本的立场：“古为今用”，“洋为中用”。从20世纪40年代毛泽东提出古今中外法（关于批判地继承民族文化遗产，吸收和借鉴中外一切优秀文化，毛泽东归纳为“古今中外法”）和新民主主义论，到80年代邓小平提出改革开放论和建设有中国特色社会主义理论，再到90年代江泽民提出的“三个代表”，一直到胡锦涛提出的“科学发展观”和“和谐社会主义”，中国共产党人一直高举着马克思主义综合创新论的文化大旗，代表着中国文化现代化的正确方向和思想主潮。

由此可见，中华文明复兴逐步实现的进程，既不是全盘西化的过程，也不能是复活旧学占统治地位的过程，而只能是在当代中国发展着的马克思主义指导下，在创造性地继承和发展自己民族的优秀文化传统的同时，大胆地借鉴和吸收人类文明有益成果的过程，是一个中华文明在自主创新中实现复兴的过程。

历史的成功揭示了未来的方向，中国特色的管理理论体系同样需要将“中国传统文化”、“西方先进思想”和“独特的思维方式”有机结合起来。“三色管理”为中国特色理论体系的建立迈出了坚实的一步：中国共产党的管理大道“红色管理”将是航灯，始终引领中华民族的伟大复兴；对中国古代帝王及皇朝的管理学透视“黄色管理”将是镜鉴，助推中华文明的再度辉煌；对西方管理学本源的破解“蓝色管理”将是火花，激发每一个炎黄子孙的创业梦想。

在引领中国走向文明复兴的道路上，中国共产党必须将价值理性的中国定位与工具理性的全球化视角结合起来。胡锦涛总书记在许多场合都描绘过中国对世界未来的建设性蓝图，即构建一个以多元文明并存为基础的和谐世界。

现代民族国家之间的冲突和文明冲突仍然难以消弭，一个多元文明的世界仍然在竞争和冲突中前行，全球多元文明之间的平等对话和公平竞争至今仍然是有待实现的愿望。只有理解多种文化，才有条件在这个正在形成中的多元文化的世界里确立自己的位置，经过自主的适应和其他文化一起取长补短，共同建立一个有共同认可的基本秩序和一套各种文化能和平共处、各抒所长、联手发展的共处守则。

正在建构多极世界秩序的道路上、胸襟越来越开放、实力越来越强大的中国的复兴具有世界性的意义。这个人类历史上重要的文明体的复兴，对于推进全球多元文明之间的对话与交流有着实质性的作用。这个渊源古老的文明国家在精神上经历了近两个世纪的艰难漂流之后，正对自己的文明传统生出越来越浓的兴趣，发出越来越强的自信。从本质上说，中国崛起就是中华文明的复兴。复兴进程中的精神故土有望焕发新的光辉。

中国共产党第十七次代表大会正是在中国文明伟大转变的时节登场的。积极构建社会主义和谐社会，反映了新世纪新阶段中国共产党和全国人民的不懈追求。我们在深入学习贯彻中国特色社会主义理论体系的同时，由衷地被这样一种精神、一种力量鼓舞着、推动着，惟有更加努力地进行理论思考和学术研究，使当代的先进管理思想与中国国情相融合、把管理学的普遍规律与中国特有的管理资源相对接，为形成具有中国特色的管理理论体系而大胆尝试、不懈探索。

“路漫漫其修远兮，吾将上下而求索”。“三色管理”体系正是我们走出的第一步。

冯成平

2007 年 11 月

目录

导　读

一、本书核心概念

1. 黄色管理

本书阐释的管理，不局限于企业管理，而是广义上的组织管理，或者可称为“大管理”，即对组织与时代环境、组织与阶段领导、组织与人才管理、组织与制度结构、组织与文化政策的管理学透视。其意义并不仅仅停留、纠缠在微细上，更多的是着眼、施动于宏观层面。

2. “五五制”

因古代中国皇朝的特点，我们析出黄色管理的五个因子（时代环境、阶段领袖、人才管理、组织制度、文化政策），五个阶段（开基、成长、巅峰、转折、衰亡），称之为黄色管理“五五制”。并且发现，五个因子在五个阶段的表现和作用是不同的，各有所侧重。其实，这毫不意外，在现代组织的产生、成长、衰亡过程中管理也具有同样的特征。

3. 五个阶段

五个阶段的划分在西汉、唐朝、北宋、明朝、清朝，比较典型。这不单是因为这些朝代历时长、皇帝多，还因为是在这几个朝代，各阶段的特征都较为明显，分界也相对清晰。而其他朝代，如秦朝、东汉、两晋、隋朝、南宋、元朝，历经时间短，某一阶段的特征尚未凸现就被下一阶段的特征湮灭了，以致显得错综复杂。更不用说局面更为混乱的三国、南北朝和五代了。但错综复杂与混乱并不意味着，除那五个比较典型的朝代之外，其他皇朝就没有经历五个阶段，或者说缺少其中的某一阶段。事实上，不经历是不可能的。因为，一个皇朝，就如同一个组织，但凡开始行为，就总有一个生命，因而也就回避不掉生命周期问题，同时也就有起步、成长、巅峰、转折、衰亡。只不过，有这样一种可能：因为该组织的生命力不是很强大，甚至生命迹象显得微弱，生命周期也不是很长，导致本应该分别出现在五个阶段的特征，交叉显现，时空重叠，浑然一体。给人以"尚未开始，即告结束"的勃兴、仓猝之感。其实，尽管生命是短暂的，阶段仍是齐全的，虽然不尽是层层演进的。就好像我们常打的一个比方：麻雀虽小，五脏俱全。

4. 五个因子

和上面所谈的五个阶段一样，五个因子并不是在任何一个阶段都有显著特征的。因为，每一阶段的时空条件和任务要求不同，不仅五个因子的所占比重不同，五个因子的功能作用更是不同。还必须说明的是，时代环境、阶段领袖、人才管理、组织制度、文化政策这五个因子不是从管理学原理中直接拿来的，而是透过管理学来管窥历史，从对历史的解析中得出来的。不是先验的，而是提炼的；不是用结论来框定历史，而是历史自身的逻辑。当然，这五个因子与现代管理学一般原理中的环境、领导、人员、组织、文化很相仿，五个阶段也与组织行为学中的生命周期即组织从产生、成长到最终衰落的过程极为类似。

二、本书核心主张

黄色管理“五五制”，不等于各因子在各阶段占有均等的比重。换言之，因为阶段环境的特殊性，每个阶段对各个因子的要求是不一样的，就像集团领袖和人才管理是第一阶段开基创业阶段的重中之重，组织制度的建构之于第二阶段成长稳定阶段尤为突出。这里，我们纵以阶段，横以因子，纵横交错，希冀用历史演绎管理学，用管理学管窥历史。

第一阶段，即开基创业时期。这一时期的外部环境是分久必合、合久必分，是大风起于青萍之末的时代，也是英雄的起步阶段，是时势造就英雄的时代。领袖（领导核心）在这一阶段的作用是必须大书特书的，因为这是个群雄蜂起、逐鹿中原的时代，哪股势力胜出、哪些英雄落败，哪个集团人才济济、哪个团伙穷途末路，都与集团领袖有着至关重要的关系，当然也势必影响到乱世的结局，看谁能笑到最后。人才管理在这一时期的必要性、重要性和紧迫性也是其他阶段所不能比拟的，因为在这样一个白手起家的创业阶段，谁掌握了人才，谁就将拥有一切。无怪乎，当世奇才比尔·盖茨如此说道：他只要带走他们公司一百个人，就能再造一个微软。由此也可看出，在第一阶段，第二个因子（领袖）与第三个因子（人才）基本是一个问题的两个方面，没有英明领袖，很难聚拢人才；聚拢不了人才，领袖也不会笑到最后。组织制度在这一阶段则相对简单一些，这是与阶段环境相适应的，瞬息万变的局势容不得复杂的组织结构和制度安排，均是灵活为要、弹性至上、当机立断。这与其他几个阶段相对完善和缜密的组织建构、制度安排、程序设计明显不同，因为他们的功能是有本质区别的。文化政策，在这里更像是集团“软实力”的同义词，因为文化的控制功能在这一阶段还不突出，所起的作用基本着重于：包装、宣传、粉饰自我，制造、引导、利用舆论，丑化、分化、打击对手。

第二阶段，即成长稳定阶段。这一时期的外部环境是民心思定、百废待兴。组织的历史使命也较为确切，那就是期许基业长青。相应地，总体战略目标由原来的灵活运用各种手段彻底摧毁旧秩序，转变为巩固领导、逐步规范、有效建构新秩序。成长的环境需要创新管理，重新建构。战略需要转轨，制度需要完备，这是守成阶段的任务，更是集团领袖的责任。集团领袖有否担当、能否担当，都将在这一阶段表露无遗。把创业基点演绎为成长支点，是对集团领导的基本要求。引导成功，组织就可能继续成长以至迈向顶峰；沉溺于胜利，组织就可能跨不过守成以致短命而亡。人才管理也由创业阶段的施展各种手段延揽人才，转变成创设体制吸纳、规范、控制人才。这时候，与创业功臣共享果实而走向和平共处，还是因独吞胜利果实而导致兵戈相向，成为人事调整的首要方面。纳入体制内进行人事管理，一如唐太宗李世民所说：“天下英雄尽入吾彀中”。制度建构对于刚完成创业的组织来说无疑是重中之重。高层权力的横向分工、整体权力的纵向切割、组织权力的运行保障都有赖于组织设计和制度安排。长期持久的生命力只能来自于管理能力，而管理能力又取决于组织设计和制度安排。文化政策在这一阶段等同于软环境建设，起到智力支持与精神保障的作用，既明确了组织发展的方向，又团结并稳定了人心，从而促进组织的成长。

第三阶段，即扩张繁荣阶段。这一时期组织的内外部环境是一切井然有序，稳定中达到鼎盛、规范中保有收益，风平浪静已经成为组织的生命常态。然而，任何事物都有它的两面性，隐藏的矛盾和盛世的表象如影随形，如果不加注意，那么盛世就可能成为组织衰落的起点。组织的超强实力使得领导者的野心大为膨胀，收购、兼并等对外扩张取代自我创造和稳步增长，成为组织主流行为。正所谓，与成功俱来的自满情绪，成为组织使命的一大威胁。成就巅峰和导致衰落乃同一阶段同一人所为，让我们不能不思考：盛世领袖两面性格的形成因素和行为后果。这时如何实现对其错误倾向的最大限度约束，将是组织能否持久繁荣的关键。处于巅峰的组织，无疑成为人才流向的目的地。这时，发现和支持真正的人才，与阻止滥竽充数者进入组织，特别是进入组织领导层，是人才管理的基准点；人才的培养和储备、内部关系的协调等，也是人才管理的主要着力点。通常组织在巅峰时期，相互矛盾的现象将同时出现：一面是领导权力的加强，一面是执行层面的歪曲；一面是加紧总部集权，一面是区域势力坐大；一面是越来越严密的监察监督制度，一面是大批体制内人员的腐化贪污。这个现象只有从组织与制度层面描述、解释与解决，才能使人悦服。文化政策在这一阶段仍然影响着组织的发展，只是受当时历史条件的限制，可能出现两个趋势：或继续开放，或趋于保守和控制。如何在控制与开放之间获致平衡，既不要过于严格控制以保持组织的文化活力，又不要过于开放以保证组织目标上的统一，是一个相当重要的问题。

第四阶段，即改革中兴阶段。组织的生命顶峰已经过去，盛世光环掩映下的问题渐次暴露，多方面矛盾日积月累加剧恶化，外部环境已经不容乐观。基业的继承者必须对各种挑战有所回应，方不致“家道就此败落”。即使这时的领导者本身因为种种原因而不具备这种担当，也还是希望局面有所改观的。如此一来，胜任领导角色，便可能出现中兴的局面，反之，或昙花一现，或一败涂地。主张改革者本身的素质和实力将直接决定改革的进度与深度，哪怕终究是以失败结束。实际上若以最后结果论成败的话，这一阶段即每一皇朝的后半期的改革，绝大多数是以失败告终的。但是，即使是失败，也有以持续时间长短、改革力度强弱、铺开领域宽窄、后世影响大小等指标来评定新政的，如庆历新政，如熙丰变法，如张居正改革。而与这几个指标直接相关的，便是改革家的魄力、格局与谋略。改革能否抓住实质（也就是大家所关心的、最在意的、改革所触及到的利益）以及能否应对转折阶段的问题表征（人事败坏、财政困难和组织离心力）。是在组织制度层面解释与解决变革问题的关键。至于该次改革能够发挥多大效能，则要看蓝图如何化为路线图，路线图怎样成为现实了。改革有没有承继和发扬组织既有的优势：创业时期的艰苦奋斗作风、创造思考能力、进取精神、团结状态；成长时期的稳定持重作风、规范约束能力、向上精神、合作状态；鼎盛时段的宏伟大器格局、开拓进取能力、宽容精神、和谐状态。能不能在取得很大成就的基础上，向组织本身业已滋生的、不合时宜的组织文化挑战，在传承中予以更新，进而对已然凝固、沉沦的习气有所调适，以增强组织对环境变化应有的调适能力，是这一阶段组织文化的功能逻辑。

第五阶段，衰落灭亡阶段。组织的生命周期走到尽头时，其内外部环境都已经险恶至极，组织已无法有效应对环境所带来的危机，内忧与外患已经发展到令人捉襟见肘、穷于应付的地步，组织面临着完全崩溃的压力。当组织尚有药可医时，经领导者采取措施后可以争取稍长的存活机会；但一旦病入膏肓，即使领导再有担当、再能作为，其实也已回春乏术。除了最高领导者应承担的责任之外，组织人事已经彻底腐烂。“君非君，臣非臣”，领导和员工关系持续紧张，人事权或被异化、或被权势人物把持，既有人事管理机制已然起不到任何激励、保健作用，人才或归于山林中、或走向对立面、或得不到适当任用，总之，体制内人事管理已然万劫不复。组织制度也已经漏洞百出，积重难返，结构僵化、制度失灵、行为走形，在物化形态上组织也已到了崩溃的边缘。管理层已经不再将“东家”放在眼里；地方势力已经做大到不再听从“总公司”的号令，整个集团组织已经陷入分崩离析的境地。经过几代人建立、积淀、凝结的组织文化，此时也受到了前所未有的冲击。每当组织到了覆亡的边缘，其原来的组织文化开始模糊，逐渐失去勾勒愿景、凝聚人心、激发斗志、强化信念的功效，甚至连符号意义都荡然无存。不仅组织的目标群体不把组织的存在当回事，就是组织成员乃至高层管理者也不再把组织文化当回事。原来统一、和谐的组织，面临着四分五裂的危险。与此同时，组织的竞争对手，纷纷利用组织衰落阶段的缺点弊端，加大宣传攻势，利用宣传来瓦解组织存在的合法性基础，瓜分、蚕食该组织原来的势力范围。质言之，文化上的衰落既是组织衰落的先声，同时也是组织衰落的结果。在这诸多因素的共同作用下，组织也就无可避免地走向了灭亡。

第一章

开基与创业：打天下

回顾古代中国主要皇朝的创业史，论述了实施创业、走向成功的关键所在：第一是对创业环境的整体把握和动态研判，进而准确定位自我，强力凸显新生；第二强调了创业领袖的企划能力和人格魅力，企划给人以前景，魅力产生聚合力；其他关注点分别是创业团队、组织制度和文化宣传，这是保证组织行动力的三个重要支撑。其中，人才是创业成功的原动力。

秦朝末年，群雄蜂起，逐鹿天下。先有陈胜、吴广起于大泽乡，后有项梁、项羽起自会稽，此后英布、彭越、陈婴以及部分六国势力的后裔也纷纷起兵反秦。在这些起义军中，芒砀山斩白蛇起义的刘邦并不起眼，他既没有旧时贵族的显赫身份，只是“泗上一亭长”（相当于现在乡政府下面的“片长”），没有绝世的武功（当时的楚霸王“力能拔山”），也没有雄厚的家资（出身于小富农家庭）。但是，历史却最终选择了刘邦，建立了西汉王朝。刘邦坐上皇位后，曾问手下的大臣“我之所以能够取得天下，而项羽失去天下的原因是什么?”诸臣的回答都没有令刘邦满意，刘邦自己总结道“在军事的策划上我比不上张良；治理国家，保障后勤供应，我比不上萧何；率领百万大军，进行战斗，我比不上韩信。我能将他们争取过来，各用所长，这是打败项羽的主要原因”。（夫运筹帷幄之中，决胜千里之外，吾不如子房；填国家，抚百姓，给饷馈，不绝粮道，吾不如萧何；连百万之众，战必胜，攻必取，吾不如韩信。三者皆人杰，吾能用之，此吾所以取天下者也。《汉书·高帝纪第一下》）这确实是刘邦胜利的原因，但是，仅仅知人善任就能取得胜利吗?

隋朝末年，全国反隋的浪潮日益高涨。翟让、李密领导的瓦岗军屡战屡胜，逼近东都洛阳；江淮杜伏威、河北窦建德的军队也节节胜利；在隋朝内部，杨玄感也举起反叛大旗，企图推翻隋炀帝。在如此复杂的局面中，李渊和李世民父子起兵反隋。在当时的各路诸侯力量对比中，李渊父子并没有特别突出的优势。但是，最终胜利的却是他们。李渊虽然拥有太原留守的职务，但是杨玄感也是隋朝的高官；李渊手下拥有一批能臣干将，李密领导的瓦岗军也是人才济济；余者杜伏威、窦建德、王世充、刘黑闼等各路人马也都不是等闲之辈。那么在大唐王朝创业的过程中，又是哪些因素使其战胜各路强敌，获得最终胜利呢？

元朝末年，出身和尚的朱元璋参加了郭子兴的红巾军。在红巾军中，朱元璋只是一名亲随（勤务兵），但是他却能在不几年中从亲随到九夫长，继而成为大元帅，称吴国公、吴王，成为红巾军的领袖。即便如此，在当时的局势中，朱元璋领导的红巾军，只是诸多割据势力中不太起眼的一支。朱元璋占据的地区东有张士诚、方国珍，西有徐寿辉、陈友谅，南有陈友定，还有元朝的大将八思尔不花等。从“地利”的战略角度分析，朱元璋所处的乃是“绝地”。但是，朱元璋接受了儒士朱升的战略建议，“高筑墙、广积粮、缓称王”（《明史·朱升传》），将战略劣势转变为战略优势，首先西进战胜陈友谅，次而挥戈东击张士诚，北伐元朝首都燕京，最终统一全国，建立了大明王朝。那么，朱元璋从一个普通士兵，辗转而成吴王，又推翻元朝统治，扫平各路反王，获得最终胜利的原因又是什么呢？

在创业阶段，创业者处在一个高手如林、竞争激烈的环境中。不论上面谈到的刘邦、李渊、朱元璋，还是其他王朝的奠基者，在开始创业的时期，自身的力量都不具备突出的优势，甚至还处于劣势。像刘邦，他的主要对手项羽出身将门，起兵之后兵精粮足，手下谋臣、武将如林，在实力上处于绝对优势，但最终的结局是刘邦胜出，项羽乌江自刎。李渊太原起兵之时，瓦岗军已经如日中天，足以号令群雄，但是瓦岗军的主要干将却最终被纳到了李世民手下。朱元璋的案例最典型，他是中国历史上出身最寒微的开国皇帝。他二十五岁参军，只是主将手下的一名小小的亲随，却在四十一岁那年建元称帝，建立明朝，其间只有十六年的时间。可以想见的是，在当时的条件下，像朱元璋那样的人多如牛毛，但最终胜出的惟有朱元璋。这其中的道道不能不值得我们思索、回味！

中国封建社会的历史，从整体上看就是一部皇朝兴衰更替的历史；而每一个皇朝的历史又必定从其开基创业开始。创业的路充满艰难困苦，创业的路也充满了斗争和智慧。在本章，我们将和读者一起走过皇朝开基者的心路历程，从中发现他们的智慧，领略他们的才情，学习他们的经验，汲取失败的教训，找到创业者事业成功的法门。

任何创业的开始，都是顺势而生。因此把握天下大势，准确定位自我，就成为创业成功的第一个条件。天下大势于己有利，还需要以正确的战略统领行动，以充满智慧的谋略实现愿景。如何实现呢？第一，要有人才。第二，要有聚拢人才的意识和本领。第三，要用自己的人格魅力将人才打造成有机的创业团队。第四，建构有效率的制度，确保组织的执行力。可以说有效率的执行是组织创业成功的关键，而只有灵活的制度才可能实现效率，这是创业阶段的组织特点。第五，创业组织的活力和战斗力，必须有组织文化上的支撑。有针对性的精神建设和文化宣传将激发起不可估量的士气。

乱世新生：创业的环境

把握整体态势：知“天时、地利、人和”

中国历史上，每一个开基皇帝所面对的第一个图景基本都是天下大乱、民不聊生。挑战原有统治秩序的反叛力量，如同激流破堤。蜂拥而起的起义军和拥兵自重的地方军阀征战不迭。这一图景的最明显特征就是：“乱”。乱则生变，乱给那些胸怀抱负、野心勃勃的人提供了机会；乱给那些不安于现状，力图改变自己地位的人提供了舞台。在一个已经稳定成长的时代，各种秩序已经建立，即使胸怀天下也很难有机会施展。所谓乱世出英雄，有心创业的人身处乱世之中，俟机寻找自己创业的道路。这就是“时势造英雄”。但是，身处乱世中的人何止百万，为什么只有少数的几位能够因时而变、顺势而生，跻身于英雄之列，获得最终的胜利呢？这些成功的创业人，不仅实现了自己的抱负，也改变了历史，这就是“英雄创造了历史”。

置身于乱世之中的开基者，尤其需要把天下大势了然于胸，深知“天时、地利、人和”。知“天时”，就是要明白历史发展的规律，看透局势发展的大方向；知“地利”，就是要对其时的环境有所了解，对各地的民俗有所了解；知“人和”，就是要知道人们需要什么、厌恶什么，知道民心向背。对于身处现代社会的创业者，也同样绕不过这几点。说白了，这个工作就是创办企业或启动事业的前期理论准备和市场调查摸底。成功的创业者不仅要吃透一时一地的“天下大势”，战略地思考，果敢地决策；对整体局势的发展也要保持清醒的头脑，不能仅满足于一时的增长、局部的领先。因为，“乱世”也有一个不断发展、演变的过程，创业者对乱世的把握需要随着乱世的变化而不断更定。

西汉开国皇帝刘邦，在押解一批囚犯到骊山的途中，由于天下大雨，道路泥泞，误了日期，刘邦就把这些囚犯放了，率领他们占据芒砀山。对于刘邦而言，这是改变他一生的决定。他之所以敢这么做，是因为刘邦明白秦朝的统治过于残酷，必将导致天下大乱，自取灭亡。如果刘邦的这个例子不够清晰，再看唐高祖李渊和太宗李世民父子起兵反隋的决定。起兵前夕，李世民对李渊说：“现在皇上昏聩，百姓困穷，晋阳城外都是战场，大人若还抱残守缺，那么下面有盗贼，朝廷有严刑，自己很快就会被灭掉。在当前形势下，不如顺应民心，兴义兵，把祸害转为福气，这正是上天给我们的好机会啊”（《资治通鉴》）。李世民不仅吃透了当时的民心向背，更是把握了局势发展的大方向。宋太祖赵匡胤敢于在离国都六十里的陈桥驿发动兵变夺取后周的江山，也是知道自己的举动是“顺天应民”，决不是莽撞之举。

当然，创业者决定起事，并没有这么简单。要知道古时举兵起事，远比现在的投资创业风险高。如果对当时的整体态势没有把握，信心和决心是很难确定的。当然，险还是要冒的；这类似赌博，但远比赌博危险和困难。明太祖朱元璋在皇觉寺当和尚期间，曾经做过三年的“游方僧”（外出化缘、讨饭的和尚）。这期间虽然很辛苦，用他自己的话说“魂悠悠而觅父母无有，志落魄而徜徉。西风鹤唳，俄淅沥以飞霜，身如蓬逐风而不止，心滚滚乎沸汤”（《御制皇陵碑》）。但正是在这一段悲风凄雨的游历过程中，朱元璋熟识了脚下这片土地的河流、山脉、地理，尤其是人情、风物，他扩展了眼界，见了世面，丰富了社会知识。更为重要的是，他接触到了当时西系红巾军领袖彭莹玉的一些弟子，开始了解天下大势。回到皇觉寺后的一天，参加了郭子兴红巾军的汤和（朱元璋的儿时伙伴）给朱元璋来了一封信，力劝他加入红巾军。对于朱元璋来说，这是一个艰难的决定。当然，后来他还是决定去参军，他的创业路由此开始。其实，对于谋求创业的人们来说，最终的决定还是来自对整体态势的把握。

如果对整体态势不清不明，即使起事也只是随波逐流，事业不会有大的起色。三国时期，刘备在涿郡起兵之后，虽然有关羽、张飞的辅佐，但其时他对局势发展并没有准确的把握。只能是带着关羽、张飞先投公孙瓒，后投曹操、袁绍，又转投刘表，甚至还委身于草莽吕布手下。按照司马徽的说法，是因为刘备没有高人相助。当他三顾茅庐，诸葛亮的隆中对，为刘备深入分析了天下大势及发展趋势。刘备得到诸葛亮，获得旷世奇才是一；最重要的还是通过诸葛亮与曹魏、孙吴并庭抗礼，占据了“人和”。这是刘备成功创业的关键。明朝末年，闯王李自成起于寒微，耗尽时力，才打下了北京城。但是他没有准确把握当时局势的发展，没把山海关守将吴三桂和对中原虎视眈眈的后金当回事，最终导致兵败九宫山，杀身成仁。可见疏忽局势发展，即使取得了一时成就，也将导致全局的失败。

不能准确估计局势，只凭匹夫之勇的创业者还有唐朝末年的黄巢起义军。黄巢在起兵之后，短短几年时间就攫取了唐朝大部分土地，但是，头领黄巢缺乏天下一局的观念，没有认真考虑当时唐王朝的残存势力和历史发展的大趋势，最终只能被史家称作“流寇”。西楚霸王项羽也缺乏对历史发展趋势的深入认知。项羽在自称霸王之后，并没有及时总结六国灭亡的教训，仍然自恃勇力，分封诸王。他不明白，秦始皇及秦二世之所以遭人怨恨，不在于天下一统与中央集权的郡县制度，而在于法令繁苛与滥用民力。平民所要求的不是倒转时针，而是生活上的安定与和平。如果在统一之下，可以获得自由与安宁，人们怎会怀念以前的封建和战争频仍的战国七雄时代?! 刘邦比项羽高明的地方就在于此。

准确定位自我：“知己知彼”

正确把握整体态势，明了“天时、地利、人和”，举起创业的大旗之后，还必须对自己的长处和短处以及自己在整个格局中的地位有准确的定位。这其实就是要求创业者“知己知彼”，俗语说就是“知道自己能吃几碗干饭”。

定位自我，最易犯的错误就是自高自大，过分估计自己的力量。俗话说得好，“没有金刚钻，不揽瓷器活”。犯这个错误的主要原因，乃是被一时的胜利冲昏了头脑。刚刚闯天下的人，一般不会犯这类错误，因为这时他们的周边多是已经有些成就的对手。但是，一旦取得了几个胜利，自信心就可能膨胀，开始认为自己无所不能。隋朝末年，乱局伊始，反隋而起的各路大军中，瓦岗军并不出众。李密上山后扩充了队伍，进兵荥阳，大败隋朝名将张须陀（唐朝开国大将秦琼秦叔宝，就是张须陀的手下猛将，此役战败后投降了瓦岗军)。让李密自认为瓦岗军已经天下无敌，是发生在大业十三年（公元617年）夺取洛口仓之战。瓦岗军此役威震东都洛阳，天下震动。随着节节胜利，李密逐渐地自负、膨胀，这表现为：第一，在强敌如林中称帝，等于把自己放到火上烤，成为各路起义军攻击的靶子。第二，打算依靠自己的威名做反隋的盟主。他致书李渊"以天下为己任，屡有大言"，并打算让李渊带头，会盟诸侯，推举李密为盟主。李渊得书，笑着说：李密狂妄自大，我在关中还有很多事情没有办完，如果拒绝，就会成为敌人；不如"卑辞推奖以骄其志，使为我塞成皋之道，缀东都之兵，我得专意西征。专等关中平定，据险养威，徐观鹬蚌之势以收渔人之功，未为晚也"（《资治通鉴》）。李密的狂妄自大，最终被李渊当作工具利用。

自我定位的另一个极端，是认识不到自己的优势，一味自唾自弃，明知机遇已经降临，还认为自己实力不足，不敢去做。这种错误常发生在那些创业初期屡遭挫折、频受打击的人身上。人的信心需要胜利来积累，尤其是艰苦的创业期，更需要胜利来支撑局面。一个本来很自信的人，失败一次可能不认为是自身能力的问题，但是两次、三次，以至多次失败之后，就会低估自己的实际能力和力量。因此，若想创业成功，创业者遇到挫折和失败，既不应自怨自艾，也不要怨天尤人，相反应自我查究和进行咨询，找到失败的原因和成功的要素。道理虽然简单，真正做到的却不多。殊不知，只要能做到这一点，一般就意味着成功。隋末李渊可谓典型。大业十三年五月，李渊、李世民父子兵伐长安，在霍邑遭遇到隋朝大将宋老生的顽强抵抗，久攻不下，又天降大雨。在这种情势下，李渊认为自己的实力不足以攻克霍邑，进兵长安；竟然提出要退兵晋阳。其时的长安已经非常空虚。霍邑的宋老生虽是一员猛将，但是李渊的兵力并不少，民望也不低。李渊被一时的挫折蒙蔽了。而李世民则对敌我力量的对比看的很透彻，认为：当前粮食都成熟了，不缺乏粮草；且宋老生轻躁，一战可擒。李密只顾守着洛口仓的粮食，根本没有远大的战略。刘武周与突厥外虽相附，内实相猜。先前我们起兵反隋乃是为了大义，奋不顾身以救苍生。现在应该先入咸阳，号令天下。今天遇到小敌，就遽然班师，恐怕那些跟随我们的人会立即解体，还守太原孤城之地为贼，又怎能保全自身”（《资治通鉴》）。随后的势态发展证明，李世民真正做到了“知己知彼”。李渊在历史上被称为“奉圣子起兵”，即依靠英明的儿子起兵，是不虚的。

现代管理中，特别是企业在始创阶段，对自身力量的正确估计是取得成功的重要前提。对整体态势的把握，对己方和对手力量有一个正确的估计是制定正确战略的必要条件，而正确的战略则是指导创业团队的纲领。纲领对了头，才有可能在强手如林的竞争中占据一席之地。一般而言，高估自己的力量，利令智昏，容易造成树敌过多，实际上压缩、甚至丧失了自己的生存空间；而低估自己的力量，自暴自弃，则容易丢掉已经到手的机遇。特别是那些起步不久的企业，由于自己的品牌和实力还没有被熟悉和接受，所以推广过程很艰难，也较容易遭到挫折，甚至失败。这时，保持自信、自我提气就成了最重要的事情。

创业领袖：企划能力与人格魅力

企划能力：竖起开基创业的旗帜

“励志照亮人生，创业改变命运”这句话，随着央视栏目“赢在中国”的热播而广为人知。这句话对创业的描述非常形象生动，也很鼓舞人。栏目程序的设计基本是循着创业的实际历程：首先观察选手对创业形势的把握和对自我的定位；再就是审视选手的创业战略，其实就是考察选手的企划能力。对形势把握好，自我定位准，提出的创业设想就较为切合实际；企划能力较强，提出的创业战略就具备说服力，带有煽动性。因为，战略在创业阶段实际上起着旗帜的作用，旗帜就是方向，旗帜就是力量，尤其在实力不太强的起步阶段，毫不夸张地说，旗帜就是一切。因此，创业的第二步，就是为创业制定指导方针，为开创基业奠定理论基础。

制定正确的战略，前提条件是知“天时、地利、人和”和“知己知彼”。从中国古代皇帝创业历程中总结出来的这些经验，与现代西方管理学的观点可谓不谋而合。现代管理中战略制定之前的“SWOT”（即：优势和劣势、机遇和威胁）分析，实际就是“知己知彼”的洋名。“知己知彼”为制定正确的战略方针提供了前提。实际上，分析整体态势和敌我力量对比与正确制定战略是一体的，我们将其分为两个步骤，不过是为了分析上的方便。刘备在三顾茅庐，请诸葛亮出山后，隆中对就是一个分析整体态势、准确定位自我，并为开基制定战略的佳例。当时北有曹操占“天时”，挟天子以令诸侯；东有孙权占“地利”，依靠长江之险；而西川刘璋暗弱，不是一个守成之主。诸葛亮给刘备的总战略是占据荆州，西进西川，北让曹操，东联孙权，成三足鼎立之势，以图匡复汉室。刘备坚持这个战略取得了创业成功；后期为给关羽报仇，放弃联吴制曹战略，直接导致蜀汉一蹶不振。由此可见战略管理的重要作用。

所谓战略，就是为指导组织达成目标而采取的一系列决策和行动的总纲领。组织在创业阶段，唯一目标就是建立自己的王国。确定了目标，就要有一个实现目标的总体计划，这个总体计划就是战略。诸葛亮隆中对提出的“三分天下”就是指导刘备集团实现目标的总战略。汉高祖刘邦接受张良的建议，西避汉中，积蓄力量，以待反击，就是刘邦集团这一时期的总战略。明太祖朱元璋接受朱升建议，“高筑墙、广积粮、缓称王”就是朱元璋集团的行动战略。这些都是成功的战略。当然也有失败的例子，一如前面提到的隋末李密的“反隋盟主”战略，非但不如己愿，反而丢了性命。一个失败的战略，根子在于对天下大势和敌我力量的错误判断。所谓“违天不祥”，意思就是误判局势，进而战略错误，终致失败。

战略对于创业的重要性极为明了。首先，战略为组织成员提供了明确的前进方向和实现目标的明确路线。如果没有一个明确的战略，可能导致组织内部相互冲突的目标和相互矛盾的行动。其次，战略使得组织成为一个富有生命力的有机体。在正确战略的指导下，组织内部遵循共同的原则行动，将形成“1 +1 >2”的合力效应。因战略正确而取得胜利的帝王不胜枚举。刘备在邀请诸葛亮之前，由于没有正确的战略，行动总体上是无规则的运动，总也找不到适合自己的道路。诸葛亮提出“三分天下”后，刘备集团立刻就体现了高效的战斗力和强大的生命力。战略对头，所有的困难都不构成障碍；战略不对头，所有的困难都将是不可逾越的鸿沟，甚至原本是自己的优势也会变成劣势。

用经济学的话来说，就是要在约束条件下，成本最小的那条路径就是组织应该遵循的战略。需要指出的是，此处的成本是实现目标的总成本。有的战略可能看似多走了弯路，但却是总成本最小的战略。发现和制定这样的战略，已经不是一个可以分析的问题，它需要智慧。与科学相较，它更是一门艺术。宋太祖赵匡胤制定统一全国的战略堪称经典。在赵匡胤之前，后周世宗柴荣就有统一全国的打算，并付诸了行动。周世宗柴荣本人非常勇敢，对待百姓也尚属“仁德之君”，但是由于他的战略不对头，最终还是没有实现目标。宋太祖赵匡胤吸取了周世宗的教训，采用了“先南后北”的战略方针，即先取富庶的江南，等实力强大了再消灭北汉，与辽国争锋。赵匡胤认为在实力不够强大的情况下，倒不如留下北汉，让他充当北方的屏障，等自己强大了再逐一攻取。这个战略的高明之处就在于：先平定南方，以南方的物质财富为基础，解决国家财政匮乏的问题；同时避免与辽国直接为敌，以积蓄力量，等待时机。事实证明，这一战略是极为明智的。当时，辽国正处于上升阶段，生机勃勃，如果一开始就与辽国为敌，两虎相争，必有一伤，后果不堪设想。

动态战略管理：随风飘扬的旗帜

战略不是一个静态的东西。战略首先是一个过程，正确的战略不是一劳永逸的战略。战略需要随着整体态势的变化而不断调整。在天下大势、敌我力量对比发生质的变化时，指导行动的战略也需要随之变化。这在现代管理意义上称作“动态战略管理”。其实，将战略理解为一个过程可能会更准确。从更抽象的意义上讲，战略是一个规则，在这个规则指导之下，创业者及时调整行动的阶段性目标和行动纲领，以求最大限度的打击敌人和发展自身。

动态战略管理被最充分地运用于古代皇帝开基打天下的过程中。秦末楚汉相争的开始阶段，项羽占有绝对优势，是名副其实的“霸王”。这是因为在起事之初，项羽准确把握当时局势，有效利用自己的身份和社会资本，再加上他勇猛过人，所以命运之神垂青于他。但是天下大势不断发展，项羽的战略思维却没有随着局势变化而调整，仍旧停留在过去。取得一些胜利后，项羽更是得意忘形，自立为西楚霸王不说，还以霸王的身份封了十八家王，然后不思进取，自高自大，认为天下他一人说了算。而刘邦集团善于在局势的变动中发现最优战略，不断调整行动。刘邦被封为汉王后，非常不满，认为这违反了楚怀王“先入关中者王之”的约定，所以想马上攻打项羽。但是刘邦集团中的萧何等人认为，现在刘邦的力量远不及项羽，不如暂时委曲求全接受汉王封号，治理好巴蜀、汉中，然后以此为根据地，再伺机攻打项羽。刘邦接受了这个战略，且明修栈道、暗渡陈仓，以待时机。随着局势变化，刘邦逐渐强大，项羽则不断衰落。如果这时刘邦集团不及时调整战略，仍然留在关中，可能其他诸侯会抓住这个机会，刘邦也就不会成为后来的汉高祖了。刘邦捕捉到局势变化带来的机会，并有效利用了这个机会。公元前205年3月，刘邦留下萧何治理关中，趁项羽的主力部队正在镇压七国叛乱之机，亲自带领人马，率主力出关东下，展开了历时四年的楚汉战争。

公元1357年，朱元璋集团打下徽州后，儒士朱升为朱元璋提出了“高筑墙、广积粮、缓称王”的韬晦之计。但是，随着局势的发展变化，朱元璋集团面临围攻。而经过几年的韬光养晦，自己的力量也有了增长。此时，要想保全自己，战略方针就需要及时做出调整，需要以攻为守。因此，朱元璋集团及时改变战略，集中优势兵力，首先解决来自西面的劲敌陈友谅。

战略作为指导和协调整个组织行动的指针，其重要性不言而喻。一个组织领袖在战略制定的过程中，既需要发扬民主、群策群力，还需要英明果断，只要认准了，就要坚持下去。仔细分析开基皇帝战略制定的过程可以发现，充分吸纳各方面人士的建议是事业成功的一个普遍规律。一如刘邦集团，刘邦本人并没有多少高明的见解，但是刘邦能够及时、虚心接受谋士萧何、张良的建议，并果断地做出决策，直到集团行动取得胜利。宋太祖赵匡胤定下的“北守南攻”战略，经过了相当长时间的盘算。大臣张永德首先提出不可直接攻击北汉，而要首先破坏北汉和辽的关系。赵匡胤对此表示赞同，但还没有下定决心。在一个大雪纷飞的夜晚，宋太祖苦思用兵方略，难以入睡，便约了皇弟赵光义深夜去扣宰相赵普的大门。赵普吃惊，问太祖：“夜深极寒，陛下为何出来?”，太祖回答道：“一榻之外，皆他人地，怎能睡得安稳?”。接着太祖提出首先攻击北汉统一天下，赵普反驳认为应首先平定南方，而后攻击北汉和辽国。太祖笑着说

"这正是我的意思，刚才只不过试探你而已"。这个过程体现有三，即制定战略第一要领导者深思熟虑，第二要多方听取意见，当然，最后还要领袖果断拍板决定。

谋略不是科学是艺术

战略是创业集团实现目标的总纲领，而要将战略付诸实施，还需把战略纲领可操作化，就是谋略。谋略是实施战略纲领的具体办法。从管理层次上讲，谋略要比战略低一个层次，它是具有现实可行性与可操作性的办法。只有战略而没有可操作的谋略，战略的执行性就大打折扣，甚至仅是一个空想。当然没有正确的、切合实际的战略，谋略也只是没有明确目标和正确指引的谋略，也不会取得成功。纵观开国皇帝的创业历程，成功的君主无不是谋略高手。创业阶段，谋略要紧紧围绕实现创业的总目标，在总战略的指引下解决创业遇到的具体问题。

谋略的核心特征是权谋与机变，用通俗的语言来讲，就是能够随机应变，仔细地分析具体问题，给出行之有效的办法。汉高祖五年（公元前202年）十月，刘邦在阳夏追击项羽，并派人约韩信、彭越前来会师，共击项羽。但是韩信和彭越却故意误期不到，致使刘邦在固陵孤军作战，打了败仗。刘邦集团这个时期的总战略是出重兵彻底击败项羽。但是，这个总战略遇到了集团内部的分裂危险。如何解决呢？这就要看谋略的效用了。刘邦问张良，韩信和彭越为什么不听从调遣？张良估计他们用兵不进是为了索要封地。此时的韩信已经占领了齐地，手下谋士劝韩信自立为王。韩信派使者到刘邦那里，提出如果要安顿、治理好齐地，需要给韩信更高的权力，因此韩信请求刘邦封他为"假齐王”。刘邦非常生气，认为韩信是要脱离汉朝自立，“假齐王”只是掩人耳目而已。刘邦刚要发作，张良在桌子底下踢了刘邦一脚，刘邦恍然大悟，立即顺势道“大丈夫做王就要做真齐王，要假王干什么”，并马上封韩信为齐王。事实证明，刘邦的这个谋略是正确的、成功的。如果刘邦不这样做，而是与韩信翻脸，那么韩信很有可能自立为王，甚至反过头来攻击刘邦，以当时韩信的实力，与刘邦、项羽三分天下不是没有可能，更何况当时项羽也已经在规劝韩信自立。张良的桌下一脚，踢出西汉二百多年的江山。

宋太祖赵匡胤陈桥驿黄袍加身，夺了周世宗的天下，当然首先应该归于赵匡胤兵变夺权的总战略。但是，如何既夺权还控制首都局面，需要谋略得当。这个谋略主要是赵匡胤集团的核心人物赵普和赵光义（宋太宗）完成的。赵匡胤集团首先谎报军情，说是契丹国派兵攻打后周，后周小皇帝只能派总管禁军的殿前都检点赵匡胤领兵出征。这实际上是将兵变地点挪出了环境复杂的京城。到达离京城只有六十里地的陈桥驿，部队停止了前进，赵普和赵光义私下策动兵士造反，并将早已准备好的黄袍披在了赵匡胤身上。这时的赵匡胤应该说是夺了权，完美无缺。但是，赵匡胤却又抓住兵将拥戴他做皇帝的时机，约法三章，规定回到京城后不得滥杀无辜。这一点非常重要。因为在五代时期，兵士们破城之后的滥杀和抢劫是一大弊病。而对于如何约束将士并没有很好的办法。赵匡胤借助自己登基的机会，宣布了纪律，非常成功。

遇到问题时，如何提出有效的解决办法？这需要创业集团的集体智慧和领袖的权谋能力。考虑办法时，不能仅限于原有的经验，要有发散性思维。与对手比谁看得远、想得深。朱元璋集团打下惠州、渡过长江后，粮食不足。虽然有“广积粮”的战略，但是如何“积粮”呢？当时的各路起义军都普遍使用“捎粮”，即抢粮的办法。朱元璋在开始时也采取这种办法，并发布军令“凡入敌境，听从捎粮。若攻城而彼抗拒，任将士检括，听为己物”（《国初事迹》）。“检括”的意思就是抄掠，不过还要重一些，严重到一抢而光，不留一点的地步。朱元璋的手下大将胡大海和常遇春先后指出“捎粮”的做法太过残酷，老百姓受不了，也不是经久之计。朱元璋和他的幕僚想到了古代屯田的例子。龙凤四年，朱元璋任命元帅康茂才为都水营田使，负责兴修水利，屯田养兵。屯田才一年，仓库就满了。龙凤五年五月，朱元璋下令禁止所属各州县再征收粮食，这一道命令受到了农民的衷心拥护，也成就了后起的朱元璋。

人格魅力：红缨枪不如吸铁石

创业的过程是一个由弱到强、不断战胜对手，直到取得最终胜利的过程。这个过程动荡不安、各派人马往来厮杀。既与打下天下后，力图稳固统治的成长阶段不同，也与国力旺盛、天下太平的盛世不同。创业过程面临的敌人在力量上一般都与自己差不多，有时自己还处于绝对劣势的地位。在这种情况下，未来能否取得胜利，并不是每一个人都有信心的。而且，在创业过程中，没有一个人能够先天的拥有控制他人的权力；要想组成一个富有战斗力的团队，团队内部成员的秩序又是必不可少的。残酷的竞争环境和复杂的斗争形式，需要创业团队有超过对手的智慧和战斗力。这首先需要创业团队内部团结、富有生机和活力、具有超强战斗力。在这个创业团队中，领导核心的确立是关键。领导核心必须是一个具有王者风范的领袖，而且事实证明，最后夺取了政权的开基者正是如此。换言之，没有王者风范也根本笑不到最后。集团领袖的作用在打下天下以后，特别是在天下稳定、太平盛世的时期，并不那么显著。因为那时权威已经树立，制度已经规范，社会比较稳定。下面这个例子足以说明这一点。在明朝中后期，作为一国领袖的万历皇帝曾经有二十多年不上朝的经历，明王朝虽然就此败落，但整个王朝的运行所受的影响并不明显。但是在创业阶段，领袖的作用至关重要。创业团队有了一个优秀的领袖，成功几率相应也就较大。

一个创业团队有了一个具有王者风范的领袖后，就能够组织一个富有远见卓识、能够看透局势、制定正确战略的领导集体；有了这个领导集体，就能够组织一个富有战斗力的创业集团。元末郭子兴的红巾军集团在郭子兴父子时，没有多少骄人的业绩，且内部矛盾重重。孙德崖、彭大、赵均用等人虽然也是红巾军，但并不听从郭子兴的号令，而且还不时攻击郭子兴。可以说，在郭子兴父子的领导下，这个创业集团没有成长潜力，没有显示出创业的激情，绝非一支绩优股，反而逐渐沦为垃圾股。正是朱元璋的出现使这个团队发生了质变。朱元璋不仅调和了集团内部的矛盾，还依靠自己的能力进一步扩大了队伍和地盘。朱元璋建立威信的过程，除了有对时局的透彻把握，能够制定正确的战略外，主要还在于他能够礼贤下士，根据团队成员每一个人的特长安排任务，并能够公平地处理内部矛盾。虹县人胡大海智力过人，作战勇敢，朱元璋立即任命他为先锋官，一举攻克和州。自从朱元璋成为这个团队的领袖后，这个创业团队的业绩直线上升，最终扫灭群雄，颠覆元朝，建立明朝。

两汉交错期间，绿林、赤眉起义反对王莽。起义军虽然在开始取得了一些胜利，但是当王莽回过神来，组织大军围剿时，起义军开始遇到危机。外部王莽的军队拼命围剿，起义军内部没有一个拥有绝对权威的领袖，矛盾重重。义军内部各派系斗争的结果是立软弱无能的刘玄为帝（年号更始，即更始帝）。如果在太平盛世，像刘玄这样的皇帝至少不是一个昏君，但是在创业阶段，这样一个软弱无能的“皇帝”又怎能担当领袖统帅群雄。公元22年，王莽派王邑、王寻率领四十二万人马，号称百万，围困绿林军的军事重地昆阳，而守城的绿林军只有八九千人。在这改写历史的关键时刻，刘秀（后来的东汉开国皇帝汉光武帝）以冷静的分析和远见卓识，说服众将守城待援，自己只率领十三骑出城调集援军。援军来到之后，刘秀率三千敢死队偷渡昆水，冲击王邑和王寻的大营。昆阳城中的绿林军也冲出来与刘秀的援军内外夹击，终败王邑和王寻。昆阳之战，刘秀以自己的才能和勇敢，创造了两万打败四十二万的奇迹。

昆阳之战使刘秀在绿林军中的声威大震，刘秀成为事实上的领袖。昆阳之战也开启了刘秀的帝王之路。在这场战役中，刘秀崭露头角，尽情挥洒了他的“王者风范”，他所体现出来的胆量、见识、气度和决策能力都是无人能及的。正因为如此，他才能号令群雄，成为创业集团的领袖。而这个创业集团也因为有了刘秀这个领袖才能所向披靡，最终创业成功。

纵观中国古代皇帝的创业历程，我们总能发现成功创业集团都有一个英明的领袖和以领袖为核心的领导集体。刘邦集团领袖刘邦，核心领导层是被刘邦称为“三杰”的萧何、张良和韩信，其他重要成员有曹参、樊哙、周勃、英布、彭越等人；隋末李渊集团的实际领袖是李世民，其领导集体有刘文静、裴寂、李靖、徐世绩（隋唐演义中的徐茂功）、长孙无忌、房玄龄、秦琼、程知节（程咬金）、殷开山、尉迟敬德等人；五代末年赵匡胤集团领袖赵匡胤，核心成员有赵光义、赵普，以及赵匡胤的“义社十兄弟”石守信、王审倚等人；元末朱元璋集团领袖朱元璋，核心人物有李善长、冯国用、刘基（刘伯温）、徐达、胡大海、常遇春、汤和、邓愈等人。

团队领导者需要有人格魅力和王者风范。取天下之道，有“霸道”，有“人道”，但更重要的是“王道”。“王”者，不向人施威而威自生，不向人发号施令，而别人甘心听从，“王者”之气，使他人心悦，众人心服。在这样的团队中，大家不计较个人得失，一心只为团队发展壮大。在现代，人们形容一个商界巨子，常常说他建立了一个“帝国”。这也正说明了他的事业、为人、风范、举止等都体现出一个强势的王者风范。

一个创业团队的成功需要一个领导集体和领导核心，而一个创业者要想取得成功也必须组建一个强有力的团队。不依靠团队的力量，只依靠自己的那点“智慧”，即使能够制定正确的战略，本人也是谋略过人，也不可能取得成功。更何况一个人即使浑身是铁，最多能打几颗钉呢？红缨枪再无敌，也只是单枪匹马。君不见纵使西楚霸王项羽力拔山兮，也终败于没有武功的刘邦，可见仅有匹夫之勇是难有担当的。创业阶段，好钢锻造的红缨枪反而不如一块吸铁石，吸铁石自身虽没有过人的武功，却能够产生向心力和凝聚力，把各类英杰团聚到一起，终成正果。因此，创业过程中需要团队作业，需要团队力量。楚汉之争中的项羽，号称“霸王”，不可谓不勇；起事于“亡秦必楚”的氛围中，不可谓没有谋略，否则他不会成为各路诸侯的“霸主”。他的勇敢和胆识在巨鹿之战中表现得非常明显。他的手下也不是没有谋臣武将，韩信不是曾经在项羽帐前做过小兵吗？范增不也是文韬武略之人吗？可惜项羽过于相信自己的力量，有韩信这样的大将他弃之不用，有范增这样的谋臣他听而不闻。难怪刘邦在谈到自己成功而项羽失败的原因时说，项羽之所以失败，是因为他不会用人，好不容易有个范增，他还不听范增的计谋。项羽确实厉害，但伟大的是项羽的个性，而不是他的做法。他之所以失败，并非由于命定。他的错误是只能发挥一己之智之力。用我们的话说，项羽失败的最根本原因在于没有组织起来一个富有战斗力的创业团队。

把握天下大势，知“天时、地利、人和”与“知己知彼”，只是创业的第一个步骤；制定正确的战略，拥有足够的谋略，确立一个领导核心，组成一个创业团队，则是创业的第二个步骤。这两个步骤，议论的成份多，如何做的成份少，基本上属于“纸上谈兵”，等于才开始动脚走路，漫漫征途刚开始。但是，我们不可以因为这两个步骤是“务虚”而忽视它们。没有这两个步骤，创业的长征就是漫无目的、亦步亦趋；你可能很努力，可能很勤奋，也可能很有创意，但如果对天下大势和敌我态势判断错误，很可能战略错误；而在错误的战略指引下，即使你有过人的谋略，你有一个人才济济的团队，也可能会在漫漫征途中迷失方向；即使侥幸达到目的地，你也会多走弯路，困难重重。当然，仅有这两步永远也创不了业，成功创业还需要第三步，还需要其他条件的支撑。

第三步关注的是什么呢？关注的是行动力，是组织的效率以及效率的支撑。我们可以发现历史上成功创业的皇帝关注三个因素：人才、制度和文化支持。人才是创业成功的原动力。与成长阶段和盛世阶段不同，创业阶段尤其需要人才的支撑。成长阶段和盛世阶段，由于没有赤裸裸的、你死我活的敌我斗争，所以对待人才主要是“养起来”，不要让人才成为皇朝统治的异己力量。而在创业阶段，处在激烈的敌我斗争之中，必须多方面吸收人才为己所用。所谓“不拘一格降人才”，在创业阶段，对人才的需求不是通过漫长的考试来选拔。因为每一个创业者都知道，没有人才，一切都是空谈。

人才：不是成本是资源

人才的重要性毋庸置疑，特别是在创业阶段，可以说哪一个创业集团拥有了人才，首先就在力量上拥有了优势。那么什么是人才？人才为什么对于创业而言具有特殊的重要性？作为创业之主又如何识别人才、使用人才来实现创业集团的战略目标呢？创业阶段的人才政策有着什么样的特征？

创业阶段，人才不仅指那些学富五车、博古通今的谋臣，也不仅是勇猛过人、力可拔山、于万马军中轻取敌将首级的大将，还指那些有一技之长，能够完成某项特殊任务的人。因此，人才的定义首先是与具体的条件、环境、任务、目标相联系的。千里马拉犁、负盐，不如黄牛；千金之剑，以之折薪不如笨斧；“当其时，当其事则凡才亦奏神奇之效”（曾国藩：《笔记十二篇》，曾国藩全集·诗文，第 392 – 393 页）。

成就创业者的爱才之癖

创业集团首先需要认识到仅依靠自己不能成就大事。要实现成功的创业，没有团队的力量和智慧是不可能的。楚汉相争中的项羽没有那种爱才的心，看不起陈平、韩信低微的出身，轻慢随意，使之先后投奔到刘邦集团。如果在成长阶段和盛世阶段，失去一个、两个人才可能不会对皇朝的稳定造成多大伤害，但是在竞争白热化的创业阶段，损失一个关键人物，就可能造成全局失败的后果。

对人才的渴求，应该贯穿整个创业阶段。吸纳人才时礼贤下士，获得人才后以礼相待，都是对人才的极大尊重。范增是项羽集团的第一谋臣，足智多谋，富有斗争经验。仅从鸿门宴上，范增建议杀死刘邦这一件事上，就可以看出范增非等闲之辈。但是，项羽却过于自大，不听范增的正确意见。项羽的自高自大、独断专行和刚愎自用最终送了自己的命。项羽临死之前总结自己失败的原因，认为“天亡我，非战之罪”，说明这种刚愎自用的心态还没有改变。读来掩卷，不亦悲乎！

同是陈平、韩信二人，到刘邦集团后所受的待遇截然不同。陈平投奔刘邦后，刘邦立即拜陈平为都尉，使参乘，典护军（相当于军级首长）。韩信投奔刘邦后，刘邦刚开始没有发现韩信的才能。但是刘邦的优点在于，一旦知道，立即“选择良辰吉日，斋戒，设立坛场，备好礼仪”，拜韩信为大将。所以说，对于人才的选拔和使用，不能看表面形式，而要看实质，看对待人才的理念。没有这种理念，即使身边猛将、谋臣如云，也不会起什么作用。刘邦的人才理念就数次帮助他成功地获得人才。刘邦刚开始创业时，比较轻视儒生的作用。在行军到郦食其的家乡陈留地界时，郦食其通过朋友的介绍来到刘邦的大营求见刘邦。刘邦其时坐在床边让两个女子给他洗脚，见了郦食其也不起身示礼。郦食其也不下拜，而是径直问刘邦“足下是想帮助秦朝来镇压各路起义军呢，还是想率领起义军推翻秦朝?”刘邦一听大骂郦食其是“竖儒”，说天下百姓都苦于秦朝的暴政，所以投奔义军想推翻秦朝，怎么会帮助秦朝呢？郦食其就严肃地对刘邦说，如果真想起义兵诛暴秦，就不应该对长者这样无礼。他觉得郦食其说得有道理。刘邦赶紧洗完脚，穿好衣服，请郦食其上座，表示歉意，并且诚恳地向他请教打击秦朝的计策。此后郦食其多次为刘邦集团出谋划策，立了大功。

有了爱才的意识，就有了求得人才和使用人才的可能性。但是，仅有意识是远远不够的，还需有行动，有寻访人才、识别人才、使用人才的具体政策和行动。

广开才路：创业路上没有局外人

如前所述，创业阶段，天下处于乱世之中，群雄蜂起，一个又一个的创业集团都在寻找人才。但是，乱世之中，人才并不是都愿意出山的，人才也不是只可以到你这个创业集团中服务。这就需要创业者能够在复杂的局面中，发现人才，并通过自己的诚意和人格魅力获得人才的衷心拥戴。

纵观中国古代的开国君主的创业历程，可以发现在创业阶段主要有如下几种访贤问圣、获得人才的途径：

其一，就是“慕其名而拜访”。对于那些早已名声在外的超级人才而言，并不是随便哪个创业集团都乐意去的。由于他们早已名声在外，所以会有许多创业集团盯着他们。这时，就看哪个创业集团具有诚意，最有发展前途，并且愿意以最隆重的礼节去拜访、应请这些贤士了。

一如刘备的三顾茅庐。诸葛亮卧居隆中，对天下大势却如此了解，说明他的本意并不是要一辈子“躬耕于南阳”，而是在等待明主。刘备抓住了这个机会。宋太祖的宰相赵普，也是赵匡胤听说赵普的盛名后亲自登门拜访而得来的。当年赵匡胤奉后周世宗柴荣之命，征伐南唐，大军攻至滁州，由于地势险峻，四面环山，易守难攻，只能出奇兵制胜。听到赵普的盛名，赵匡胤立即除去戎装，微服拜访，请教破滁州之计，并让赵普成为了自己的首席智囊。

有时候，即使数次拜访，并不一定能使人才出山为我所用。不过，能够获得一个谋略或思路，也可以事半功倍。朱元璋集团在打下徽州后，通过邓愈的介绍，认识了老儒朱升。老儒朱升只是告诉了朱元璋九个字：“高筑墙、广积粮、缓称王”，但就是这九个字，成就了朱元璋集团的创业梦想。

其二，颁布各种“求贤令”。这种方式的优点是可以在大范围内招纳到各种人才；缺点是那些早已名声在外的高层次人才，一般不会受到这种“招贤令”的影响，因为他们知道自己的价值，需要创业集团的最高领袖亲自去请，才能显出自己的身份。三国时代的曹操便是典型。曹操充分认识到了人才的重要性。他比较系统的研究和总结了前代的人才举措，提出了“唯才是举”的原则，并付诸实践，广招天下贤才，终成谋臣如云、战将如林的局面，曹操集团的势力一直位列三国之首。曾先后三次下令求广贤才。建安十五年，他在《求贤令》中提出“唯才是举”的选拔人才原则，突破了当时选人唯凭家世门第的藩篱。建安十九年，他在《敕有司取士毋废偏短令》中进一步强调说："夫有行之士，未必能进取，进取之士，未必能有行也。陈平岂笃行，苏秦岂守信邪，而陈平定汉业，苏秦济弱燕。由此言之，庸可废乎！有司明思其意，则士无遗滞，官无废业矣。"（《三国志·武帝纪》）在建安二十三年，曹操又在《举贤勿拘品行令》中，列举出伊尹、傅说、管仲、萧何、曹参、韩信、陈平、吴起等人，说他们虽然"负污辱之名，有见笑之耻"，但却"卒能成王业，声著千载。"为此，他下令："今天下得无有至德之人放在民间，及果勇不顾，临敌力战，见笑之人，或不仁不孝而有治国用兵之术，其各举所知，勿有所遗"（《三国志·武帝纪》）。三次求贤令，实实在在地反映出曹操求贤若渴以成王业的迫切心情。

其三，树立爱才的形象。这种方式需要创业集团，特别是集团领袖，传播爱惜人才的名声，从而吸引有志之士主动投奔。仍然拿刘备来说，刘备在创业早期，并没有什么特别之处，充其量是一个不那么正统的旁枝皇亲。但是，在早期的创业过程中，刘备就树立了"宽厚仁者"的良好形象，使得一些人才主动投奔到刘备集团中来。第一个是赵云。赵云原是公孙瓒手下的大将，与刘备共事时间不长，刘备的仁者形象还是给他留下了深刻的印象。在公孙瓒失败之后，赵云有一身武艺，但没有盲目地加入其他创业集团。赵云在加入刘备集团之后，成为常胜将军，立下汗马功劳。刘备还征服了像司马徽、徐庶等当时的名流。司马徽没有亲自辅佐刘备，但他还是仰慕刘备的"仁义"，向他推荐了诸葛亮。徐庶则是亲自跑到刘备那里，为刘备集团服务的。可以说，如果刘备没有"忠厚长者"的风范，是产生不了这种效应的。

隋末的李世民集团也是通过自己爱才如命的良好形象吸引了一大批人才。在民间名声颇大的秦琼、程咬金，原来是瓦岗山李密集团的人。在李密失败后投靠了洛阳的王世充集团。但是，“（秦）叔宝薄世充之多诈”（瞧不起王世充奸诈），在一次与唐军的战斗中，秦叔宝与程咬金、吴黑闼、牛进达等人在战斗间隙，突然离开了王世充，投靠了李世民集团。后来这些人在李世民集团的创业过程中，出力颇多，成为李世民集团最终取得天下的重要力量。

应该说明的是，能够吸引各路豪杰纷纷投奔的形象，并不仅仅是惜才、爱才，而是整个创业集团，特别是集团领袖的个人魅力。不论通过哪种方式延揽人才，创业集团领导核心的魅力都是重要的因素。没有这种个人魅力，即使你一天三次到人家家中去，也不见得能够延揽到人才。

其四，通过举荐获得人才。这是发现和识别人才的一个比较便捷的途径。由于人的才能并不是一个可以直接观察到的东西，当场考试固然是一个较好方式，但是才能显现是一个长期的过程，一场考试并不能有效地识别人才。这样，通过知情者的引荐，是一个很好的选择。如为朱元璋贡献“高筑墙、广积粮、缓称王”的朱升就是朱元璋的手下大将邓愈推荐的；刘备集团的诸葛亮，则是由司马徽推荐的；东吴集团领袖孙策在得到周瑜之后，周瑜立即向孙策推荐了“江东二张”的彭城人张昭张子布和广陵人张纮张子纲，尔后张昭和张纮又相继推荐了其他人，使得江东的东吴集团一时人才济济。质言之，推荐人才较易产生连锁效应。

不拘一格：创业由此加速

创业集团延揽和识别人才时，必须遵循一个原则，即不拘一格，唯才是举。创业阶段，创业集团始终面临混乱的局势。在这种混乱的局势中，涌现出各种各样的人物。没落的旧统治势力、各路草莽英雄、甚至偷鸡摸狗之徒，还有自己的仇人等等，这些人可能并不招创业集团领袖的喜欢，但是，一个优秀的创业者应该记住的是，自己不是在“选女婿”，而是在寻找能够帮助自己、和自己一起创业打天下的帮手。除了才能之外的一切标准都不适用。

这一点与皇朝的成长和盛世阶段不同。在成长阶段，就人才而言是各得其所，只要不对皇朝的统治构成威胁就可以了。特别是到了盛世阶段，由于大量人才都想到体制中来，就需要一种相对复杂的机制来分辨人才和筛选人才。因此创造了出多种式样的考试和选举制度。魏晋时期的九品中正制完全依赖一个人的出身来选拔人才，不看人才的真实本领，造成“上品无寒门，下品无士族”局面。另一个典型是科举制度。科举制度名义上是按照人的才能取士，但是还是对举子的身份和出身作了严格的规定。如规定商人的后代不可参加考试等等。这些约束在创业期间比较少见，原因在于这个时期是人才的“卖方市场”，各个创业集团都明白聚拢人才的重要性，人才成为一种极度稀缺的资源。在这种情势下，选拔人才的唯一标准是有没有创业打天下的能力，而不是其他。

刘邦本身出身于小农家庭，他的手下大将樊哙是一个卖狗肉的屠夫。李渊集团，在准备起兵反隋的时候就非常注意发现人才，“接待人伦，不限贵贱”。李渊和刘邦不同，刘邦出身于小农家庭，仅做过一个小小的亭长，而李渊出身显赫，其家族是当时关陇贵族集团的重要成员，还是隋朝的皇亲（李渊的母亲是隋炀帝的姨母，李渊和隋炀帝是姨表亲）。因此，李渊“不限贵贱”充分说明了不拘一格降人才的必要性。当时，出身皇家奴隶的钱九陇，因为“善骑射”而受到李渊的信任，并让钱九陇“常置左右”。后来，钱九陇屡立战功而授紫光禄大夫，又拜左监门侍郎，右武卫将军等职，封郇国公。在李渊集团中，出身皇家奴隶的还有一个叫樊兴的，也因战功卓著而加封右监门将军、荣国公。这一点也是李渊集团能够打败众多对手、取得胜利的重要原因。

不拘一格降人才，其实质不仅是“遍罗人才，唯才是举”，还包括“知人善任，择人任势”。对人才既看小节，但更该识大体，这才是对待人才的正确态度。秦朝末年，反秦势力蜂起，陈平先投奔了魏王咎，又离开魏国投奔项羽。楚汉相争时，刘邦举兵东向，陈平又投靠了刘邦。刘邦封陈平为都尉。汉军诸将对此十分不满，告诉刘邦说陈平是项羽的逃兵，还不知道底细，就封他高官，似乎不妥。而且，听说陈平的人品很坏，曾经盗嫂受金（与他的嫂子有不正当的关系；在楚国时，接受别人的贿赂）。刘邦听了这些话后，对陈平也产生了怀疑，就责问引荐陈平的魏无知。魏无知回答说：我所以引荐陈平是因为陈平的才能；而您问的却是陈平的德行。现在有一个叫尾生的人，非常有孝道，但对我们的胜败却没有丝毫影响，您是不是要用尾生这个人呢？现在我们与项羽打仗，正是用人之际，又何必怀疑陈平盗嫂受金呢？刘邦听后恍然大悟，重赏陈平，加拜为护军中尉，诸位大将再也没有可说的了。

不拘一格降人才的第三个要点是如何对待原来的仇人和来自对方

营垒中的人。这个问题能充分展现创业集团及其领导核心的胸怀。那些心胸狭隘的创业团队及其领袖一般不会宽容对待自己原来的仇人，而胸襟旷阔的创业者，一般不仅包容自己原来的仇人，甚至更为优待对方。只要他是个豪杰、英雄，是个人才，就延揽过来，为我所用，而不管这个人是仇人还是亲戚。所谓“内举不避亲，外举不避仇”，就是这个意思。

宋太祖赵匡胤在没有发迹时，曾经去投靠王彦超、董尊诲。但是王彦超却将赵匡胤拒之门外，董尊诲甚至还当着众人的面辱骂过赵匡胤。自古道“士可杀不可辱”，这对赵匡胤来说是一个极其掉面子的事。但是，赵匡胤却能不计私嫌旧怨，在夺取皇位后照旧录用和重用。王彦超在后来曾经上表请罪，但赵匡胤却马上派人传旨慰抚，并令他立即入殿觐见。曾经辱骂过赵匡胤的董尊诲在赵匡胤夺取皇位后，自认得罪非轻，所以伏地请死。赵匡胤不仅没有怪罪，还诚恳地对他说：“现在我正在用人之际，难道还计较旧怨不成吗？你不必担心，我将继续录用你。”赵匡胤说到做到，不但仍然委任他为军事指挥官，而且还把他提拔到罗州刺史；同时，又设法把董尊诲的母亲从辽国统治下的幽州接到汴京，使母子团聚。董尊诲感激不尽，遂效命太祖，屡立战功。

在李渊和李世民创业集团中，这种不计旧怨的精神更是体现的淋漓尽致。屈突通是隋朝大将，历隋文帝和隋炀帝两主，对隋朝忠心耿耿，一直是李渊集团的死对头。李渊起兵攻打长安时，屈突通就与李渊结下了仇。李渊攻取长安后，屈突通退守河东，仍然是李渊的死敌。在被李渊包围后，屈突通被擒，并被押至长安。李渊知道屈突通是个不可多得的大将，并没有计较原来的仇隙，反而加封屈突通为兵部尚书（李渊集团的国防部长），赐爵蒋国公，兼秦公元帅府长史。这些都是握有重兵的实权部门，而李渊却让自己的仇敌担任，不可谓不大度。事实证明，李渊的做法是对的。屈突通降唐后，先后跟随李世民西平薛举，东征王世充，为统一全国，打下天下做出了重要贡献。贞观十七年（公元634年），屈突通也在李世民的开国功臣之列，图形于凌烟阁。为了创业而不计较个人恩怨，这个品能作为创业者来说是尤为重要的。

择人任势：能量是这样释放的

广招人才，目的还是使用，给人才提供一个最大限度发挥才能的环境和平台。这一点关系着能否让自己费尽心思招纳的人才尽其所用，发挥最大的效力。选拔人才和使用人才是一个不可分割的整体。有效地使用人才，不仅使创业集团充满活力和战斗力，而且会凭此吸引更多的优秀人才，形成一个良性循环。

使用人才首先是标准和原则；其次还要靠艺术和智慧。纵观中国历史，因为用人不当而创业失败的例子比比皆是。仅有能力原则还不够，还需要创业者有用人的智慧。首先是要根据每个人才的特长，安排其工作和职位，务必使其发挥最大的效应。其次，对于人才要观其大节，不求全责备。最后，还要有用人的度量，所谓疑人不用，用人不疑，这些都是历代皇朝创业者总结出来的经验。

孟尝君是战国时期齐国集团的核心人物之一。一次，孟尝君要驱逐一位不喜欢的食客，正巧遇到好友鲁仲连，鲁仲连对他讲了一番十分耐人寻味的话，使他改变了主意。鲁仲连说：猿猴错木据水，则不若鱼鳖；历险乘危，则骐骥不如狐狸。故物舍其所长，取其所短，尧亦有所不及矣。他这段话的大意是，人都是各有所长，亦有所短，若弃长取短，人人都成了愚人；若用其所短，就更为不智。鲁仲连的一番话，说得孟尝君茅塞顿开，不再驱逐那位食客。这段话对于那些创业者来说，道出了使用人才的深刻道理。孟尝君没有驱逐那位食客，而食客则在最危险的时刻救了孟尝君的命。公元前277年，孟尝君应秦昭王之邀入秦。秦昭王把孟尝君囚了起来，企图将他杀死。孟尝君知道后，派人请求秦昭王的宠姬帮助，这个宠姬说："妾愿得君狐白裘。"孟尝君曾有一件狐白裘，价值千金，天下无双，但刚到秦国时，他便献给了秦昭王。在这个关键时刻，他的食客起了作用。一个在下座、能作狗盗的人说："臣能得狐白裘。"于是，他在半夜中学狗叫入秦宫，盗取了孟尝君所献的狐白裘，转手献给了秦王宠姬。孟尝君因而被秦昭王释放。半夜时分，孟尝君到达函谷关。秦昭王放走孟尝君后，又有些后悔，派人骑快马传令各关口，不放孟尝君出关。秦国有一条法令，到鸡鸣时才能开关，放人过境。孟尝君惟恐追兵赶上，急于出关，问门客有何办法，有一门客当即回答说，他能学鸡鸣，愿效力。此人一鸣，众鸡齐鸣，守关者一听鸡鸣，立即开关放人，孟尝君一行人得以出关，返回齐国。是为：鸡鸣狗盗，各有所用。此虽为世人所鄙，但在关键时刻，却起到了其他人无法起到的作用。

使用人才，还要做到用人不疑，疑人不用。这句话说起来简单，做起来很难。原因在于，首先需要创业集团的领袖有过人的度量，能够放心大胆的用人；其次，如果一旦用人失败，创业集团也要承担损失。李世民使用尉迟敬德，堪称经典。李世民率领军队攻打刘武周时，在介休收降了尉迟敬德和寻相。李世民立即加封尉迟敬德为右一府统军，仍旧统帅其旧部八千余人。不久，与尉迟敬德一起降唐的寻相叛唐，有人怀疑尉迟敬德也有叛变的可能，劝李世民将其斩首。李世民认为，尉迟敬德若要叛变，不可能在寻相之后。为了安慰尉迟敬德，他当面向尉迟敬德表示，决不相信别人的猜疑，如果尉迟敬德要离唐而去，他愿意以金宝相送，以表曾经共事之情。实际上，这是李世民促使尉迟敬德效忠他的有力手段。也正因为如此，尉迟敬德对李渊集团更加的忠心不二。

创业制度：简约而不简单

大家对于制度这个词并不陌生，制度不是一个简单的东西。概括而言，制度是一组约束和指导人们如何行为的规则。制度是组织得以成立的框架，它支撑了组织的运行，是组织运行的载体。那么，创业阶段的制度具有什么特征，在创业过程中的重要性如何？与成长和盛世阶段相比，它又有哪些不同呢？

创业阶段，一个混乱的格局，各个集团纷纷扩大自己的力量，激烈的军事对抗时时都在发生，战争成败对整个创业集团的安危存亡很是关键。因此，创业阶段的制度可以概括为一种战时制度。这个阶段的制度特征与皇朝成长和繁荣阶段的制度有着根本的区别。这种区别不仅在于制度设计的基本原则不同，还在于整个制度框架的表现形式不同。战时制度具有临时性和灵活性，可以根据战况的变化而随时改变制度结构。

凭威望说话，靠魅力维系

创业阶段，集团领袖除了以理想凝聚力量，以激情调动热诚，以现实说服疑惑外，凭威望说话靠魅力维系制度也较为关键。因为，在这个起步阶段，没有更多的利益可以当即兑现给跟随者，好比期货一样，惟有把财富寄存在明天，领袖给跟随者展示美好的图景，大家则跟随领袖在今天努力打拼。这种理想、激情、现实、威望、魅力，都成为创业集团的粘合剂。

清太祖努尔哈赤创建八旗制度，将八旗力量控制在自己手中，成为自己争夺天下的有利工具，主要就在于努尔哈赤自“十三副遗甲起兵”以来，屡战屡胜，从而在女真族人中建立的崇高威望。而努尔哈赤之所以能够所向披靡，战无不胜，攻无不克，还在于他有五位铁杆大臣。这五大臣跟随努尔哈赤一起创业，乃是努尔哈赤的个人魅力感召而至。

在元末的众多竞争对手中，朱元璋的创业集团应该说是数一数二的。这不能不归功于他的创业集团的高效率，以及由此带来的强大的战斗力。该集团有一个结构良好的制度。这个制度的维系，在当时的历史条件下，主要还是依靠朱元璋的个人魅力及其在诸将中的威望。朱元璋在众多有名的开基皇帝中是地位最低的一个，他没有显赫的家世，也没有家资，只是一名从皇觉寺中跑出来当兵的和尚。就是这个和尚还没有成为创业集团的真正领袖时，已经在用他的魅力和智慧维持这个集团的正常运转了。

刘备请诸葛亮出山担任军师，关羽、张飞依仗自己立过战功，又是集团首领刘备的结义兄弟，对执掌大权的诸葛亮并不服气。其时正赶上曹操派遣李典、夏侯惇率领大军攻打新野。刘备将指挥权交给了诸葛亮。但是，关羽、张飞二人并不听从派遣。这种情况在皇朝的成长时期或和平时期，诸葛亮完全可以用不服从命令的理由杀掉二人。但是，在创业阶段，整个集团的运行还需要勇冠三军、艺压群雄的关羽和张飞，因此，这种不服从命令、公然违反制度的行为得到了容忍。最后，还是刘备的威望发生了作用，以领袖和大哥的身份要求关羽和张飞听从命令。这是依靠个人威望维系制度运转的典型。

让经理人拥有自主权

这个特征是由创业阶段复杂多变的局势所决定的。在创业阶段，竞争对手众多，局势变化多端，战机稍纵即逝，如果采取严格中央集权的决策体制，很可能会贻误甚而失掉有利的战机。试想，当敌人突然增兵前线，而己方将领没有就近调动军队的权力，需要一层一层地向上汇报，然后领导核心研究研究，决定后再传达到前线，此时我方可能早已经被消灭了。纵观中国古代开基皇帝的创业历程，基本都遵循了这个制度设计规则。例如，秦朝末年和楚汉相争时的刘邦集团，刘邦集团中的韩信、英布、彭越等人，都是手握重兵的大将，他们直接率领的军队甚至比集团领袖刘邦还多。在固陵之战中，刘邦单靠自己直接率领的军队不能打败项羽的，需要韩信和英布、彭越等人率军前来相助。

灵活有效率，弹性出效益

创业阶段，创业集团的制度设计相对简单，从最高决策层到第一线的传导途径非常便捷。这是创业阶段集团面临千变万化的竞争环境决定的，有利的战机稍纵即逝，如果信息传递机制和命令传达机制过于复杂，那么创业集团的整体效率肯定会大打折扣。而且在创业时期，由于面对强大的竞争对手，也没有多少精力来设计组织制度。好在创业阶段的目标单一而明确，基本不需要多么复杂的制度。大多数创业集团一般都会借用上一个朝代的制度，并将之大大简化，突出其效率特征。刘邦创业集团，其官职和组织结构就大部分借用了秦朝的制度。甚至在分封异姓王（依靠异姓王直接统帅和治理各大战区）这个行之有效的制度上，也是在学习战国时代的经验。朱元璋获得实际领导地位后，也是大量借用元朝的制度，在中央设立中书省，各个统治区域设立行中书省，作为中央行政机构的派出机关，全权负责当地的事务。军事制度方面，朱元璋集团在平定陈友谅集团以前，诸将都是直接由最高决策层直接指挥的，彼此互不统属。这样就减少中间层次，便于信息和命令的上传下达。

不过，简单有简单的好处，也有简单的弊端。就说朱元璋集团吧，起初没有一个总的统帅部来统领人马，这样做有好处，但是也有缺点，那就是诸将的权力太大，不好控制。有一次，大将常遇春打了一个大胜仗，但是常遇春却杀死了全部降兵。同样作为大将的徐达阻止无用，因为徐达在制度上没有约束常遇春的权力。随着战事的发展和环境的变化，朱元璋决定加封徐达为大元帅，节制诸将。这是实际上是在最高决策层和直接临敌的大将之间插入了一个信息和命令的传递环节，以及根据前方形势代为处置的稍高执行层。

总而言之，创业阶段的制度结构，必须满足三点要求：即创业需要的简单、灵活和效率。简单、灵活的制度设计原则，最大限度地减少了组织内耗，降低了信息传递成本，能够在竞争环境发生变化时及时自我调整，受到创业者的青睐。

创业文化：开创新愿景

相比于领袖、人才、制度等因素，文化是一种软环境，是一种软竞争力。企业家和管理学家们对文化的定义多种多样，但从其本质来说，一个组织、一个企业的文化首先是组织在与外部环境的互动中、组织成员之间的互动中所形成的一种共识，这种共识包括组织的整体价值观以及组织成员的共同愿景，在这个共同愿景之下，组织成员维系在一起，形成不同于单个人简单加总的组织；其次，组织的文化还表现为组织成员的内在行为规范。

文化是组织得以存在和发展的“灵魂”。制度不健全，可以通过各种措施加以健全，缺乏人才，可以通过各种方式招揽人才；但是，一个没有文化维系的组织，其生存和发展就没有内在的动力，组织成员的结合只不过是一盘散沙，不能形成有效的战斗力。再次，对于一个组织来说，文化还是一种环境，一种氛围。有什么样的文化就有什么样的环境，就有什么样的氛围。一个奉行严格官僚文化的企业，职员们的工作可能非常敬业、勤恳，但却始终处于一个呆板、僵化的工作环境中；而一个奉行无为而治文化的组织中，职员们可能较为自由散漫，但却适合那种富于创造性和挑战性的行业。那么，在皇朝的创业阶段，创业集团的文化特质何在呢？

从确定文化的内核开始

创业的战略固然重要，但总要在一定的指导思想下产生。这个指导思想就是组织文化的内核。对于皇朝的创业集团来说，一般是在强手如林、敌强我弱的环境中形成的。创业成功主要还是依靠创业集团的资质、努力以及际遇。在这种情况之下，创业集团的领导核心一般不会有意识地进行文化建设；对集团的指导思想也没有明确的概念。刘邦在芒砀山起义，并没有意识到自己领导的创业集团以哪种思想作为指导思想。在创业的初期阶段，刘邦也没有对掌握知识的儒生产生好感，认为自己之所以能够形成一股势力，主要还是依靠自己和手下大将的勇猛。但是，这种状况没有维持很久，刘邦便认识到创业集团需要一个明确的指导思想作为整个组织的行动的指南。

当然，在历史上也有其他的创业集团在开始起事之初，就明确了集团的核心指导思想。三国时期的刘备在出山之初就以“匡扶汉室”，拯救黎民于水火的儒家思想作为自己创业集团的指导思想。在这种指导思想之下，刘备集团的整个战略指导方针就是打击那些背叛汉室的集团，以所谓的“仁义”来号召天下。刘备集团，包括刘备本人在内，无不时时处处以“仁义”自居，以儒家的正统自居；在自称汉中王之后，刘备集团与曹操集团发生战争时，刘备还以“奉衣带诏讨贼”来为自己的行为寻找依据。

清太祖努尔哈赤在起兵反对明朝之初，其指导思想是掠夺明朝的财产与人口；对满洲和汉人的区别十分重视。这种指导思想具有典型的游牧民族的文化特征。但是，随着创业的不断前进，这种指导思想开始不断融合汉族儒家文化的成分，不断整合满族、蒙古和汉族的各种统治思想，不断吸收佛教的各种思想因素，逐渐形成自己的指导思想。这个融合过程实际上一直持续到顺治、康熙年间。

实际上，这种指导思想不甚明确的状况主要还是由于创业集团本身的性质决定的。最典型的明末农民起义。李自成作为明末农民起义的领袖，起义之初就没有明确的指导思想；通过李自成集团的行为，我们可以将其概括为打击豪强地主，建立农民自己的政权。但是，在整个创业过程中，这种指导思想不仅没有及时整合儒家、法家等统治思想，而是蜕变为流寇思想，享受一时是一时。即使不能把失败主因归为没有明确的指导思想，这无疑也是李自成失败的重要原因。

朱元璋参加的红巾军在开始起事的时候，其指导思想比较短视，且不明确，主要还是打击官府和豪强。实际上这也是中国历史上农民起义的普遍思想。自朱元璋成为集团核心之后，他逐渐认识到，只依靠创业集团成员的一腔热情和对官府的痛恨是不能建立起自己的统治的；要想创业成功必须要整合集团的指导思想，将集团成员的思想和行动统一到一个思想框架之内。

朱元璋出身于贫雇农家庭，本身没有读过多少书。但是，他在读书学习文化这件事上非常自觉，刻苦研习。朱元璋成为集团的实际领袖后，改变集团原来的轻视文人和文化的政策，转而积极争取文人。这就为整合集团指导思想提供了前提条件。每逢占领一个地方，朱元璋总要访求当地有名的儒生，罗致在幕府里做事。即使请不来，也要去请教。这表明了朱元璋集团的文化意识非常浓厚；对集团的意识形态建设和思想建设相当重视。

文化也是战斗力

文化表现在对组织成员行为的约束上，就成为执行力和战斗力。什么样的文化内核决定什么样的行为。这一点在中国皇朝历史上的创业阶段得到了验证。可以说，文化政策将左右这个创业集团能否成功。最明显的例子是元世祖忽必烈。在忽必烈进入中原，占领曲阜孔庙时，忽必烈心血来潮，挽弓搭箭，照着孔老夫子的塑像就是一箭。要是射别人，甚至是个活人，对于忽必烈来说也可能毫发无损，但是他忘记了孔老夫子是何许人也。孔老夫子是中原人民心中的圣人啊！忽必烈的这一箭实际上是宣告了即将统治中原的大元帝国的文化内核和指导思想。这个指导思想就是打击中原的文化传统，并宣告元朝的统治将不以儒学为根据。虽然后来元朝的皇帝们不得不改变了这一基调，照样还得奉行儒家思想，照样还得开科取士，但是这一箭造成的影响却久久没有消失。这也是元朝只在中原统治了不到一百年就被推翻了的原因之一吧。

上面我们说到三国时期的刘备集团，“匡扶汉室”的正统儒家思想，为刘备集团赢得了“人和”的美誉。在这个指导思想之下，集团成员的行为得到了约束，执行力和战斗力得到了提高。在“匡扶汉室”的思想指导下，刘备不仅获得了许多人才的拥戴，而且还获得了一般民众的支持。在集团内部，一旦成员之间出现矛盾，刘备也总是以这个口号来平息矛盾，解决问题。刘备集团之所以能够成为一个非常团结的集团，这种文化的指导作用不可忽视。

组织的战斗力还表现在组织内部环境的和谐与统一上。在创业阶段，创业集团的成员来自四面八方，有着不同的背景和生活经历。

而且他们对于创业集团总战略的认识并不是那么一致。像刘邦集团，其成员不仅有樊哙那样的屠夫，还有萧何这样的小吏，韩信这样的大将，陆贾、张良这样的文人。出身下层的军官，一般不会想得那么远；比较有文化和见识的人则会给集团一个远大的目标。那么，如何缩小这些差异呢？就要依靠文化，依靠统一的意识形态和指导思想。文化建设将集团的总体战略目标落实到每一个成员，使每一个成员都认识到自己的使命和职责所在。使命感强了，就会激发出原来不曾有的潜力；而对自己职责的认识，则减少了成员之间的协调成本。

自创品牌：宣传无极限

组织的指导思想一经确立，不仅需要在组织内部得到认同，更需要通过各种手段传播出去。这实际是扩大组织的文化影响力，创建组织的文化品牌。这种文化传播和扩散的手段在现代企业管理中一如广告的作用。

包装自己，宣传优点；揭露弥彰，攻击对手。这是创业阶段宣传的功能。但是，任何宣传都必须以集团的文化建设为基础。对于宣传自己的优点而言，并不是要去做“假广告”，欺骗大众，而是要将自己的形象艺术处理，再宣传出去，树立自己在群众中的威望；揭露敌人的残酷和缺点，也不是要去“造谣、诽谤”，而是将对手真正的缺点告诉大众。实际上，宣传可以起两个作用，一是信息传递，告诉大家事情的真相，告诉大家那些是真实的，哪些是虚假的，说明事情到底是什么样子的；二是树立形象，推销自我，广为告知。这不仅是宣传自己的策略，还是对天下负责的一种态度。在中国古代历史上，那些比较有成就的创业君主，无不重视文化和宣传的作用。“闷声发大财”、“酒香不怕巷子深”，这些道理并不适合创业阶段的文化和宣传政策。

朱元璋集团在平定福建、两广之后，打算出兵北伐，将蒙元统治者彻底赶出中原。而要使北方人民明白大军北伐的道理，就必须解除北方官僚地主对红巾军的恐怖、疑惧心理，并瓦解元军的军心士气。这时候宣传工作首当其冲。朱元璋非常重视，并派集团内部的大笔杆子宋濂亲自操刀，写了一篇告北方官吏、人民的檄文。这篇檄文气势磅礴，对鼓舞北伐军的士气，打击蒙元军队的军心起了重大作用。这篇檄文首先揭露了元朝的腐朽和对人民的残酷统治：“元之臣子，不遵祖训，废除纲常……夫人君者斯民之宗主，朝廷者天下之根本，礼仪者御世之大防，其所为如彼，岂可为训于天下后世哉！”写这些话的主要目的就在于揭露元朝政府的腐化。其次，檄文还大力宣传朱元璋集团的起兵反元的正当性，说明朱元璋集团顺天应人，应该取代元朝的统治，“予恭承天命，罔敢自安，方欲遣兵北逐胡虏，拯生民于涂炭，复汉官之威仪”。此外，檄文还告诉北方的百姓和官吏：“兵至，民人勿避。予号令严肃，无秋毫之犯，归我者永安于中华，被我者自窜于塞外”（《明太祖实录》）。这是朱元璋集团中儒生的代表性著作，从中我们看出文化和宣传起的作用。首先，说明自己行动的正当性，以统一集团的意志，激发成员的斗志；其次，揭露敌人的腐朽和统治的残酷，笼络民心；第三，还提供了传达信息的功能。文告发布以后，北伐军所到之处，山东、河南州县纷纷投降，名城如济南、益都、汴梁、河南府都不战而降。北伐军因之得以顺利进军，在很短的时间内，便“直捣黄龙府”。

后金努尔哈赤集团在天命三年（公元 1618 年），发布“七大恨”告天，讨伐明朝。这实际上是努尔哈赤的一篇宣传文告，这篇宣传文告也都具备了上面我们所讲的要素：宣传自己的正当性，揭露敌人的腐朽，说明自己行动的正当性。“七大恨”的第一条就说明朝“起衅边陲，害我父、祖”，即倾诉对明朝实行民族压迫政策的不满。这篇讨伐文告在历史上非常出名，它基本囊括了我们前面讨论的文化宣传的几个要素。

关于宣传文告所起的作用，还有一个比较有意思的例子。三国时期，袁绍集团讨伐曹操，袁绍让当时的大才子陈琳起草讨伐曹操的檄文。曹操当时正患头疼，卧床不起，当曹操听手下读完陈琳的文告后，竟然被吓得一跃而起，头疼症也被吓跑了。这充分说明了宣传对敌人的威吓作用。值得注意的是，袁绍虽然能够在宣传上做出这样好的成绩，但最终还是被曹操打败了。这也说明，文化和宣传要发挥作用，必须建立在创业集团自身拥有足够的实力基础之上。没有良好的硬件设施，光靠宣传是不行的；但是，在拥有了良好的硬件设施后，再加上出色的宣传，则会起到事半功倍的作用。

漫漫创业路，翘首盼黎明。创业是漫长的，但渐趋接近目标的愉悦难以言表；创业是辛苦的，但胜利接踵而来的快感极为个别。但凡自我期许者，无不以创业为人生快事。

回顾创业径，苍茫横翠微。史书千年，几经反复。咀嚼着开基皇帝们的创业心路，点滴在心头。指点江山、图以帝国，纵横捭阖、止于宝座。让人叹为观止的同时，又怎能不想从中体悟点什么呢。历史已然逝去，大道岿然犹存。由是，重走开基皇帝的创业之路，发现古时的开基与现代的创业极为类同，尤其创业所面对的乱世新生，阶段所独有的创业领袖、人才管理、制度结构、文化政策等方面，无不使人深思。

创业让人激情澎湃，守成给人的感觉呢？

当天下大势，分久必合之后，打天下的创业集团相应的就转成了坐天下的统治集团。同样的一个集团，还是那些人，由于环境的变化，他们的地位和关系也发生了微妙的变化。如果创业集团能够处理好这些变化，那么创业集团就会顺利地变为统治集团。如果创业集团在环境已经发生变化后，还不能随着变化调试自身，那么，这个天下就可能坐不稳。

皇朝的成长阶段，继之的守成之主，一样的任重道远。

第二章

成长与稳定：坐天下

分析古代中国皇朝从“打天下”到“坐天下”的成败两面，透彻分析了组织创业成功后的内外部环境，以及使一个组织能够成功转型的各种因素。同样的集团，还是那些人，然而任务已是不同。在这个阶段，只有把握住五点，即环境变化、战略调整、人才安顿、制度设计和文化建设，才能具备“开万世之基业”的条件。其中，制度设计与人才政策尤为重要。

公元前202年二月，刘邦在定陶汜水（今山东曹县附近）即皇帝位，定国号为汉，成为汉王朝的开国皇帝，史称汉高祖，又称汉高帝。王后吕雉改称皇后，太子刘盈称皇太子。虽说登上了梦寐以求的皇位，问题和困难依然不少。第一个问题：数年战争后，民生凋敝，百废待兴，“自天子不能具钧驷（四匹同一毛色的马拉的车），而将相或乘牛车”。天子和将相都如此困难，何况平民百姓？第二个问题：手下大将、重臣大权在握，皇位并没有想象中的稳固。韩信、彭越等诸位异姓王名为臣子，实同割据。如何开万世之基业，刘邦对此煞费苦心。第三个问题：手下大将们多是草莽出身，在创业阶段是与自己同吃苦、共患难的兄弟，打下天下后，大臣们每天上朝都与刘邦称兄道弟、吵吵嚷嚷，刘邦感觉不到做皇帝的尊严。这些问题的实质是如何将一个创业集团成功地转化为统治集团。

秦始皇自称“始皇帝”，要将秦朝的统治世世代代传下去，自己的子孙就是“二世”、“三世”，以至“无穷世”。但是，历史的发展并不以秦始皇的个人意志为转移。秦朝至二世就灭亡了。秦始皇一统天下之后，势力非常强大，所谓“胡人不敢南下而牧马，士不敢弯弓而报怨。”“天下已定，始皇之心，自以为关中之固，金城千里，子孙帝王万世之业也。”在这种情况下，如果能够正确地处理创业和守成的关系，创业集团顺利转化为统治集团，那么“二世而亡”的悲剧是可以避免的。但是，秦始皇的战略方针和制度设计，没有解决创业之后的守成问题。贾谊在《过秦论》中总结了秦朝灭亡的原因：“仁义不施，而攻守之势异也。”具体而言，就是秦始皇没有针对百废待兴的外部环境，与民休养，而是继续大兴土木、挥霍无度，残酷剥削百姓，致使激起民变，二世而亡。

五代末年，后周之主世宗柴荣，攻北汉、打南唐，开疆拓土，不可谓不是英雄。针对五代时期的种种弊端，柴荣整编军队，严治贪污，肃清盗贼，治理水患，疏通漕运，来巩固自己的统治。但这些措施并不能从根本上解决五代时期最主要的问题：防止重权在握的臣下篡位，摆脱短时间改朝换代的易主劫难。五代时期，军阀混战，各个统治集团都依靠手握重兵的大将相互攻伐，但是，这些大将们既然手握重兵，难保不篡权自立。柴荣的失败就是没有认识到这一点，没有从制度上解决巩固皇权的问题，最终被赵匡胤陈桥驿兵变，夺取了皇位。因此，对于创业者来说，在打下天下以后，制度设计和制度安排便成了首要问题。赵匡胤在夺取政权之后，吸取了后周灭亡、五代十国频繁易主换位的教训，乃行“杯酒释兵权”，解除了重兵在握的大将们的兵权，继而从制度设计上保证王朝稳定运作，成功地从创业集团转化为统治集团。

清朝统治者入关之初，实行的还是疯狂掠夺和残酷镇压的战略方针。这个方针在攻打明朝，与明朝、李闯王争夺天下的阶段，可能还不算致命之举。但在已经夺取天下，面临如何巩固皇权的情况下，还实行“圈地”、“剃头”等野蛮政策，就有可能丧失已经打下的天下。清朝统治者也很快认识到应该建立稳定的秩序和制度，从创业集团转变为统治集团。因此，在顺治朝和康熙朝，采取了一系列的方式转变战略和政策，废止“圈地”，实行科举，开科取士，笼络汉族知识分子，稳定朝政。这些措施保证了清朝统治达二百多年。

历史的经验告诉我们，一个成功的创业集团，并不必然是一个成功的守成集团；优秀的创业者并不都能成为合格的统治者。在漫长的历史中，短命王朝不计其数，长命王朝却乏善可陈。原因何在？

本章将从坐天下的内外部环境出发，透析一个王朝能够长治久安的各种因素。

对于一个组织、集团而言，要想在争得一席之地后，巩固自己的地位，首先应该敏锐地把握内外部环境的变化，按照基业常青的使命设定并及时调整组织的战略。此一阶段的领导者，必须高瞻远瞩，思考组织的未来。制度设计与人才政策成为皇朝秩序的关键。除此之外，还要打造强势的文化与组织的战略相协调，充分发挥文化的稳定和推动作用。一个创业集团能够把握这五点：外部环境变化、战略调整、安顿人才、制度设计和文化建设，就具备了“开万世之基业”的条件。如果处理不好，我们看到的将又是一个“短命王朝”。

重在建构：成长的环境

创业阶段已然过去，群雄厮杀已然不再，对手或已被摧毁、或转入了地下，反正已经退出竞争舞台，局面归于平静。笑到最后的创业之主或感到些许的寂寞，一种英雄的寂寞，高处不胜寒的寂寞。但是，寂寞在心，千钧在肩。开基者能否成功地因应这种情势，把住战略转轨，事关重大！

那么，创业阶段过后，组织的外部环境怎样，落脚点又何在呢？

创业争夺战后的荒凉

创业阶段实质上是一个战乱阶段，各种势力纷纷起兵，相互征战。过后留下的是满目疮痍的局面。“白骨露于野，千里无鸡鸣”，可能有些夸张，却道出了战乱的破坏力和建设的急迫性。战争本身就不是一个建设性的力量，而具有巨大的破坏性。在战争的洗涤下，不仅整个经济社会遭到了巨大的破坏，各种秩序也被破坏，社会处于极度的衰竭之中。

经历了秦朝十五年的严酷压榨和长达八年的反秦战争、楚汉战争，汉初社会残破不堪，人民大量死伤流亡，“大城名都散亡，户口可得而数十二三”。许多农民流亡他乡，不得耕作；有的还为生活所迫，不得不自卖为奴。社会财富极端匮乏，“自天子不能具钧驷，而将相或乘牛车，齐民无盖藏”。投机商人囤积居奇，致使“物踊腾粜，米至石万钱，马一匹则百金”。

五代时期，中原一带干戈不息，兵无宁日。后梁集团朱温与后唐集团李克用、李存勖父子，为了争夺土地和人口，整整混战了十七年。甚至掘开滑州的黄河堤岸，造成冀、鲁、豫平原十余次的严重水灾，几千里的地方涤荡一空。

在这民生凋敝的局面下，对于已经打下天下的创业集团而言，必须主动把握天下民心，顺应百姓的要求，改战时战略为稳定战略。这一点对于现代组织同样重要，无论是执政后的政治组织，还是取得市场份额后的经济组织，抑或其他社会组织，创业成功后就应及时调整战略，巩固市场、权位，不应再相向而行，与历史期待渐行渐远。

充满期待：扩张后的市场

创业结束，成长伊始，另一大变化就是统治区域的扩大。创业阶段，创业集团基本是偏于一隅，势力范围较小。区域小，各种行政措施和对地方的控制都比较原始。且由于处在战时环境中，管理体制也必然是一种为战争服务的体制。这种体制在战时和行政区域比较小的条件下，比较灵活且动员能力较强。创业成功，就意味着统治地位在更大范围的确立。在中国古代历史上，一般而言，所谓的创业成功，即是统治区域扩大到“天下”，所谓“天下一统”。这就面临着一个如何调整中央与地方的关系，如何及时、有效地管理各个地方的问题。

元朝占据中原之前，不过是蒙古高原上的一个游牧民族，其地域虽广，但族人不过十万；实际行政区域是比较小的。在这种情况下，为了提高战斗力，成吉思汗将所有的族人分成95个千户，千户制（千户、百户、十户三级划分）成为当时蒙古社会的基本统治制度。实行兵民合一的机制，每一个蒙古人都是战士，都要跟随成吉思汗出兵放马，攻城掠地。攻下城池之后，任由士兵抢掠，作为士兵出兵的薪饷和激励。对于打天下来说，这是一种激励比较强、比较有效率的机制。但是，天下一统以后，这种体制就不行了，必须对其进行改革，以适应新的外部环境的要求。就好比当代组织，初创时期专注于一个界定较为清晰、环境较为熟悉的地域，创业队伍不大，管理机制相对简单灵活，基本不存在管理幅度、层次的问题。但是，一旦市场扩大、延展，随之而来的便是制度如何建构、力量如何集结、目标如何实现、使命如何完成的系列需求。

与元朝相类似的是清朝。在清朝入关之前，努尔哈赤实行的是所谓“八旗制度”。这种制度将所有的满洲人编为正黄、镶黄、正白、镶白、正红、镶红、正蓝、镶蓝八旗。规定每300人为1牛录，设牛录额真1人；5牛录为1甲喇，设甲喇额真1人；5甲喇为1固山，设固山额真1人。八旗制度也是一种兵民合一的制度，凡满洲成员皆隶于满洲八旗之下。旗具有军事、行政和生产等多方面职能。入关前，八旗兵丁平时从事生产劳动，战时荷戈从征，军械粮草自备。这种制度保证了八旗士兵的战斗力。当时，整个八旗士兵不过二十万，却战败了超过百万的明朝军队。但在进入中原之后，全民皆兵的制度就不适用了。在入关之前，当时后金统治区域不过白山黑水之地，人口不过几十万人，而进入中原之后，行政区域扩大了几十倍，人口增加了几十倍，甚至几百倍。在如此广阔的行政区域再实行八旗制度，就没有任何优势可言了。

对于组织而言，就是在成功扩大市场后，如何对已经占有的市场进行有效管理的问题。创业阶段，占领市场是第一要务，只要是能有效、迅速地发展、壮大自己，打败对手的管理制度，就是“好”制度。但是，转入“坐天下”阶段之后，由于市场的扩大，有效巩固市场和管理市场就成为首要目标，原来的那种极具灵活性的管理体制就需要进行相应的改革。

实力格局：创业队友成潜在对手

创业阶段，由于各个创业集团都面临着强大的对手，属于一种战乱危局，因此，为了尽快地战败对手，夺取战略主动权，每一个创业集团都尽可能地给那些直接临敌的大将们较大的自主权力。这一点我们在上一章已经作了说明。但是，创业成功之后，外部环境已经趋于平稳，集团内部的结构和权力配置就需要及时调整，形成一个运作有序、结构稳定的统治集团，并妥善安置这些独当一面的大将。这是创业阶段向成长阶段转化的必然步骤。

从历史的经验来看，各个创业集团内部总会形成一个功臣集团。这些功臣都在创业阶段立下了赫赫战功，而且由于战时需要，功臣们都手握重兵，权高位重。西汉的刘邦集团，在创业期间和建国初期分封了楚王韩信、赵王张敖、韩王信、梁王彭越、淮南王英布、燕王臧荼、长沙王吴芮等异姓王。这些异姓王都有封地，在封地内有收税、铸币等权力，而且都手握重兵。东汉创业之主光武帝刘秀在争夺天下的过程中，也聚拢了一大批足智多谋、骁勇善战的将军。其中，最著名的是所谓“云台二十八将”，即邓禹、马成、吴汉、王梁、贾复、陈俊等28人。这些人在创业打天下期间东征西杀，都手握重兵，掌握着很大一部分权力。

北宋开国之主赵匡胤能够夺取政权，黄袍加身，主要还是靠“义社十兄弟”，即石守信、王审琦、慕容延钊、高怀德、赵彦辉等人。这些人除了是赵匡胤的结义兄弟外，还都是后周掌握重兵的将领。这些将领虽然拥戴赵匡胤坐上了皇位，但他们自己也有一批手下，难保不出现黄袍加身、夺取赵匡胤皇位的另一个“陈桥驿”。对于这一点，赵匡胤早已认识到了。太祖在一次与宰相赵普的谈话中问赵普：“自唐季以来，数十年间，帝王凡易十姓，兵革不息，生灵涂炭，其故何哉？吾欲息兵定长久之计，其道何如?”赵普的回答是：“唐季以来，战争不息、家散人亡者无他，节镇太重，君弱臣强而已。今欲治之，无它奇巧也，惟稍夺其权，制其钱谷，收其精兵，则天下安矣”（（宋）邵伯温《闻见前录·卷一》）。赵普的回答不仅对当时的北宋皇朝可谓一针见血，对其他皇朝又何尝不是呢？

变化了的外部环境，相应地要求组织权力结构的及时调整。刘邦做皇帝之后，手下陆贾时常在他面前说《诗》、《书》。刘邦对此不以为然，对陆贾说：“乃公居马上而得之，安事《诗》、《书》！”陆生回答说：“居马上而得之，宁可以马上治之乎？且汤、武逆取而顺守之，文武并用，长久之术也。昔者吴王夫差、智伯极武而亡；秦任刑法不变，卒灭赵（秦）氏。向使秦已并天下，行仁义，法先王，陛下安得而有之”（《史记·郦生陆贾列传》）。这就是“可以马上得天下，而不可以马上治天下”的典故。面对外部环境的变化，原来的创业集团应该及时调整自己的战略，尽快转化为合格的统治集团。

民生凋敝，是因为创业的战争耗竭了时力；社会萧条、组织疲惫，要求休养生息、重整心力，是创业阶段的结果、守成阶段的基础；区域扩大，是创业所追求的应然结果，但是肢体的延展要求头脑的转变、机制的再造。君弱臣强，是创业结束、守成伊始的力量格局，是创业功能的结构化体现，如何变革实力格局，还必须创新管理，重新建构。战略需要转轨，制度需要完备，这是守成阶段的任务，更是座上皇帝的责任。组织领导者有否担当、能否担当，都将在这一阶段表露无遗。

守成领袖：高瞻远瞩

创业成功之后，组织的外部环境发生了质的变化：由原来的天下大乱转变为百废待兴、民心思安；由原来的处于一隅转变为统治全国；由原来的一致对外转变为内部权力的重新分配。相应地，组织的总体战略目标由原来的创业打天下转变为开基坐天下；战略手段由原来的马上打天下转变为座上治天下；而这个战略意图的实现需要通过制度稳定下来，形成规范性的行为准则。

那么，主要由谁来应对环境转变、主导战略转轨？对这一阶段的领导核心有什么素质上的要求？他又是如何实现这个意志的呢？实质上，这个问题是对我们前面提出的由创业集团成功转变为守成集团的进一步解释，也将解决基业长青的问题。创业阶段，领袖具有吸引人才和统领集团作战的个人魅力。但是，能够成功创业不一定就能够开万世之基业。皇朝能否长治久安关键在于及时转换战略目标；而目标能否成为现实，能否做到基业长青，还在于组织领导者是否高瞻远瞩。所谓谋一隅者不足谋全局，谋一时者不足谋万世，外部环境变化之后，如果领袖素质不能及时跟进调整，创业的成绩很可能就在短期内丧失，成为“短命王朝”。

优秀的创业者在创业阶段可谓“无往而不胜”，创业时期的胜利使得这些创业者高估了自己的智慧和力量，志得意满，往往不能冷静地考虑现实条件的变化，仍然抱守创业时期的经验，不及时提高自身的素质，也就不能及时调整战略目标和战略手段。这是导致“短命王朝”的主观原因。

历史上的短命王朝，诸如秦朝、蜀汉、隋朝、五代各朝。这些王朝的开基者，在起步阶段都是一方豪杰，能够脱颖而出，统一天下，或至少能够占据一个区域。秦始皇在创业阶段不仅能够团结人才，而且制定了正确的战略方针。嬴政统一六国之前，秦国人才济济，李斯、尉缭、王翦、王贲、蒙毅、蒙恬等都是文韬武略之才；秦国各项制度又都是着眼于军队的战斗力，功必赏、罪必罚，军令严明。秦国扫平天下的战略也较为得当，远交近攻的谋略使得六国难以团结一致对付秦国。其时，六国的领土五倍于秦，军队总兵力十倍于秦，秦始皇仍成功统一六国。然而，秦朝又是典型的“二世而亡”。秦朝短命的原因，可以从领导者的必备素质和战略意志两个方面深入分析。首先，在统一全国之后，秦始皇本人变得骄傲狂妄，专制独裁，任奸拒谏，不信大臣，不亲士民，成为脱离万众的孤家寡人。而秦二世胡亥更是缺乏一个守成君主的应有素质，信任宦官赵高，不听朝政，杀戮良臣。司马迁在《史记》中形象地描述了秦始皇的狂妄之态，“始皇自以为功过五帝，地广三王，而羞于之侔”。其次，秦朝开基之后，战略总方针没有顺应历史潮流进行修正，秦始皇父子完全抛弃了“安土息民”的正确战略，穷奢极欲，穷兵黩武，大兴土木，封山封仙，横征暴敛，法繁刑酷，中外咸怨，天下寒心，以致二世就土崩瓦解。秦二世胡亥在位之时，全国男子不能耕种，都被征调去修长城、建阿房宫；妇女不能耕织，全国道路上充满刑徒。孟姜女哭长城的故事就发生在这个时期。而陈胜、吴广之起于大泽乡，刘邦之起于芒砀山，都是在押解刑徒的路上起事。

历史的经验如此，现代社会又何尝不是如此。中国改革开放以来短短三十年，曾经涌现过多少风光无限的企业，曾经涌现出多少志得意满的创业者，这些企业、这些创业者而今安在？

那么，在由创业转为守成的道路上，对集团领袖的要求有哪些呢？第一，须具备战略转轨能力，引导组织成功转型；第二，要有足够的学识和经验，对历史、现实和未来做出明智的判断；第三，善于听取意见，能够辨识忠奸；第四，以谋略来实现战略意图。

战略转轨：把创业基点演绎为成长支点

创业阶段的战略制定，有“马上皇帝”的企划能力来因应；守成阶段的战略转轨，则须是“座上皇帝”的导引能力来把舵。首先是转变总体战略目标，需要从一切为了击败对手、实现成功创业的总体战略目标，转变为持续增长的战略目标，即要“开万世之基业”；其次，转变战略手段，需要从创业阶段的灵活性转变为稳定性的策略，要使整个组织的运行建立在制度化和规范化的基础之上；第三，相应地，皇朝稳定运行的总体指导思想和制度设计标准以及文化政策，也必须适应新的形势，转变成一切为了实现皇朝的长治久安。

1. 总体战略目标：开万世之基业

总体战略目标的重要性不言自明，一个组织能否长久生存和发展，首先在于其总体战略目标是否适应组织的外部环境。此时的外部环境是从“乱世”到“思安”，从“百废”到“待兴”，作为组织的目标就应该是休养生息和安定和谐，保证组织的稳定，并为组织的长治久安创造条件。

那些在历史上能够长期存在，并创造了盛世局面的皇朝，其开基者在打下天下之后，都及时调整战略目标，由战时战略转变为稳定民心和社会。刘邦集团战败项羽集团、成功夺取天下之后，吸取了秦朝二世而亡的历史教训，采取了清静无为、以柔制刚、以静制动、以退为进、以守为攻、刑德相辅的黄老之术。在这种思想指导下，从高祖刘邦，经过吕后和惠帝刘盈，到文帝和景帝，一直实行提倡节俭、节约民用、轻徭薄赋、与民休息的政策。特别是汉文帝，他在位二十三年，“宫室、苑囿、车骑、服御，无所增益”，他本人身穿用“戈綈”做得袍子，而所谓“戈綈”就是当时最普通的衣料。他们的帷帐上连花纹也没有。可以称得上是历史上少有的“节俭皇帝”。这种与民休息的政策，终使汉初经济社会在秦末几十年征战的凋敝局面得到了改善，出现了历史上有名的“文景之治”，为后来汉武盛世奠定了坚实的基础。

而有些皇朝则不然，秦朝和隋朝就是这样的例子。秦始皇创业成功之后，仍然实行一种挥霍浪费、穷兵黩武的战略，大修阿房宫，残酷剥削人民，最终二世而亡。隋炀帝杨广继位之后，建行宫、开运河、征高丽，最后落得个“好头颅谁来斩之”的悲惨下场。

2. 战略手段：一切为了天下

创业阶段，领导者看重的是征杀疆场，需要的是战胜敌手，“马上得天下”没有半点虚假。但是，创业结束之后，必须改变这种仅看重战功的战略手段。这个转变，首先要相对减轻军队在政府中的权重。其次，要缩减士兵员额，将战斗人员转变为生产人员。第三，提高文人在政府中的地位，建立文人官僚政府。这三个步骤并不是截然分开的，应该有机地结合在一起。

我们可以将历史上转型比较成功的案例概括为如下几种类型：

第一种，就是诛戮功臣型。成功创业之后，对于那些手握重兵的战将，采取全部杀掉或部分杀掉的措施，解除其兵权，同时裁撤兵员。这一类型的代表是汉高祖刘邦和明太祖朱元璋，特别是朱元璋。朱元璋当上皇帝并统一全国之后，对原来跟随自己打天下的功臣大开杀戒，明初的胡惟庸案、蓝玉案、空印案，这三大案基本上将带兵打仗的开国大将们清除干净。随之，朱元璋将这些大将的兵权收归到皇帝手中，大量裁减兵员。这种方式过于残酷，所以在历史上，刘邦和朱元璋的这种诛戮功臣遭到了人们的贬斥。但是，从组织管理的角度来看，采取措施是必要的，只是这种措施不太得当而已。毕竟一个皇朝的长治久安，需要一个稳定的行政体系，而潜在的军事力量割据则是稳定秩序的最大隐患。

第二种，和平共处型。这种类型是指通过和平手段逐步夺取将领兵权，提高君主和文官政府的权力。这种类型的代表是清朝。清朝在入关之前，实行的是八旗制度和四大贝勒议政制度。带兵的贝勒们拥有较大的权力，而且这些贝勒可以通过议政会议（所谓八王议政）来左右君主的决策。清朝入关之后，首先是将满洲八旗和其他人民分离开来，没有将八旗制度推广到全国。即使建立汉军八旗和蒙古八旗，也是将八旗的军队制度与普通人民分离开来。这样就将旗主贝勒直接管辖人民的行政权力完全剥夺了。但是，对旗主贝勒本人，并没有加以消灭，而是将他们养在关外。但是，这些旗主贝勒还拥有管辖本旗人员的权力。这样一旦出现统治危机，满洲统治集团还有一个可以依靠的力量。这实际上是剥夺了带兵将领的治民权，但没有完全剥夺将领的军权。因此，在有清一代，没有出现满洲八旗兵造反的事件。这种分离军队将领的军权与行政权力的措施，应该是既能稳定社会秩序，又能保证军队始终掌握在统治集团高层的一种措施。

第三种，和解共生型。一如宋太祖赵匡胤的“杯酒释兵权”。五代时期，手握重兵的武将谋权篡位比较普遍。赵匡胤在后周做将领时，曾亲眼目睹了后周太祖郭威黄袍加身，夺取后汉隐帝刘承佑皇位的事件。后汉乾祐二年（公元949年），辽兵来犯，郭威带领军队迎战。走到澶州，将士数千人忽然大噪，高喊“我们已经与刘氏成为了仇敌，不能再保他了”，希望拥立郭威为皇帝，并撕下黄旗披在郭威身上，高喊“万岁”。郭威死后，后周世宗柴荣即位，柴荣死后，后周恭帝柴宗训即位。此时赵匡胤为殿前都检点，掌握军权。公元961年，同样的事情发生了。赵匡胤带领人马出兵抗辽，在陈桥驿黄袍加身，做了皇帝。之后，赵匡胤认识到，要使自己的皇朝能够延续下去，就需要解除带兵大将的军权。怎么去掉呢？赵匡胤的办法是“杯酒释兵权”。一天，赵匡胤召集宿将石守信、王审琦等人饮酒，在酒酣之际，他屏退左右，说：我没有你们的支持，就做不成皇帝。但做了皇帝又不快乐，整天愁闷，还不如做个节度使呢。这些宿将询问缘故，赵匡胤说：皇帝这个位子，谁不想做呢？即使你们没有篡位的心，你们的下属将黄袍披在你们身上，你们能不做吗？这些大将们立即明白了皇帝的意思，纷纷上书要求辞去兵权。这种方式的好处是可以保证宿将们的荣华富贵，将他们的兵权完全剥夺。弊端是政府需要支付大量的财政，养着这批功臣。而且，在拿掉武将们的兵权后，由文臣带兵战斗力大大削弱。有宋一代，军队疲弱，没有战斗力，所以根本不能抵抗入侵。北宋时期，不仅没有收复幽云十六州，还被金国所灭，显然是赵匡胤没想到的。

宋朝虽然无力抵御外敌，但是内部却没有发生兵变、夺权等。而东汉的“杯酒释兵权”却直接导致了豪强地主势力的增强，造成了东汉后期的军阀混战。东汉集团在夺取天下之后，对重臣宿将实行“高秩厚礼，允答元功，俊文深宪，责成吏职”的政策。这项政策的内容是：对于功臣，增其赏邑，保其福禄，但不任以吏职。云台二十八将，开国三十二功臣，虽然爵位很高，但都不担任实际职务。等于把他们参与政治决策和行政管理的权力都收回了。然而，东汉却因此借重外戚和宦官来管理朝政，终致东汉末年的大乱。

3. 战略实现：组织与制度铸就秩序

制度是一切战略目标和战略手段的实现形式。制度的作用是将长期的战略意图形成稳定的行为规范。创业阶段，制度设计的原则是灵活性，这是因为组织的战略目标是战胜对手，实现成功创业；而在守成阶段，制度设计的原则就是稳定和秩序，这是因为组织的战略目标已经变为稳定自己的统治。

在中国皇朝的发展演变史上，每一个成功创业的集团无不想把自己的统治长久维持下去，但是天不遂人愿，仍然出现了许多“短命王朝”。这些短命王朝有的也转变了战略，但是却没有将战略意图真正实现。原因很多，但没有一个运行良好的制度作为保证，可能是最主要的原因。五代时期，后周太祖郭威和世宗柴荣，登上皇位之后，实行了许多措施来稳定自己的统治，但最终还是让赵匡胤夺取了政权。郭威和柴荣在世的时候，凭借个人的威望，维持这些政策措施的施行。一旦郭威和柴荣去世，没有了个人威望作为后盾，那些良好的措施就立即失去了效力。如果建立有一个稳定的、运行良好的制度，即使郭威和柴荣去世，整个朝廷可能会依照制度继续运行下去。

当前中国许多民营企业陷入了“短命王朝”的怪圈之中。这些企业能在竞争中脱颖而出，证明在创业阶段的战斗力和生命力是顽强的。创业成功之后，大多数的创业集团还是能够及时调整战略目标，希望自己的企业能够不断增长和发展下去。但是，如何实现自己的战略意图，却在制度建构方面考虑欠缺。一般而言，创业领袖在创业集团中都有崇高的威望，依靠个人的威望维系企业的运行，在创业阶段不致出现大的差错。但是在创业成功之后，个人威望是很容易失去的，一旦失去，又缺乏相应的后续制度保证，组织的命运很快就到头了。

治国智慧：对历史、现实和未来的判断

治国智慧是一个座上皇帝成功开创万世之基业的关键所在。治国智慧首先需要有对历史的领悟。“以历史为镜可以明得失”，对照历史，可以发现前朝得国、治国、失国的经验和教训，为己所用。清朝皇帝有一个传统，在每天上朝之前，都要仔细阅读前朝的实录，这种阅读不是一时之事，而是要贯穿到整个生命历程中。前朝的历史不仅要读，而且要每天都读，从中吸取治国的有益经验。

清朝前期的康熙帝玄烨是造就清朝二百多年江山的开基之主。在位期间，他除鳌拜、平三藩、收台湾，使大清成为中国历史上的大王朝之一。在他死后，臣下给他上的庙号是“圣祖”。一般而言，第二代或者第三代皇帝的庙号都是“宗”，但康熙帝却也成了祖。其原因就在于康熙帝“名为守成，实同创业”，为大清朝的江山社稷奠

定了一个稳固的基础。那么，康熙帝的这些治国经验和智慧来自哪里呢？首先就来自他对历史的学习和领悟。过人的功业，因有过人的智慧；而过人的智慧，因有过人的学习。“学习”二字，是解开康熙一生开创大业秘密的一把钥匙。康熙身上有着三种血统、三种文化和三种品格。他的父亲是满洲人，祖母是蒙古人，母亲是汉族人。他深受祖母的教诲，又向苏麻喇姑（苏墨尔，孝庄随嫁贴身侍女）学习蒙古语，向满洲师傅学习骑射，跟汉族师傅接受儒家教育。康熙的勇武与奋进，受到了满洲文化的影响；高远与大度，得益于蒙古文化的熏陶；仁爱与韬略，来自汉族儒学的营养。康熙帝吸收了中华多民族的、西方多国家的，悠久而又新进、博大而又深厚的文化营养。这为他展现帝王才气，实现宏图大业，奠定了基础。康熙是中国历史上少有的嗜书好学的帝王。他五岁入书房读书，昼夜苦读，不论寒暑，甚至废寝忘食。又喜好书法，“每日写千余字，从无间断”。他读“四书”——《大学》、《中庸》、《论语》、《孟子》，“必使字字成诵，从来不肯自欺”。后来，他要求皇子读书，读满百遍，还要背诵，这是他早年读书经验的传承。康熙继位后，学习更加勤奋，甚至过劳咯血。他读书不是为消遣，而是为“体会古帝王孜孜求治之意”，以治国、平天下。他在出巡途中，深夜乘舟，或居行宫，谈《周易》，看《尚书》，读《左传》，诵《诗经》，赋诗著文，习以为常。直到花甲之年，仍手不释卷。

而反观秦朝，其之所以短命的一个重要原因就是不注意吸取历史的教训，不注意从历史中寻找治国智慧。“野谚曰‘前事之不忘，后事之师也’。是以君子为国，观之上古，验之当世，参以人事，察盛衰之理，审权势之宜，去就有序，变化有时，故旷日长久而社稷安矣”（《史记·秦始皇本纪第六》）。但是，秦始皇父子没有认识到这一点，不仅没有吸收前朝治国的智慧，甚至对于秦国先祖安土息民的经验也弃而不用，反其道而行之。缺乏治国的智慧，又何谈领导一个王朝成功转型以至长治久安呢。

治国还需有对现实状况的透彻把握。一些创业君主，在打天下的过程中，雄才大略，定天下的时候，也是满腹经纶，但就是缺乏对现实局势的准确把握，导致失败。错误的战略之所以出现，最主要的原因还是没有吃透其时的现实条件，以主观臆断来代替客观现实。

蜀汉刘备集团，创业期间可谓成绩出众；占据四川后，力量也不弱，取天下的战略方针也非常明确，加之有蜀道天险，应该说具备进一步开拓疆域的实力和机遇。但是，刘备在进入四川，登上皇帝的宝座后，没有看透当时的形势。在关羽失掉荆州后，急于为关羽报仇，收复荆州。从道理上说，这个伐吴决定也不能说错。只要再次占领荆州，就可以东出中原，与曹魏争雄。而当时的战略态势是，刘备集团如果出兵东吴，就会陷入两面受敌的窘境中。出击东吴的最大战果也不过是收回荆州，以当时蜀汉的力量不可能彻底击败东吴。但是，刘备自恃有雄兵七十万，坚持伐吴，最终身死白帝城。刘备的儿子刘禅，不仅没有治国的经验，对现实的判断更是错上加错。他听从丞相诸葛亮的计策，多次应允诸葛亮带兵伐魏。实际上，从当时来看，蜀汉的经济力量是三国中最弱小的，其时应将战略重点放在治理国家上，而不是继续穷兵黩武，东征西伐。

第三，治国要有对未来的明智判断。作为守成皇帝，不仅要考虑自己在位时王朝的安危，还需要奠定王朝未来发展的基础。对未来的明智判断，是建立在对历史经验的吸取和对现实情况判断的基础上的。

汉初，刘邦分封了许多异姓王。但是，历史的经验教训和现实的逼迫，使得刘邦转变了想法，认识到分封异姓王与维持刘氏家族的统治地位和汉王朝的长治久安是背道而驰的。因此，当汉朝元气初步恢复后，刘邦便开始了剪除异姓王的斗争。这场斗争始于高祖五年，止于高祖十二年，前后共八年时间。在消灭异姓王的过程中，刘邦又错误地认为分封刘氏子弟为王能屏藩皇室，也无离心背德之虞。所以，在高祖十二年刘邦杀白马起誓：有再封异姓王的天下共讨之，史称“刑白之盟”。这个判断虽然比分封异姓王进了一步，但还是没有把握住总趋向，从而埋下了“七国之乱”的祸根。到文、景二帝终于认识到，要保证王朝的完全和稳定，同姓王也不能要。因此，从文帝开始，经过景帝，虽然没有把同姓王彻底消灭，但还是逐步削减了诸王的实力，统一了全国的行政和财政。反观西晋时期的晋武帝，则没有汲取历史的教训，致使历史重演，最终酿就了“八王之乱”，西晋也成为短命王朝的一个代表。

用人不当是最大的失误

皇帝需要有一批谋臣为王朝谋划未来。而在众人之中，有忠有奸；在意见之中，有好有坏，需要领导者从中辨别，采纳正确的意见。尤其当意见不再是对与错泾渭分明，而是在各种不同的正确意见中进行选择。选择的出发点是保证万世基业能够长青。

因为用人不当，奸臣当道而导致短命王朝的有很多，最典型的莫过于秦朝。秦二世胡亥当政期间，这个问题非常突出。首先，胡亥重用了宦官赵高。作为一个宦官，赵高利用帮助胡亥登上皇位的机会，获得了胡亥的信任，并大权在握。赵高无恶不作，无所不为。他首先向胡亥建议杀掉秦始皇的大儿子扶苏，又建议杀掉大将蒙恬和蒙毅。如果说这还是集团内部权力斗争的话，那么赵高建议胡亥身居后宫，不理朝政，则是在乱政了。二世二年，赵高对胡亥说：天子之所以常贵者，但以闻声，群臣莫得见其面故也。胡亥居然听从了赵高的建议，深居宫中，不理朝政，悉耳目之所好，穷心志之所乐，所有的大事都交给赵高来决定。在秦朝的统治还没有彻底巩固的时候，秦却暴疾而亡。

谋略：目标管理中的策略

由于某一件事情没有解决好而误了大事的例子史上并不少见。但是，需要说明的是，谋略相对于战略，毕竟层次要低。没有正确的战略指针和战略手段，即使谋略再高明，解决了一时一地的问题，也不能取得长期的成果。而战略正确，却缺乏解决具体问题的谋略，也不会实现长期的战略目标。

在汉景帝时期，汉景帝认识到同姓诸王对中央政府的威胁，因此听从晁错的建议开始削藩。这个战略无疑是正确的。因为当时诸侯国，在自己的领地之内拥有军权、行政权、铸币权等权力，俨然一个“独立王国”。如果地盘大、人口多、资源丰富，其实力可以超过中央政府。例如当时吴国的吴王刘濞，地处长江中下游，是富饶之国、鱼米之乡。吴王煎矿得钱，煮水得盐，富甲一方，势可敌国。长此以往，势必尾大不掉，成为中央政府的心腹之患。但如何削藩就是一个谋略问题。削藩的同时要保持社会的稳定，这就是一个矛盾。景帝在没有全面考虑诸侯国和中央政府的势力对比、也没有在削藩之前做好各种准备的时候，就下旨削藩，而且也没有将藩国的全部土地都取消，只是先削去了楚王的东海郡和赵王的常山郡以及胶西王的六个县。结果打草惊蛇，使得这些诸侯王对削藩有所警惕，而且给他们反击朝廷提供了准备时间。在吴王刘濞起兵造反之后，景帝又犯了一个错误，听从袁盎的意见，杀掉了主持削藩的晁错。这一招不仅削弱了自己的力量，更是给诸侯国提供了起兵的口实，证明诸侯王们"清君侧、诛晁错"的口号是正确的。削藩前期，中央政府一直处于被动挨打的地步，还差点被诸侯王们推翻。之后，景帝吸取教训，重用周亚夫为平叛大将。周亚夫向景帝建议：楚兵彪悍轻捷，难与争锋，应该暂时放弃梁国的部分地方，引诱并牵制吴国和楚国的军队，达到守梁而疲敌的目的，同时断绝吴国和楚国的粮道，只有这样才能取胜。景帝听从了周亚夫的策略，只三个月就平定了七国之乱。

我们前面提到，五代时期武将拥兵自重，成为五代更迭频繁的主要原因之一。这个问题解决得好坏，直接影响长治久安能否实现。五代后汉隐帝刘承佑也意识到武将们可能造反，但他的谋略是趁武将们带兵在外时，杀掉这些武将的全家，以威吓这些武将。此举可恨，尤为可笑。大将郭威听到自己被抄家之后，立即带兵返回京城，囚禁了隐帝，然后废汉而自立，建立了后周王朝。赵匡胤则是"杯酒释兵权"，用荣华富贵的生活换取了武将们手中的兵权，从而结束了五代时期朝代更迭频仍的历史怪圈。

控制人才："天下英雄尽入吾彀中"

人才是创业集团走向成功的动力。没有人才的创业不过是一个童话。创业阶段，由于存在多个相互竞争的集团，人才在选择时有充分的余地；而创业者要想招揽到人才，就必须通过各种策略吸引、延揽人才。创业成功之后，要想坐稳天下，也得需要人才的辅佐。那么，在守成阶段是不是也和创业阶段一样，是不拘一格降人才呢？

外部环境的变化，使得守成集团面对大量人才时，不再是如何吸引人才而是如何从中选出对王朝的长治久安有用的人才。而选出的人才，由于缺乏集中展示自己才华的战时环境，所以能力的发挥和表现需要一个较长的时期。而且，选出的人才一旦进入统治集团，成为官员，将会掌握较大的权力，带来较高的收益。这势必要求守成治国的君主能够识人、用人，并能够监控各级官员的行为，保证王朝的稳定。

现代管理中，人力资源管理包括三个要素：招聘和选拔、绩效评估、劳资关系。在中国古代皇朝也可以找到相应的要素。招聘和选拔即是对官员的选拔；绩效评估即是对官员的监察和课考；劳资关系可以等同于皇帝与官员的关系。在守成阶段，一个规范的人才制度会成为后世人才政策的框架，直接影响王朝的稳定和发展。因此，守成君主的人才政策和人才制度的重要性，对于一个王朝来说，怎么强调都不过分。对官员的监察和课考，与这一阶段的制度建设紧密联系，我们将在第四节进行分析。

广纳英才："天下英雄尽入吾彀中"

唐太宗李世民在一次科举考试结束后，站在午门城楼上看着新进的进士们鱼贯进入朝堂，高兴得对左右说"天下英雄尽入吾彀中"。这句话充分表达了坐定天下的皇帝们对于人才的态度，那就是要将人才都纳入到体制中来，为我所用。但是与创业阶段不同，现在皇帝们不再是"不拘一格降人才"了。坐天下的皇帝是人才唯一的"买方"，已经有资本、有条件对人才进行挑选，并将这种挑选纳入到一个比较稳定的制度框架之内。皇朝成长阶段，对人才进行选拔和招聘大体上可以分为三种类型：一是乡举里选，即通过推荐进行的人才选拔；二是九品中正制，这是荐举制的一个变种，实际上是依门第进行选拔；第三是科举制。

1. 乡举里选：荐举拔人是捷径

我们曾谈到创业集团通过荐举选拔人才，只不过这种荐举没有制度化，也不规范。一旦进入治平阶段，就必须也必然启动制度建构，并在制度建构中行为。

乡举里选主要是在汉朝，特别是在高祖、文帝和景帝时期逐步发展，汉武帝基本定型，且一直延续到东汉末年。该制度大体可分为两类：一是不定期，譬如老皇帝死了，新皇帝即位，往往就下一道诏书，希望全国各地选举人才到朝廷；或是遇着大荒年，大水灾或是大瘟疫时，这表示政府行政失职，遭受天谴，也常下诏希望地方推举贤人，来为政府说话，或替国家做事。这些选举是无定期的。这样选举来的人，多半称为贤良。贤良选到了政府以后，照例由政府提出几个政治上重大的问题，这叫做策问。策是一种竹简，问题写在竹简上，故称策问。一道道的策问，请贤良发表意见，这叫对策。政府看了他们的意见，再分别挑选任用，这是一个方式。这种选举，既不定期，也无一定的选举机关。地方民意也可举，三公九卿、政府大僚，也可举。

第二种是特殊的选举，譬如政府今年要派人出使匈奴，出使西域，需要通晓其他语言、能应变之人。政府下诏征求，只要自己有此才干，就可以报选。又如黄河决口，需要晓习治水的人，大家知道有这种人才，可以举荐，自己觉得有把握，也可直接应选。这是一种特殊的选举。

后来又推行一种有定期的选举，那就是选举孝廉。汉代一向有诏令地方察举孝子廉吏。作为地方长官，其职责不仅在管理行政，还需为国家物色人才；若一年之内，连一个孝子一个廉吏都选不出，是没有尽到长官的责任。无论如何，每年每郡都要举出一两个孝子廉吏。汉代一百多个郡，至少每年要有两百多个孝廉举上朝廷。汉代逐渐形成了这样一种一年一举的郡国孝廉。

在汉朝初年，这种制度还没有定型，就已经成为西汉选拔人才的主要方式。通过这种荐举制，朝廷可以将绝大多数的人才纳入到体制中来。在现代组织管理中，重要岗位的选拔、重要人才的延揽，也多采取荐举的方式。这个方式的最大优点是，荐举人对被荐举的人才比较熟悉，能够说明被荐举人各方面优缺点，及至选任后进入角色也比经考试录用的人员为快。也因为基本了解当事人，知道他哪方面能力强、哪方面能力不足，可以尽可能地做到能力与岗位相匹配。

2. 九品中正制：古时的门第、现时的裙带

及至东汉末年，天下大乱，汉献帝逃亡，中央与地方之间失却了有效联系，一切制度全归紊乱，乡举里选的制度，也就无从推行。朝廷用人没有了标准，尤其是武人在行伍中滥用人员，不依制度。新生的曹魏集团，以陈群为尚书，掌管吏部，始创九品中正制。制度规定，当时在中央任职、德名兼备的大僚，由各州郡分别公推大中正一人，由大中正下再产生小中正。然后由中央分发人才调查表，此项表格中，把人才分成九品，上上上中上下，中上中中中下，下上下中下下。表内详载其年籍各项，分别品第，并加评语。主持这项工作的人称九品中正。这些表格，由小中正襄助大中正核定后呈送吏部，吏部便根据此种表册之等第和评语来斟酌任用，行使黜陟。这样一来，官吏之任命与升降，有相对成型的标准。曹魏初年行此制时，吏治得到澄清。曹操集团能够夺取天下、守住基业，与这个制度也有一定关系。

但是，九品中正制的最大缺点在于做官要依靠个人的名望，要得到当朝大臣的肯定。而名望是个比较虚的东西，获得名望的最可依赖和最便捷的方式就是出身于高门之家。一统天下的晋代，一直到南北朝，都继续采用九品中正制，这样日积月累，优点用之殆尽，缺点日益突出、扩大，毛病就恶化为致命伤了。首先是人人都想获大中正的提拔，便纷纷集中到大中正所在地的中央。再则中正评语，连做官人和未做官人通体鉴评，吏部凭此升黜，如是则官吏升降，其权操之中正，而不操于本官之上司。于是做官的为袭取社会名誉，却不管自己本官职务与实际工作，而其上司也无法奈何他。到了南北朝时期，这种九品中正制的选拔人才机制终成“上品无寒门，下

品无士族”的局面。

从组织演变和动态管理的角度来看，九品中正制实际是随着时代的变迁和环境的变化，荐举制的一个变种。不再是乡举里选，而是一种普遍考评，相当于制设一张通用的人才普查表，从而锁定一个目标群体，然后根据评测结果相应安排人才的工作。此制度优点在于组织可以拥有一个庞大的人才信息库，缺点在于容易被表面现象蒙蔽，仅依靠印象或关系来评价人才。如此的结果，清谈盛行，裙带众多，真才匿迹，实干空乏，致使长达三百多年的魏晋南北朝时期，不仅没有出现一个盛世，反而是政权并立，更换频迭。

3. 科举制：延续至今的学识选人

科举制的本质就是不设前提、通过考试、公开招聘人才。科举制初创于隋，成熟于唐。唐太宗李世民的“天下英雄尽入吾彀中”的典故，就是采用科举制选拔人才的写照。从皇朝的发展史来看，科举制为皇朝的稳定和繁荣提供了条件。透过科举制度，各路人才都可以依靠自己的学识进入到体制中来，为统治集团服务。这不仅为皇朝的发展提供了人才资源，而且将大批体制外的人才纳入到了体制内。除此之外，科举所考察的科目都是有利于皇朝稳定的科目，通过科举，这些学问成为了当时知识分子奉行的圭臬，从而为皇朝的统治稳定提供了意识形态支持，这一点我们还将在以后的文化建设章节分析。

科举制的人才选拔方式，首先在于其选拔程序。科举制的程序设计是认才不认人，不论出身，只要能够通过考试，基本可以顺利进入统治集团。其次，科举制的选拔标准主要是注重学问和学识。这比依靠门第和声望的选拔方式，更能考察人的能力。虽然学问大不一定能力高，但是毕竟有一个较为妥当的标准了。再次，科举制的覆盖范围广。荐举制的一个缺点就是，那些没有多少熟人，地处偏远的人才，被荐举的机会大大少于那些住在名城大都、关系广泛的人。在科举制下，生活在什么地方、与哪些人交往，都不再成为人才进入体制内的障碍，至少不再是主要障碍。

当然，这种考试制度也存在弊端。首先，一次考试的局限性。通过一次考试，不可能全面考察出人才的全面素质，况且“一考定终身”，实质上失去了选拔人才的本意。对于人才，有通才和专才之分，而科举考试是所有考生都面对同样的考题。这样，就会把一些真正需要的人才拒之门外。其次，考试的内容多是书面知识，现实能力较难甄别。

尽管有某些局限，对于那些希望将人才纳入到体制内的君主而言，科举制在当时还是最公平和最有效率的。另外，也不能完全抹杀荐举的作用。从皇朝成长阶段看人才选拔机制，可以得出的经验是：第一选拔行为要制度化和规范化，第二选拔方式要尽量的客观，第三另行辅之以其他如荐举等方式。

创业成果：分享还是独占

创业阶段，由于环境比较艰苦，形式比较紧迫，创业集团的领导层与其他成员之间的关系不会出现大的问题。但是，创业成功之后，由于君臣之间绝对地位的变化，组织面临压力的变化，他们之间的关系也发生变化。这种关系处理的好坏，直接影响到皇朝目标的实现。

历代皇朝的演变给定的逻辑是，第一代守成君主与臣下的关系，不仅决定了皇朝今后的君臣关系趋向，而且还将影响到皇朝能否在创业之后直接进入稳定成长的阶段。君臣关系处理得好，臣下的积极性很好调动，氛围也较为和谐；而处理不好，则可能会使整个集团充满了恐惧和担忧，直接影响到皇朝的长治久安。在历史上，这一阶段的君臣关系类型，大体上可以总结为以下三种类型：和平共处型、伴君如伴虎型和臣强主弱型。

1. 和平共处型

这是最理想的一种关系类型：君臣之间相互尊重、相互信任、相互支持，能够激发各方面积极性，维系了组织的团结和战斗力。

历史上的守成君主，在君臣关系上做得比较好的首推唐太宗。唐太宗在唐朝创业时期就是创业集团的主要领导核心。之后，他成为第一代的守成君主。但是唐太宗并没有因此自高自大，而是正确处理了朝廷与战功显赫的大将们之间的关系。他没有通过残酷的手段将手握重兵的大将们除掉，大将们也由于唐太宗对待君臣关系的正确态度，没有拥兵自重，造成军阀割据的混乱局面。可以说，贞观之治的出现与李世民能够正确处理君臣关系有很大的关系。

贞观元年，他对大臣们说："正主任邪臣，不能致理；正臣事邪主，亦不能致理。唯君臣相遇，有同鱼水，则海内可安。朕虽不明，幸诸公数相匡救，冀凭直言鲠议，致天下太平"（《贞观政要》）。这段话说出了君臣关系的实质：虽然有贤明的皇帝，但如果所用非人，则不能实现天下大治的目标；而如果只有贤明的大臣，而皇帝昏聩，也不能达到天下大治。基于这个认识，李世民在处理君臣关系问题上，具有四个明显的特征：一是选贤任能，不计亲仇；二是虚心纳谏，共商国是；三是知人善任，委任责成；四是视疾吊丧，亲如家人。这些特征概括了中国古代王朝贤明君主用人的所有优点。总的来看，这几个特点在贞观年间是贯彻始终的。

领导之于下属，仅依靠制度上的措施来使用和控制，只能是停留在做事层面，而辅之以感情来相处，则很容易形成团队，交至心灵。虽然工作归工作，感情归感情，但是下属对领导的遵从若只是一个制度上必须，不是发自内心的话，很难长久的和平共处。开国名将李勣暴疾，医生说必须用须灰治疗。李世民就把自己的胡须剪下来，烧成灰来和药，为李勣治疗。李勣病好了之后到李世民面前谢恩，顿首流血。李世民回答他说：我是为了江山社稷，不是为了你个人啊，你谢什么呢？除了对臣下在生活上关心外，李世民还主张要以至诚待臣下。《资治通鉴》中记载，李世民曾对臣下说：皇帝自己就很奸诈，又怎么去责备臣下奸诈呢？我以至诚治理天下，每当看到前朝的帝王们用奸诈的权术来对待他们的臣下，我对此感到非常耻辱。从某种意义上说，诚信是团队精神的基础。君主以诚待臣下，臣下也必然以诚报答君主，君臣相待以诚，其力断金。制度固然重要，是组织正常运转的基础。但是，制度并不是万能的，当组织对环境变化的适应力逐渐迟钝，制度也必僵化。要想使组织长久处于一种向上的状态，主动权还是在于组织的领导。只要组织领导深谙领导之道，对下属生活上予以关心，成长上给予帮助，下属必定竭尽全力。

2. 伴君如伴虎型

君臣关系的第二种类型是伴君如伴虎型。如此的君主关系，肇始于君主自恃对臣下的绝对权力，给臣下一种天威莫测的感觉，臣下们就如同伴随着一只随时会发威吃人的老虎一样，战战兢兢，如履薄冰，经常地处于一种恐惧之中。此景此情，臣下对君主不再是知无不言，反而时时刻刻揣摩君主意图，以君主的态度为态度，以君主的意见为意见。道理很简单：组织环境千般变化，万般复杂，很需要组织成员群策群力，集思广益地解决问题。

朱元璋能在元末各路义军中脱颖而出，建立大明王朝，不说英明，也绝对不是一个昏聩的君主。然而，建国之后，朱元璋却大肆杀戮功臣，将大臣的权力尽量收到自己手中。他通过胡惟庸案废除了宰相，自己身兼二职，成为历史上权力最大的皇帝。并下旨：以后子孙做皇帝，不许立丞相。臣下敢有奏请设立者，文武群臣即时劾奏，将犯人凌迟，全家处死。朱元璋不仅废除了丞相，而且实行一种恐怖统治。为了控制官员的一言一行，朱元璋设立了锦衣卫，由宦官直接领导。这个机构可以在法司之外独立行动，只对皇帝一人负责。发现有犯错误的官员，可以立即逮捕，不用通过司法机构。在这种高压政策之下，大臣们对于国事，特别是帝国的决策事宜，就没有多大的发言权了。作为第一代的守成君主，朱元璋的这些做法，直接影响了整个明朝的君臣关系。成祖朱棣直接继承了乃父在君臣关系上的措施，对官员非常残酷。明朝大儒方孝孺是建文皇帝的人，朱棣打下南京后，逼迫方孝孺投降。方孝孺不降，结果朱棣下令“夷其十祖”，方孝孺本人凌迟处死。就连朱棣的妹妹宁国公主夫妇也被朱棣迫害。朱棣还嫌一个锦衣卫不够用，又设立了东厂监督官员的日常生活。之后连开创有明一代“仁宣之治”的仁宗和宣宗在内，全数利用锦衣卫和东厂对官员严加监控。

朱元璋废除丞相之后，天下之事无论大小全部取决于皇帝一人。朱元璋每天日理万机，政务繁重。这对朱元璋本人来说，还能勉力承受。毕竟他出身穷苦，受这点苦算不了什么。明成祖朱棣在年轻时也是跟随朱元璋创业打天下的马上皇帝，精力充沛，处理如此繁重的政务也不在话下。但他们的子孙呢？从小生长在深宫，身体本来就弱，又不信任大臣为他做事，大臣也由于这种恐怖的君臣关系，不敢为朝廷纳谏献策。如是在明朝就出现了皇帝二十多年不上朝、大臣二十多年见不到皇帝的怪事。皇帝对大臣的不信任，导致了皇帝对大臣的严密监控和恐怖统治，在这样的情况下，大臣们只有慑于皇帝的权势和对皇帝的恐惧而已。明朝末年，李自成杀进北京皇宫，崇祯皇帝撞击景阳钟召集大臣救驾，竟然无一人前来，这不能不说是朱元璋一手造成的恶果。

3. 臣强主弱型

君臣关系的第三种类型是臣强主弱型。这种类型是最不好的。臣强主弱，很容易出现客大欺店、奴大欺主的局面。这种类型的君主关系很少能造就一个长治久安的王朝。要么是开国初期发生内战，要么是很快被握有实权的大臣篡位。这种情况与第二种类型伴君如伴虎型，正好是两个极端，都阻碍着组织的发展壮大。第三种类型后果最严重：部下可以完全将组织占为己有。历史上，臣下推翻原来统治而自立的事情不断发生。

三国时期，魏国在三国中实力最强。但是，魏国的二世、三世皇帝们却处理君臣关系失当，大权被司马懿把持。魏明帝曹睿去世之前，兵权已很大程度上被司马懿控制。明帝以后事嘱托司马懿，叫自己的儿子曹芳抱着司马懿的脖子，司马懿顿首流涕。很显然，曹芳没有认识到危险性，即位后仍然不对司马懿采取措施，还犯了大忌，把大权交到了司马懿的政敌曹爽手中。司马懿消灭曹爽之后，大权独揽，并在死后将兵权交给了儿子司马昭。司马昭之心是路人皆知的，就是要灭魏自立。曹髦虽然认识到了这种臣强主弱的危险性，但是为时已晚，司马家族的势力已经到了无以复加的地步。曹髦曾经打算带领人马去杀司马昭，但是兵权都在司马氏手中，曹髦只好带领几百个童仆去刺杀司马昭，结果可想而知，曹魏政权终被司马炎篡夺。

皇朝成长阶段的人才政策，应该与这个阶段的外部环境和总体战略目标相吻合，也就是要使人才能够为已经建立的王朝服务，以担负基业长青的使命。在现代组织中，组织领导核心也会面临着同样的问题：第一，与创业时期的部下如何对待建业的成果？是共享还是独吞，这直接影响到集团的内部环境和战斗士气。第二，如何选拔人才，尽可能地把天下人才纳入体制内，为我所用，至少也起到减少对立隐患的作用。第三，建立规范化的人才选拔机制、使用机制和监督机制，并辅之以精神力量的感召。第四，建立一种什么样的雇佣关系或说劳资关系，从历史的经验看，和平共处型是最长久的一种类型。

组织制度：基业长青的结构基础

制度对于组织存在和发展的重要性，不言而喻。创业成功之后，创业集团随之演变为守成的统治集团，战略演变为开万世之基业，拟为组织的长期发展奠定基础。这个基础，在其物化形态上，就是制度。制度作为一个王朝实现其战略目标的载体，框定了王朝未来的发展趋向。由于历史的局限性，组织创建之初的制度建构可能并不都适合新的环境和历史发展规律，但是，之后的改革还是在这个基础上进行的，所以探讨守成时期制度的利弊得失，对于现代组织的制度建构与管理发展，也是非常有意义的。

制度实际上是规范组织成员行为的规则；它提供一个框架，设定一套规则，约束成员行为。就一个刚刚创业成功的王朝而言，最重要的就是要规范三种权力关系：首先是君权与相权；其次是中央与地方；第三是考核与监察。

第一种权力关系，即君权与相权的关系。在现代组织管理中，就是所谓的董事会、股东与总经理、经理层的关系，是东家与掌柜的关系。如何建构一种既融洽又规范的君臣关系，是重中之重。第二种权力关系，即中央和地方的关系。在现代组织管理中，就是所谓的总公司与区域分公司之间的关系。能否提供一个有效的管理和控制分公司的框架，直接决定了总公司能否维持稳定和统一。地方势力太大，会产生分公司对总公司的离心力，严重的则会导致总公司的瓦解。在历史上，由于地方势力过于强大而导致王朝崩溃的例子比比皆是。而如果分公司的权力过小，则会失去动力和活力。因为分公司是总公司利润的主要来源，分公司的衰弱，必然导致总公司的萎缩。由于地方势力过小，事事听命于中央而导致王朝衰弱的例子也有许多。第三种权力关系，则是组织与员工的关系。这种关系，既是组织如何引进、使用、监督员工的人才管理问题，又是组织依靠制度建设推动集团稳定成长的核心组成部分。我们知道，随着组织结构的复杂化程度不断加深，员工的行为越不容易被引导、监督。在工厂和车间内，工作可以通过产量来衡量，但是在现代商务活动中，则很难被观察和量化。

君权与相权：董事长与总经理

古代中国，“普天之下，莫非王土；率土之滨，莫非王臣”。但皇帝一个人是没有精力来统管天下的所有事情，这需要官僚系统来帮助皇帝治理天下。而宰相则是官僚系统的代表。宰相总领百官，具体处理王朝的日常政务。但是，宰相不是天下之主，只是皇帝“雇佣”来替自己管理天下的“总经理”。宰相权力与皇帝权力的关系，就是相权与君权的关系，也就是董事长与总经理的关系。统治集团内最重要的权力关系就是君权与相权的关系。在中国皇朝发展史上，君权与相权之间的制度架构，也在不断发生变化。但不管怎样变化，皇帝的主要目的还是为了维持皇朝的稳定和长治久安。君权与相权的关系，乃是实现皇朝总体战略目标的一个手段。当然，能否实现目标，还受制于其他许多因素。

宰相，或称丞相，这个职位形成于秦始皇时代。李斯是秦朝的第一任宰相。汉承秦制，依旧在中央政府设置宰相职位，总领朝纲。汉初宰相的权力非常大，对皇帝可以直言不讳，甚至可以自作主张，处理大政。这与当时丞相大多由功臣勋旧担任、君权与相权关系尚未定型有关。这种状况也符合我们所分析的，在创业刚刚结束的时候，在创业期间掌握大权的大臣宿将大多数还掌握着较大的权力。曹参做丞相时，整天无所事事。惠帝刘盈对此表示不满。曹参竟然回答：皇帝陛下垂拱而治，我们这些人则负责具体事务的管理。这等于向东家叫板，宣布公司的事务东家不能干预，这是掌柜的权力。

当然，"萧规曹随"所蕴含的深意是另一回事了。汉文帝时，丞相申屠嘉上朝奏事。文帝的佞臣邓通站在文帝的身边，态度十分傲慢。申屠嘉对此十分不满，对文帝说：陛下宠爱邓通，可以使他富贵，但是朝廷的礼仪却不能不严肃。文帝没有当回事，就说，我回头告诉他就是了。在散朝之后，申屠嘉传邓通到丞相府，并警告说如果不来就把他杀掉。最后是文帝亲自求情才赦免了邓通。

这说明在汉朝初期，丞相的权力是比较大的。其好处是丞相可以按照自己的意志高效率地处理政务；在遇到王朝危机时，可以挺身而出，保护王朝的安危。在汉朝初年，吕后临朝称制，掌握了汉朝的大权，并打算废掉刘氏集团，建立吕氏集团的统治。其时，正是丞相陈平联合周勃消灭了诸吕，重新确立刘氏江山。当然，这种相权较大的制度安排也有弊端。若适逢有野心的丞相，可能取而代之。

汉朝守成阶段，设定宰相就是一个人，实行领袖制宰相。左宰相和御史大夫只相当于副宰相。而到了唐初贞观年间，宰相的权力被分割到了三个部门：即尚书省、中书省和门下省。这三个省的长官都是宰相。三省长官在决定重大事宜时，要召开政事堂会议，能参加政事堂会议，并有发言权和决策权的官员都可视作宰相。这种制度下，宰相的权力还是很大的，能够独立决定许多大事。皇帝的诏书和敕令都必须经过政事堂会议，并有"中书门下之印"发布全国，才有效力。若未加盖"中书门下之印"，而由皇帝直接发出的命令，在当时是认为违法的，不能被各级机关所承认。这种制度对皇权是一种比较大的约束。所以在武则天时期，曾有这样的说法："不经凤阁鸾台，何得为敕"（中书省武则天改称凤阁，门下省武则天改称鸾台），这仍是说一切皇帝诏命，必经中书门下两省。

上面的单一宰相制和集体宰相制，实际都是相权比较大的制度。在这种制度之下，皇帝的权力受到了约束。但总的趋势是皇权日益集中，相权不断被分割。到了明清两朝，随着君主专制的加强，相权已被大大削弱，而且连名义上的宰相职位都被取消了。明太祖朱元璋通过胡惟庸案，取消了宰相的职务，而由皇帝自己处理全国政务。此时的朱元璋可谓董事长兼总经理，其忙碌程度可想而知。后来，朱元璋不得不另想办法，这就是在皇帝办公的地方设立内阁，安排内阁学士值班，以备皇帝随时顾问。此时的内阁学士，不论官品（四品、五品的小官），还是实际权力（只备皇帝顾问，没有任何决策权）都比较小。但是，朱元璋的子孙后代没有他那样充沛的精力，所以逐渐提升了内阁的权力，内阁有了“票拟之权”，即代替皇帝处理政务，但需要经过皇帝批准之后，才能有效。到明朝中后期，内阁的权力和地位逐渐上升，内阁首席大学士被称为“首辅”，这个首辅，不是名副其实的汉唐宰相，只是类似。汉、唐宰相对政务是有决策权的，明朝的内阁和内阁首辅则没有，即使做出了决策，也是代替皇帝决策，最终的权力在皇帝；内阁只不过是皇帝的秘书处，内阁首辅是皇帝的秘书长。到了清朝，沿袭明制，不设宰相；设立内阁作为皇帝的秘书处。康熙朝，又设立南书房，以备皇帝顾问和代皇帝处理政务。雍正和乾隆年间，设立军机处，逐渐代替了南书房的地位，成为清朝的“宰相”。

从历史上来看，君权和相权的关系，一直是皇朝中央政府权力关系的核心。二者关系处理得当，可为皇朝由守成阶段顺利转入盛世阶段提供强有力的保证，在一定程度上促成该皇朝的基业长青。

因为，这对关系，从根上说是一个组织架构的核心，对应的决策和执行功能也是管理过程的最要。从逻辑上讲，皇权必须由一定的相权来辅佐，这不仅可以使皇帝潜在后台，省却具体事物的缠身，而且是正确决策的前提和基础，还能腾出力气来保证对执行的监督。拿到当代来讲，其中原因和利害关系，已是十分明了，不再赘述。

中央与地方：总公司与分公司

现代经济中，总公司与分公司的关系，大体上可以分为两种类型：一是分公司是总公司的一部分，作为总公司的派出机构，参与市场活动。分公司在组织结构、人事安排、财务管理等方面都与总公司有相对应的机构。在这种制度下，分公司的一切活动都受制于总公司的战略安排。在历史上，这种模式可以视作郡县制。地方政府是中央政府的派出机构，地方政府无论在法制上，还是在军事、财政上，都受制于中央政府。地方政府的长官由中央政府任命，对中央政府负责。第二种类型，分公司是独立的公司，拥有自己独立的人事管理、财务权力，总公司对分公司的控制通过分公司的股权结构来进行；总公司是分公司的母公司，但是总公司不插手分公司的具体运营和管理事务。在历史上，这种模式可以视作封建制。以皇帝为代表的中央政府通过分封控制地方。各个封国在自己国内拥有军事、财政和人事管理的权力。封国对中央政府的义务在于封国要宣誓对皇帝效忠，向皇帝纳贡，在战争中，派军队支持皇帝。

先说封建制。封建制真正流行于周朝。周朝裂土封疆，在中央政府之外，分封了八百多个诸侯国。这些诸侯国名义上是周王的领地，由周王分封给贵族和功臣，实际上，周王对诸侯国没有行政管辖权。各个诸侯国定期向周王缴纳贡赋，在周王出征时，派兵勤王，帮助周王打仗。秦朝统一六国之后，取消了封建制，在原来诸侯国的领地上，建立了直属中央的郡县制。刘邦集团创业成功，建立汉朝，面临集团内部的组织构架问题，刘邦集团的领导层认为“秦乃亡于舍封建行郡县”。便分封了一批异姓王，这些异姓王实际上就是诸侯国，以期避免秦亡之祸。诸侯国同周朝时期一样，在民政、财政和军事上都独立于中央。后来刘邦看到异姓王将导致地方势力尾大不掉，就铲除了各个异姓王，并于诸将面前杀白马起誓，约定“非刘而王者，天下共击之”。但是，刘邦却又大封同姓王，企图以同姓王的诸侯国来屏藩中央，保证刘氏王朝的统治。这些同姓王在自己的封国内，拥有独立于中央的权力。事实上，同姓王也一样不能保证王朝的稳定和统一。刘邦在去世之前，已经意识到了这个问题。在分封吴王刘濞时，刘邦拍着刘濞的后背说：五十年后东南有人作乱，不会是你吧？果真被刘邦说中了，景帝时，七国之乱的罪魁祸首就是这个刘濞。从历史上看，汉以后，凡是实行封建制的朝代，都不稳定，且深受其害。西晋初年，晋武帝大封同姓司马氏为王，其本意是让这些同姓王保卫中央政府，但是，迎来的却是“八王之乱”。随着历史的发展，这种分封诸王的封建制，逐渐被郡县制所代替。

唐朝的柳宗元曾专门写过《封建论》，来论述封建制与郡县制的利弊得失。他指出，封建制不符合历史发展的潮流。秦朝实行郡县制而在短期内灭亡，不在于实行了郡县制，而在于秦朝的暴政，在秦朝末年的战乱中，“有叛国而无叛郡”。

在秦汉之后，虽然郡县制成为各个朝代处理中央与地方关系的主要模式，但是封建制并没有彻底消失。前面所说的西晋大封诸王，就是一个例子。封建制在历史上一直存在到清朝，虽然封建制已经不是主流。在唐、宋、元、明、清诸朝，皇帝分封自己的子侄为王的事例一直存在，但这种分封却没有把王的领地的行政管辖权划给诸王；诸王只是衣食租税，对于自己的封地，没有实际的管辖权。明太祖朱元璋在建国之初，分封自己的子侄三十多人为王。这些王都有兵权。因而也出现了燕王朱棣的起兵造反，夺取了自己的侄子建文帝的江山。而朱棣称帝后，赶紧削减了诸王的权力。诸王一旦被封为王爷，按照明朝的规定，必须立即到封国去。但在自己的领地上，这些王爷不仅没有任何实际权力，而且还受到地方官的严密监视。到了清朝，除了八旗旗主被封为王爷外，每一任皇帝都封自己的一些儿子和兄弟为王，但这些王只是亲王，不仅没有自己的领地，而且还得在皇帝的眼皮底下活动，严格受制于皇帝。

但是，郡县制也有自己的弊端，那就是地方政府严格受制于中央，没有自己独立的行政权力，一旦遇事，需要层层上报到中央，然后等待中央政府和皇帝的命令，没有或者只有很少的自由处置权。在古代的交通通讯条件下，信息上报至中央，再等待中央的指令，需要很长一段时间，这就造成了地方事务的拖沓和无效率，严重损害了政府行政的效率。在宋朝，这个问题更为严重。太祖赵匡胤通过“杯酒释兵权”解除了统兵大将的军权，又通过分割地方政府的权力削弱了地方政府的势力。地方政府在路这一级被分为四个衙门：安抚使司、转运使司、提点刑狱使司、提举常平司，即所谓的“帅、漕、宪、仓”四司。各路内的使司任职有交叉又互不统属，互异互补，互审互察。这种做法，虽成功建设监察网络，防范了地方长官专权，却也造成了地方政府行政滞后、迟缓的弊病。有宋一代，守内虚外，重文轻武，致使经济繁荣，但军事羸弱，备受其他政权的压制，不能不说与这种地方势力衰微的特征有紧密关系。

实际上，这两种处理中央与地方关系的模式，各有利弊。郡县制将地方政府当作中央政府的派出机构和分支机构，有利于中央政府统一政令和法律，提高总体行政效率；其弊端则在于削弱了地方政府在具体事务上的自由处置权，增加了信息交通的成本。封建制将地方当作中央的藩国，提高了地方政府的积极性，各个诸侯国的藩王可以根据地方特点，自主、充分地发挥地方优势，提高效率；而其弊端则是容易导致地方势力尾大不掉，形成地方对中央的离心势力。

在现实中，到底哪一种模式更好，则取决于具体的环境和条件。就现代企业集团而言，则须按照行业特点和面临的市场形式具体进行选择。

考核与监察：监事会与管理层

守成坐天下的君主要想实现王朝的长治久安，为子孙后代开万世之基业，必须建立一套控制和激励人才的制度，也就是历史上的课考、监察制度。创业阶段，对于人才业绩的考察和监督，是较为直接的，这与当时面临的环境和设定的战略目标有关。创业阶段，创业集团的主要战略目标就是战败对手。对于人才而言，能否在战场上战胜对手，能否给集团提出合理、可行的建议和谋略，一目了然，较好评断。因此，在创业阶段没有形成制度化的考察和监督制度，是很自然的。但是守成阶段，统治集团的主要战略目标变成稳定和长治久安，就需要衍生出制度化和规范化的业绩考察和监督机制，来保证组织的激励作用。这种考察和监督制度，一是对任用官员的业绩考察，即课考制度；二是对官员行为的监督，即监察制度。

课考制度，关键是如何有效衡量官员的业绩。对官员勤务和功绩的例行考察，也是皇朝行政控制的重要手段。在秦汉时期，地方官在每年年底，都派出所谓的“计吏”携带“计簿”前赴中央政府“上计”，向总部报告生产、税收、财务、户口、刑狱等情况，并接受考课。这种考课制度是最高统治集团了解官员勤务和业绩的主要手段。因此，皇帝常常亲自“受计”，丞相负责考课内容，御史大夫则负责按察虚实。考课时需要对官员按照业绩进行排序，作为升迁的主要依据。此后的各个朝代，基本承继有这种考课制度。

现代企业集团在占领了一部分市场之后，也需要派出经理人员来具体管理和负责各个市场的运营。相当于中央政府的总公司通过考察这些分公司的业绩，并按照业绩来对分公司经理进行奖惩。这种制度的建立和维持是总公司控制分公司的重要手段，也是对人才使用做出的制度安排。这种课考制度越是严格和客观，公司的运作就越良好，越有效率。从历史的经验看，那些生命周期较长的王朝，在经常性课考制度方面就坚持的比较好，而那些短命王朝，课考制度就比较松弛。

守成阶段有作为的皇帝，是比较看重课考制度的。明朝初年，明太祖朱元璋就对课考较为严格：一如他对“空印案”的严厉处置。按照规定，每年各地方的布政使、府、州、县等都得派“计吏”到户部报告地方财政收支账目。为了筹算钱粮、军需等款项，必须由各府将本府情况报到布政使司衙门，布政使司衙门再报到户部，这样层层上报，最后户部审核数目是否完全相符；如果数目不符，则需要驳回重新填造。各地的布政使司有的离京城比较远，重新填造不方便，因此为了避免麻烦，上计的官员都带有事先预备好的盖过官印的空白文书，遇有被驳回，就随时填报。在洪武十五年，朱元璋发现了这个弊政，立即下令严办。

通过课考制度，中央政府可以有效地控制地方官员的业绩，从而间接监察官员的努力程度。在古代中国的皇朝史上，课考、监察体系一般是两个独立的系统。前面讨论的课考是户部的责任，而监察机关主要是御史系统和都察院。

监察制度比较严密的首推明朝，而明朝监察制度的完善，主要还是朱元璋的作为。朱元璋在创业阶段，东征西杀，统一了全国；在守成阶段，高瞻远瞩，他的一些制度设计，基本都着眼于大明王朝的长治久安。在监察制度方面，从明初开始，就形成了中央和地方两套监察体系，明确体现了分权和制衡的精神。在中央，六科和都察院共同行使纠举百官的职责；在地方，中央派出的巡抚、巡按，以及地方按察司共同承担对外省各级官员的监察，纵横交错，多管齐下，既相互补充又相互制约，组成一张严密的监察网。课考和监察制度，是从正反两面着眼，对于一个希望稳定发展、基业长青、大有作为的组织而言，是极其重要的。

成长阶段，重在建构。组织设计和制度安排又是王朝初建阶段的重中之重，直接决定着王朝未来发展趋势和发展特征。守成之主对组织设计和制度安排的态度、理念以及作为，在这个王朝发展的全部阶段打上深深的烙印。是短命而亡，还是长期生存；是积贫积弱，还是迅速鼎盛；是乌烟瘴气，还是清平向上；是僵化不变，还是与时俱进，都在其中。近视的眼光、静态的观点，也许会取得一些成效并勉强支撑下来，却带不来任何长期的优势，更不用说基业长青。长期持久的生命力只能来自于管理能力，而管理能力又取决于组织设计和制度安排。进一步讲，只有这样，组织才能有效，也才具备战略转轨和根据环境提早采用最新战略的素质和能力，才会逐渐使之完善、定型，从而跃居巅峰。刘邦为着屏藩中央，分封同姓王，导致了后来的“七国之乱”；晋武帝司马炎不见前车之鉴，分封诸王，导致后来的“八王之乱”；北宋重文轻武、削弱地方势力，造成北宋王朝的疲敝与软弱；朱元璋废除宰相，导致了明朝皇帝成为中国历史上最荒唐的皇帝。这些历史教训，都得之于皇朝的守成阶段成长时期，很值得现代管理者们注意，毕竟组织不是一个由只需加油的机器、自顾而立的场所和僵硬不变的体制堆砌起来的无生命物体，而是类似于人的活生生的生命体，不加以剖析结构、无所谓解构功能，将无法逃避衰亡期的迅速到来，甚至与鼎盛时期绝缘。

成长期文化：无为中的成长

创业成功之后，创业集团自然转化成为统治集团；其地位、作用等都发生了变化。现在的统治集团要面对自身内部的各种问题，还面临着统治集团和普通民众之间的矛盾。怎样解决和调适这些问题，就是这个阶段文化建设的主要任务。而这个阶段皇朝的一切行为，无不都是从确立皇朝的统治思想开始的。

文化核心：注重关注背景的因素

组织文化的内核在于组织的指导思想。指导思想实际上确定了整个组织的价值观，确定了整个组织的行为规范。组织内部成员的关系调整、组织与外部环境之间的沟通和互动，都需要组织的文化内核予以确认。

在中国历史上，文化思潮主要表现为儒家、法家、道家以及佛教。儒家向来被称为正统思潮；修身、齐家、治国、平天下以及天下一统的儒家思想一直是正统王朝的指导思想。但事情并没有这么简单，在皇朝的不同发展阶段，儒家的地位也是不同的。究竟谁为主导，需看该思想能否适应当时的内外部环境。中国历史的发展有一个非常重要的特点，那就是治理国家的原则需要从理论上加以阐发和得到论证，政务举措也必须合于某种占统治地位的思想学说，才能视为正统。

秦始皇集团在扫平六国、统一天下之后，选择的指导思想是法家思想。法家的代表人物是韩非子。法家持历史进化论，认为政治措施应该适应“贵贵而尊官”和“争于气力”的当代社会；坚持“性恶论”，经常警告说不能轻信人的善意，治国只能依靠暴力强制，并通过周密设计的法律以禁人为恶。本着这样的治国原则，秦始皇在统一全国之后，实行了非常严厉的刑罚制度。在秦朝，光死刑就有三十多种名目，连坐、族诛等酷刑使得人民生活在水深火热之中。而被判处徒刑的，实际上就是做了官府的奴隶。犯罪的人被编为军队，开到前线去打仗，即使不被抓去打仗，也被充军和罚做苦工。光被秦始皇派去修建骊山坟墓的囚徒就有七十多万人。历史证明，这种严刑峻法并没有保住秦朝的江山。秦朝的灭亡，从根源上说，在于其治国的指导思想不合时宜。

刘邦集团反其道而行之，在创业阶段就拿秦朝的严刑酷法作为反对秦朝的主要理由，并以此来进行宣传。刘邦攻陷咸阳后，立即与民约法三章："杀人者死，伤人及盗抵罪"。这种简约的法律规定与秦朝严密复杂的法律规定一比较，就得到了咸阳百姓的拥戴，史书记载"秦民喜"（《史记》）。刘邦创业成功后面临的也是民生凋零，百废待兴。基于此，道家的"清静无为"之说脱颖而出，为汉初的"休养生息"政策提供了理论基础。因此，自刘邦，经过惠帝、吕后，一直到文帝和景帝，汉朝的治国思想就是黄老之术，讲究清静无为，不扰民，轻徭薄赋，轻减刑罚。汉初的丞相萧何、陈平都使用这种清静无为的方针来治理国政。曹参当上宰相之后，曾经好多天不上朝理事，还整天在家里和朋友饮酒作乐。年轻的汉惠帝刘盈对此十分不满，就派人前去询问曹参，为什么不理朝政？曹参反问惠帝：陛下的英明神武比得上高皇帝（刘邦）吗？刘盈说比不上。曹参又问，陛下看我和萧何哪个的本事大呢？惠帝回答，你看起来不如萧何。曹参立即回答：高皇帝与萧何相国平定了天下，法令明确无误，现在陛下垂拱而治，我和百官恪守职责，遵循原有的法度而不更改，不就可以了吗？这就是所谓萧规曹随的典故。通过这个故事，可以发现在汉初，黄老"无为而治"的思想得到了完全地贯彻。到汉武盛世，治国思想由信奉道家无为而治转到罢黜百家独尊儒术，也从反面印证了外部环境的作用，以及治国思想之于皇朝发展的重要性。

汉初黄老无为的治国思想，也在皇帝的身上留下了烙印。文帝号称“节俭”皇帝，不仅如此，他还减免全国的赋税，曾经免收全国田赋十二年之久。此外，他还免除了许多严刑峻法，废除“一人有罪，坐其家室”的连坐之法，废除了“诽谤、妖言之罪”，废除了肉刑等等。可以说，汉初的“文景之治”，实际上就是黄老治国思想的证明和实现。

不同治国思想的选择，导致不同的治国方略和不同的具体政策，继而又导致皇朝的不同命运。元朝和清朝都是少数民族建立的全国政权，但终元一朝就没有出现过一段比较稳定的时期，更甭奢望享受鼎盛时期带来的成功和辉煌了；而同是少数民族政权的清朝，则很快出现了康乾盛世，且持续了百年之久；元朝在中原的统治，只有不到一百年，而清朝则统治有二百六十年之长。同是少数民族统治，结果为何迥异？我们发现原因在于两个统治集团在建国之初，选择的治国方略不同。元朝在中原建立起自己的统治之后，采取的治国方略是以牺牲其他各族人民的利益来满足本族的利益，以蒙古族为绝对的统治者。在这种治国思想的指导下，元朝统治者将各族人民分为四等，各有差别：蒙古人为第一等，色目人为第二等，汉人为第三等，南人为第四等。不仅如此，还通过残暴的军事高压政策压迫其他各族人民。如此就是元朝的短命。而清朝在入关之后，很快就改变了创业阶段的方略，选择了新的治国思想，即满汉一体。在这种治国思想的指导下，清朝很快就获得了全国人民的认可，从而稳固了自己的统治。

守成还需内严外宽

从历史上看，稳定阶段的皇朝指导思想一般都会选择与民休息的道家思想。这种思想表现在制度上就是休养生息。值得注意的是，这种宽松的思想和政策，主要是针对普通民众而言的。与民休息的另一面则是严格约束统治集团内部。这也是中国历史上所谓的“外儒内法”思想的含义。对“外儒内法”思想的理解，应该从这样的角度来看：二者是相辅相成的。在中国古代皇朝的历史上，各级官僚乃是“牧民”之官，是普通百姓的“父母官”；对官僚队伍的放纵实际上就意味着对普通百姓的压迫。所以，这种“外儒内法”并不矛盾。

明太祖朱元璋在取得政权之后，实行的是与民休息的宽松政策，从思想渊源上看，乃是道家和儒家的混合；但是，我们知道朱元璋又是一个对官僚极其不信任和非常严格的皇帝。朱元璋在对待官僚的态度上实际上是法家的思想。为了不让各级官吏下乡扰民，朱元璋专门下旨要求各级官员，特别是基层官员不得无事下乡扰民，如果有百姓发现官吏下乡，可以向朝廷举报。朱元璋对待贪污官吏的态度更严厉、残酷，连扒皮实草（意为用干草填充人皮）等酷刑都用上了。这实际上乃是法家思想的外化：人主乃是孤家寡人，没有可以信任的人；人性乃是恶的，做君主的是要通过各种手段控制臣下的私心贪欲。

稳定和成长阶段的这种外松内紧的制度文化，还可以从清朝初期的康熙、雍正时期看出来。康熙朝时期，经过明末战乱之后，百废待兴，在这种情况下，统治集团非常自然的要采用儒家和道家的宽、仁政策，因为“宽则得众”。尽管当时清朝廷对政治反抗者施以严刑、治以峻法，但在大多数情况下，还是尚德缓刑，对士民施以柔术。以宽，拂定众心；以宽，笼络士人；以宽，休养生息；以宽，治政安民。但是，在对待统治集团内部的官僚集团时，法家的严厉暴露无遗。雍正皇帝被称为“抄家皇帝”，其严猛为政的迹象在即位之初已经显露端倪。雍正不仅对大臣大行杀戮，而且对其亲兄弟也不放过；不仅从肉体上消灭贪官污吏，而且还从人格上侮辱那些不顺自己心意的大臣。大臣钱名世因与年羹尧交好，在年羹尧被诛杀之后，钱名世也被罢官回家，雍正别出心裁赐给钱名世一块匾额，上书“名教罪人”，要钱名世挂在自己家的大门口上。但是，值得指出的是，雍正的严猛只是针对官僚集团的；而对一部分人的严猛客观上往往使另一部分人感到了宽仁。在处理朝廷与普通百姓的关系上，雍正坚持了宽仁和平的思想和政策。而以严猛手段打击不法官吏，严肃官僚纪律，本身就为广大百姓提供了一个相对宽松的社会生活环境。

在成长中寻找文化的支撑

在皇朝初期，由于刚刚结束战乱局面，人民的心思还没有统一到新王朝。这时，皇朝很需要通过一种比较迅速、快捷和有效的方式，将新王朝的治国思想、治国方略，以及新王朝的指导思想广泛传播开来，取得人民的认可和拥护，从而为皇朝的稳定奠定思想基础。这些都是新王朝面临的问题。如何解决这些问题呢？最有效的办法就是加快发展学校和教育。学校和教育除了稳定人心、宣传新王朝的指导思想、培养人才之外，还有第三个功能，就是可以建立王朝的人才储备库和蓄水池，在人才过多的时候，储备起来，既可缓解压力，又备不时之需。

首先，学校教育要与组织发展的整体文化内核相结合。这种通过学校教育将统治集团的治国思想和治国理念制度化的方式，就是官学的产生和发展。在汉朝以前，教育是私人的教育。孔子招收三千弟子，实际上是民办学校，孔子要靠收学费来维持生计，这个学费就是“束脩”。到了汉朝，官学也只局限于最高学府：太学，并且太学只有一所。随着历史的演进和发展，各个统治集团逐渐认识到了学校教育的重要性，从而纷纷举办官学，并且将官学逐渐从中央办到省一级，继而府一级，县一级。明清两朝是学校教育最完善和最繁盛的时期。在宋朝，政府办的官学还只到州级（府级），而到了明朝中央有国子监，地方上有府州县学，基层有社学，卫所有卫学。学校的设立遍及社会各个角落。当时人们对这种普遍的学校教育称之为：“无地而不设之学，无人而不纳之教”。明朝的这种学校教育繁盛的局面，与朱元璋重视教育有很大的关系。在创业时代，朱元璋就在自己的领地内大力发展学校教育。如此就好比为组织培养一批忠诚的员工，并对锁定的目标群体有着极大的吸引力和说服力。

其次，学校教育要与组织的人才培养和人才选拔结合起来。这实际上又是通过学校教育把皇朝的人才培养和人才选拔合在了一起。在汉朝，最高学府太学，不仅宣讲学问，还是一个官员培养单位。太学是当时的国立大学，只有一个。里面的学生，考试毕业分两等，当时称科。甲科出身的为郎；乙科为吏。郎和吏，都是汉王朝的后备干部，经过一段时间的训练之后，可以获得实际的官职。到了科举制较为发达的宋代，特别是明代以后，学校教育则完全与科举结合了起来。学校教育从内容和形式都与科举制度紧密相连，成为科举链条中的一个环节。参加科举必须学校出身，学校也以培养科举人才为目的。这就是所谓的“科举必由学校”。府州县学分别与科举考试中的童试、乡试、会试相对应，又与秀才、举人、进士等科举名号相对应。

第三，重视学校教育的宣传作用。学校教育本身就是一种知识和信息的传播活动，这种活动具有集体性和统一性的特征。组织的战略意图、政策措施以及具体的行政事务，可以通过这个网络传达到普通民众那里。当然，对于现代组织而言，组织内部培训的信息传达作用可能比较小。但是，通过内部培训，把本组织领导层的战略意图和政策动向传达给组织成员，也还是比较有效率的一种方法。

为了享受这一夜，我们战斗了一生。诗人公刘先生如是说。用一生的战斗换来的这一夜，是成功创业者独品的芳醇。芳醇令人迷醉，可究竟能否持久，考验着把酒的人。不错，起于萍末的闯王李自成战斗了一生，也享受了一夜，却旋即丧失了流血、流泪、流汗挣来的基业。起于寒微的朱元璋也战斗了一生，却不止享受了一夜，还开创了大明王朝十六帝近三百年的基业。为什么创业路近似，命运大不同?! 百思一问。

创业未有转入守成。外部环境之于组织是何等重要，环境的转变要求组织各方面必须随之调整，甚至重构，才能免除早衰之苦、夭折之运。那些安享创业果实、不思持之以恒、缺乏核心理念的人，是不具备高瞻远瞩能力的，连创业后的守成期都难以度过，更甭奢谈长青的基业了。

创业转入守成，重在建构。因为刚刚尘埃落定的创业期虽灵活多变，但缺乏规范与控制；此时最为急迫的就是转轨，不仅体现在战略上、战术上，更要落实在制度上、规范上，包括组织架构、核心理念、管理程序、信息系统、激励制度、人才制度以及其他适应守成阶段需要的组织特性。

非如此，不能迈向组织的生命顶峰。

第三章

扩张与繁荣：天下盛世

解析古代中国皇朝迈向巅峰的努力、盛世阶段呈现的两面特征及其形成原因。很明显，组织是在环境、制度和人的不断调适中迈向生命巅峰的。也因为超强的实力，组织上下特别是领导集团的野心、自满、享受、权力博弈成为兴盛的致命威胁。由此，盛世可能成为组织衰落的起点。如何最大限度地约束组织的错误倾向，将是组织能否持久繁荣的关键。

汉元狩二年（前 121 年）春，汉武帝刘彻任命霍去病为骠骑将军（位同大将军），率领骑兵万人，从陇西出塞，转战六天，越过焉支山千余里，杀敌八千余，俘虏匈奴浑邪王子，缴获休屠王的祭天金人。同年夏天，汉武帝又派遣霍去病与公孙敖率数万骑出北地，深入两千多里，越过居延泽，攻至祁连山，击败匈奴军主力，俘获匈奴酋涂王和单于阏氏、王子等百余人，歼敌三万多人。这是大汉王朝对匈奴开战以来的空前大捷。这次战役后，汉朝控制了河西地区，截断了匈奴和羌人的联系，打开了内地通往西域的道路。这两次战役只是汉武帝对匈奴作战四十余年、十五次大战中的两次。武帝对匈奴连年开战的同时，亦向正南、西南和东南大肆扩张。元光五年（前 130 年），招抚夜郎国；元鼎五年（前 112 年），消灭南越割据政权，设交趾等九郡；元封二年（前 109 年）尽灭西南夷。元封三年（前 108 年），出兵朝鲜，设玄菟、乐浪、真番、临屯四郡。武帝的雄才大略，使汉朝实现了全盛。大汉王朝不仅军事力量强大，而且经济发达、社会稳定、文化繁荣，成为当时世界上数一数二的大国。但是，物极必反。武帝的好大喜功、穷兵黩武给汉帝国带来了空前的压力，社会陷入一种恐慌情绪中。汉武帝晚年对此也有认识，并于征和三年（前 90 年）向天下颁布“轮台罪己诏”，以求改过自新。但为时已晚，大汉帝国无可奈何地走向了下坡路！

大唐帝国玄宗开元天宝年间，国势强盛，百姓富庶。大诗人杜甫那首最为人们所称引的《忆昔》诗写道：“忆昔开元全盛日，小邑犹藏万家室。稻米流脂粟米白，公私仓廪俱丰实。九州道路无豺狼，远行不劳吉日出。齐纨鲁缟车班班，男耕女桑不相失。”既生动形象，又不失历史真实。杜佑在《通典》中记载了当时的盛况：十三文就可买一斗大米；青州、齐州的谷子每斗只要五文。两京大米每斗不超过二十文，面粉只有三十二文，绢一疋二百一十二文。东至宋州、汴州，西至岐州，道路两旁都有旅店酒肆招待客人，酒馔丰溢。每店都有驴，可以租给客人乘坐，叫做驿驴。南面到荆州、襄阳，北边到太原、范阳，西面到蜀川、凉府，都有店肆，以供商旅，就是旅途千里，也可以不持寸刃。天宝元年（742 年），国家的户数在八百五十二万，人口约五千万，世界各国的商人、留学生涌入首都长安，使长安成为人口众多的国际大都会。但是，大唐帝国的盛世很快就被“安史之乱”打断，陷入到兵荒马乱之中。之后几经努力，风光却不再。

大清帝国乾隆年间，弘历皇帝在平定准格尔、回疆，攻取大小金川，扫平廓尔喀之后，自诩武功卓著，命作《御制十全记》，令写满、汉、蒙、藏四种文体，建碑勒文，自称“得国之正，扩土之广，臣服之普，民庶之安”，无与伦比。乾隆的“十全武功”是：平准噶尔为二，定回部为一，扫金川为二，靖台湾为一，降缅甸、安南各一，即今二次受廓尔喀降，合为十。（阎崇年《正说清朝十二帝》中华书局 2004 年版）大清国在康熙、乾隆年间天下太平，史称“康乾盛世”。当时大清国国力之强盛，远胜于欧洲诸国。亚当·斯密在著名的《国富论》中比较了当时世界上各个大国的经济实力，得出的结论是大清帝国的总体经济实力与整个欧洲的经济实力相当。但是，盛世好景不长，腐朽气息袭来。乾隆后期，权臣和珅贪污受贿，竟然聚敛了相当于清政府七年国库收入的财富！首席大臣如此，整个国家的官僚体系可想而知！

如上三个盛世，都是乘祖辈之积累，加皇帝自身之英明，而实现的扩张与繁荣。这一阶段，不仅皇朝的统治稳定，社会秩序良好，经济发展繁荣，而且普通大众的生活也非常富足、安定。盛世不仅是一个皇帝的辉煌，一个王朝的辉煌，更是一个国家和一个民族的辉煌！盛世是皇朝开基者所希望的，也是广大百姓所希望的。但是，历史的规律显示，盛世不可能旷日持久，日中必损。这个规律是中国皇朝发展的独特规律，还是所有组织演进的必然规律呢？是否在盛世之后，都会出现这种衰退的趋势？本章从剖析历史上的皇朝盛世开始，讨论组织实现盛世的条件、盛世阶段的特征以及盛世之下的隐忧。

历史上，盛世的出现不是偶然的，盛世需要条件。首先在于物质和文化基础；其次在于天下大势；再次则是皇帝素质。盛世之下的隐忧，同样是不容回避的现实问题，要求其时君主能够体察矛盾的积累，而不只沉浸于“扬名立万”。

迈向巅峰：盛世的环境

如果说，创业成功为组织的生存创设了基点，制度的成功建构则为组织的稳定和进一步发展提供了支点，由此，组织的实力快速增长、扩张，攀上了梦寐以求的生命巅峰。此时，组织的环境也发生着重大的变化。就皇朝而言，首先是统治基础得到了稳固，统治集团的地位和威望被普遍接受，民众已经认可。这种情况类似于企业在打开市场之后，通过一个阶段的快速增长，消费者对企业的认可程度、甚至美誉度大大提高。在这种情况下，竞争压力就不是那么迫切和明显了。其次，各种制度已经比较规范，皇朝的一切运行进入一个规范和稳定阶段。守成阶段创立的各种制度，经过几代人的修改和调适，已经比较完善。再次，经过快速增长积累的大量物质财富，为皇朝的繁荣和扩张提供了物质基础。

然而，物极必反，任何事物的发展都有其反面。第一，物久生弊。一个制度成熟之后，表面运行很稳定；而随着环境的变迁，如果仍是照章行事，就容易变得官僚起来，进而隐含各种诟病。第二，自满与成功俱来，野心同实力共增，扩张的野心成为组织的一大威胁。第三，盛世阶段，组织成员在歌舞升平中逐渐丧失斗志。不用再为组织的安危担忧，不用再为组织的未来操心，所关注的仅是自己的名利地位，自己的荣辱得失。

上述这两个极端，繁荣是“好”的极端，繁荣之下的隐忧则是“坏”的极端。这两个方面也都对皇朝的战略目标、人才政策、制度安排、文化建设等产生影响。“好”的情况占优时，皇朝的繁荣期就相应延长；一旦“坏”的极端，即盛世之下的隐忧逐渐累积、凸现，盛世就告结束，皇朝无可避免地滑入下一个阶段。

盛世基点：稳定与成长的硕果

经过建国初期几代皇帝的努力，皇朝的统治基本稳定下来，社会秩序也已安定。盛世皇帝从先辈那里接手了一个稳定且具有增长潜力的皇朝。也就是说，组织建构比较齐全、运行比较规范，环境基本稳定，目标群体比较固定，与目标群体之间的关系也已相互信任，达到相互支持的状态。

西汉刘邦集团在成功创业之后，经过惠帝刘盈、吕后、文帝和景帝一段稳定和快速增长，到武帝刘彻即位时，已经具有进入盛世的社会和经济基础。经济上，经过汉初近百年的休养生息，已出现一段治世即“文景之治”，汉朝的社会财富已经是极大丰富。全国人口规模和粮食产量都达到了一个很高的水平。这种富足是汉初皇帝和大臣们想都没想过的。政治上，景帝平定了“七国之乱”，理顺了中央和地方的关系；随着经济的发展，再加上汉文帝削减各种严刑酷法，社会治安进入秩序化的轨道，路不拾遗、夜不闭户，虽说夸张，但社会治安确实非常好。对外关系上，虽然还有一些外族的侵扰，但总体上还算平静，只有匈奴时不时侵犯边境；和亲政策也起了一定作用，没有再发生汉初刘邦被匈奴围困白登山的惨状。这是汉朝到武帝时期能够出现繁荣盛世局面的前提条件。如果没有汉初近百年的稳定和快速增长，就不可能出现汉武帝的大汉盛世。

大唐帝国的开元盛世也是这种情况。经过太宗李世民、高宗李治、武后则天、睿宗李旦、中宗李显等几代皇帝的休养生息政策，唐代统治逐步稳定下来，经济也是快速增长。唐初实行的租庸调制、府兵制以及轻徭薄赋的财政政策，到开元初年已产生明显的效果。而太宗李世民开创的贞观之治，不仅为开元盛世的出现奠定了经济上的基础，而且奠定了政治上的基础。快速发展的封建经济，以及与民休息的政策方针，使社会秩序非常稳定。在太宗贞观年间，有一年全国因犯死刑而处死的人还不到三十人。武则天时代政坛上的血雨腥风虽然惨烈，但对普通民众的影响并不大，也没有发生较大的军阀混战的局面。武则天的统治也还是遵循贞观年间的治国理念，轻徭薄赋，重视农业生产，吏治也比较清廉。从治国的角度来看，武则天应该属于开明君主之列，虽然对待政敌的措施比较残酷。随着睿宗李旦和中宗李显的相继去世，武则天时代的政治风波也渐近尾声。李隆基接手的大唐帝国是一个处于上升期的成熟组织，不仅经济力量蒸蒸日上，而且各种制度臻于完备，官僚体系运转处于最有效率的时期。大唐盛世就此走上大道。

朱明帝国在经过朱元璋、建文帝和成祖朱棣几代皇帝后，到仁宗朱高炽和宣宗朱瞻基年间，也攀上皇朝顶峰。朱元璋创业成功后，同样是与民休息。开垦荒地、移民屯田、废除元朝遗留奴隶制、重视农业，兴修水利等措施使得明初社会经济迅速得到恢复和发展。朱元璋严肃整治吏治，为明王朝提供了一个高效清廉的官僚体系。中央集权的进一步巩固和中央对地方的严格控制，使得明王朝的政治趋于稳定。建文帝本身就是一个学者型皇帝，在其统治期间依然延续了乃祖朱元璋的治国方略。建文帝最失败的地方在于其削藩谋略的失误，不仅没有削掉诸王，反而被他的叔叔燕王朱棣夺了权。但是，朱棣当上皇帝后，依然秉承他侄子建文帝的削藩方针。由于朱棣的策略得当，极大地削弱了诸王权力，这些藩王不再是权倾一方，仅是衣食租税的逍遥王爷了。因此，虽然明初有燕王夺权的内战，但总体治国方略并没有发生变化，到仁宗高炽和宣宗瞻基年间，明朝也实现了“仁宣之治”的繁荣盛世。

清朝入关后，经过顺治帝福临、康熙帝玄烨和雍正帝胤禛几代皇帝的努力，到乾隆年间到达极盛。清初康熙皇帝灭三藩、平蒙古、治漕运、收台湾，为清王朝奠定稳定统一的基础。清朝领土空前广大，人口达到了历史上的最高峰。而康熙帝“滋生人丁，永不加赋”的政策更是减轻了农民的负担，巩固了清朝的统治。到康熙中期，清朝统治者的满洲身份逐渐被汉族知识分子和广大百姓所认可。康熙帝唯一的缺点是晚年倦政，与官员们和光同尘，造成清朝官员贪污的第一次浪潮。值得庆幸的是，随后的雍正帝很快弥补了康熙的这个失误。雍正帝被称为“抄家皇帝”，对待贪污腐败的官员十分严厉，甚至残酷，雍正末年出现了清朝少有的吏治清廉。不仅如此，雍正帝还镇压了企图夺权的几个王爷，重新巩固了中央权位。雍正帝去世后，乾隆帝给他的庙号是“世宗宪皇帝”，意思就是框定了清王朝的治国大纲。到乾隆初年，国库存银已达七千万两，而雍正初年还不足五百万两。乾隆即位之时，是一个经济发展、财政充裕、社会稳定、官员清廉的良好局面。正是在这个基础之上，大清帝国才在乾隆年间实现极盛。

当心繁荣底下的隐忧

盛世王朝给人的印象是一个蒸蒸日上的富足社会。但是，在这个富足社会底下，却有一股不可忽视的暗流。盛世之主如果能及时发现并着力消解这个暗流，盛世局面就可能长久延续；而如果被繁荣表象所迷惑，盛世就可能成为王朝衰落的起点。所谓盛世危局，只有对盛世下的暗流时常保持警惕之心，才能杜绝或延缓危局出现，维系盛世。

盛世皇帝自身是第一股“暗流”。盛世皇帝都很英明，但他们大多生活在养尊处优的环境之中，基本没尝过创业的艰辛，也没有亲历过王朝初建阶段的种种危机。而创业皇帝一般都出身底层，通过自己的努力，一步一步地走到最高统治者的地位。他们大多数了解民间疾苦，能够体谅民情和民心。守成皇帝登上皇帝宝座时，也没有想象中的那么容易和美好。他们的政敌时时在觊觎他们的皇位。天下初定，百废待兴，他们面对的是战乱留下的一个烂摊子。经济上的匮乏，政治上的压力，他们的处境不比创业时期好多少。但是，到了盛世，经济得到恢复和发展，政权已经稳定下来，制度规范运行，官员素质也大大提高，思想统一，文化繁荣，这些都令人兴奋不已。也正是如此，没有亲身经历和感受过创业和守成的困苦的皇帝，对大好局面的珍惜之情，就没有先人们深切。虽然个人素质较高，但这种经历上的缺陷，却是无法弥补的。在这种情况下，盛世皇帝就极容易陷入一种好大喜功、自我感觉良好的状态之中。而这种状态对于王朝发展来说，有百弊而无一利。

不论是汉朝的武帝刘彻，还是唐朝的玄宗李隆基，北宋的仁宗赵祯、英宗赵曙，明朝的仁宗朱高炽、宣宗朱瞻基，清朝的乾隆帝，都出生在王朝快速成长阶段。社会趋于稳定，经济正在发展，文化正在复兴，他们的成长历程就是一部皇朝强大史，遇到的都是令人欣喜的事情。一种与生俱来的优越感和自豪感在皇帝和各级官僚身上都有体现。

官僚系统是皇朝的经理层，作为董事长的皇帝要通过以宰相为总经理的官僚体系施行统治。而官僚系统中，上至位列一品的宰相，下至不入流的小官，也都是在这种快速发展中成长起来的。他们没有经过战乱，之所以能够做上官员，靠的不是征战杀伐的战功，而是闭门苦读圣贤书，通过荐举或者科举考试得到的官位。当然，还有靠裙带关系的，不过这毕竟是少数。在盛世皇帝的感染下，也觉得他们自己很优越，都不自觉地、无意识地染上了天朝上邦的高贵感。

盛世皇帝和官僚们的这种高贵感，需要物质财富的支撑，而恰恰就在这个阶段，皇朝积累的巨大财富为奢侈浪费提供了支撑。汉武帝登基之后，马上修正汉朝初年无为而治的治国方略。除了在政治上加强皇帝权力、削弱宰相的权力外，还在经济上改变汉初的轻徭薄赋方针，从而增加皇帝可以控制的经济资源。这集中表现在盐铁专营的政策上。当时对盐铁是否实行政府专营进行了旷日持久的全国大讨论，这些讨论后来被收进著名的《盐铁论》中。结果实行政府专营的意见占了上风。实行政府专营实际上是增加了皇帝可以掌握的财富，从而扩大了皇帝的活动范围。既有优越感，又有财富上的支持，汉武帝便开始在都城大修宫殿，大肆封赏大臣，大肆对外扩张。官僚们也被繁荣景象迷惑，跟随着皇帝一起奢靡。但奢靡之风对皇帝和官僚是一种享受，对普通民众却是沉重的负担。

民众负担开始加重时，才是真正的暗流。而那些优越感甚重的皇帝和官僚们，却最容易忽视这股暗流，这是皇朝盛世难以为继的主要原因。

野心造成无限制的扩张

盛世的繁荣使得盛世君主和官僚们具有了一种傲视内外、天下无敌的感觉。这种感觉因为有雄厚的经济基础做支撑，对外扩张的野心就开始无限膨胀。

汉朝初年，匈奴经常袭扰，最严重的一次竟然攻到了首都长安附近。刚刚创业成功的刘邦带兵亲征匈奴，怎奈力量不足，被匈奴骑兵围困在白登山，差点丧了命。此后，文帝和景帝对匈奴采取守势，在迫不得已的情况下还采取了和亲政策。随着经济和社会的发展，国家在汉武帝时进入了极盛时期，对匈奴的仇恨不可不报。在汉武帝时期，对匈奴的战争一直持续了四十年。这一战争到了后期，完全失去了守卫皇朝的意义，演变为武帝炫耀大汉国威、实现扩张野心的手段。此外，武帝对其他政权的战争，大部分也属于不必要的战争，纯属满足日加膨胀的野心。

乾隆年间对大小金川的战争也是皇帝野心膨胀的产物。大小金川，地不过四百里，人不满三万，却征讨五年，三次换帅，耗银七千万两，士卒死伤三万余人。不仅如此，乾隆皇帝还发兵剿灭国内的白莲教，以求天下太平的美誉。

这种野心膨胀不仅存在于古代封建皇朝，就是在现代企业中，也大量存在。一个企业，发展到极盛时期，企业的领导人，包括中下层管理人员，甚至部分员工，其野心极大膨胀。如果在其他阶段，即使有膨胀的野心，也没有扩张的实力。但是极盛阶段，有大肆扩张的本钱，再加上组织的膨胀野心，这种无限制的扩张就会成为现实。而不顾忌现实条件约束的扩张，就成为企业鼎盛期结束的直接诱因，并加快组织衰退期的到来。

那么，作为组织决策者的最高领导核心，要有着怎样的素质才能带领组织迈向巅峰，而又需要怎样的素质才能洞察到隐藏在繁荣背后的隐忧？换句话说，怎样的皇帝既能带领皇朝走向盛世，又可以防止皇朝盛世下的隐忧演变成“显忧”，而不至于落入盛世——衰退的循环怪圈中呢？

判若两人的盛世之主

没有英明、干练的才能和宏伟的抱负，盛世君主就不能把皇朝带向繁荣的巅峰；而盛世君主身上的膨胀野心和后期的昏聩又把皇朝送上了衰落的道路。因这两个方面，我们无法给这些盛世君主简单的盖棺定论。英明与昏聩集于一身，理智与膨胀合为一体，这两种极端的性格在盛世君主一人身上体现。

对于身处现代的企业家而言，由守成阶段发展到盛世阶段的过程中，企业领导人表现的是熟稔的管理技巧、高瞻远瞩的战略胸怀、脚踏实地的工作精神。但是，在这种盛世环境中，企业领导人也很容易犯野心膨胀和自高自大的错误，从而葬送了企业的大好发展前途。正所谓，自满与成功俱来。

皇上圣明：超级领导者

“皇上圣明”是古代中国皇朝的官僚们恭维皇帝的常用语。但在一些情况下，它也代表了皇帝真正有能力、有魄力。创业君主不容易获得这个称号，因为创业君主虽然勇猛，有人格魅力，但身处群雄争战的乱世中，即使打败了对手，创业成功，也会因为出身的卑贱和战争中的残酷而被臣下所看低；况且，创业皇帝的大臣们都是战功显赫之辈，他们同皇帝是共患难的关系，不会整天“圣明”不离口。而守成的皇帝们，得到这个称号的机会也不多。这可能是守成皇帝既要对付政敌，又要面对创业的功臣，也可能是因为守成皇帝所处的环境还是民生凋敝的景象。但是，盛世皇帝则不同。他的出身是高贵的，他的权力是强大的，他没有对手，他掌握的资源几乎是无限的，他掌握着对臣下的生杀大权，这些因素都使得官员们对盛世皇帝产生了崇拜、敬畏之心。

盛世皇帝所继承的稳定和快速成长的皇朝，是其能够成就一番伟业的必要条件，但是只有这个条件还不够，还需要盛世皇帝本人的素质。首先，盛世阶段的皇帝需要有总揽全局的战略感，要能够敏锐地把握皇朝的通体态势，要善于借势。这些条件不仅要求盛世英主站得高、看得远，还需要盛世英主熟谙谋略。其次，盛世君王要勤政、爱民。皇朝发展到盛世阶段，国势日盛，政务繁多，这要求皇帝必须勤于政务，拿得起、放得下；除此之外，还要爱惜民力，关心百姓切身的事务，为经济和社会发展提供良好的秩序环境。第三，不仅要善于借势，还要善于借力。一个人的能力终究有限，在盛世阶段，政务繁多、情况复杂，盛世君主更需要团结手下的官员，激发官员的潜力，共同为盛世创造条件。因此，善于纳谏和团结朝臣，对于盛世之主而言，也是必不可少的条件。

善于借势。首先需要对皇朝即将迈向盛世的总体局势了然于胸。在此基础上，判断皇朝发展的趋向，洞察问题并策略地加以解决。大清朝经过近百年的稳定和成长阶段，到雍正末年已经具备了转向盛世的基础条件。乾隆帝即位后，政治上矫正了其祖父康熙过于宽和其父亲雍正过于严苛的弊端，实行“宽严相济”的战略方针，整顿吏治，厘定各项典章制度，优待士人，安抚雍正朝受打击之宗室。在经济上，则奖励垦荒，兴修水利，全国呈现出一派繁荣昌盛之势。

勤政是第二个主要特征。事实上，勤政也是盛世之主控制皇朝发展方向的主要手段。在历史上，盛世君主的勤政都是出了名的。乾隆在即位之后，励精图治，“勤于政事，每有奏报，立时批示，每夜必遣内侍出问，批衣坐待，动至达旦”（《清鉴》）。唐朝在武则天之后，睿宗和中宗相继即位。但是，这两位皇帝受其母武则天的压抑太深，在当上皇帝之后，不仅性格软弱，且对于帝国的政务并不关心。这导致了睿宗和中宗时期，太平公主、安乐公主、韦后等人把持朝纲，掌管了帝国的大政。唐玄宗李隆基登基之后，一改睿宗和中宗倦于政事，大权旁落的作风，成为唐朝历史上少有的勤政皇帝。据记载，唐玄宗李隆基非常勤于政事，常常“未明求衣，日昃忘食”（天不明就起来穿衣，日头偏西了都不吃饭）。历史上的其他盛世君主，诸如汉武帝、宋仁宗、宋英宗、明宣宗等等，都是被史学家赞誉的勤政皇帝。

勤政是一个方面，盛世君主除了勤政之外，还需要爱民。这里的爱民与皇朝初年守成皇帝的爱民有所区别。这里的爱民不仅是体恤民力，还要时刻关注百姓的切实需要。在封建社会，农业不仅是农民维持生存的基本产业，也是皇朝的“国本”。在皇朝初期，守成皇帝们已经认识到了农业的重要性。到了盛世阶段，对于农业发展更要特别关注。这种情况类似于当企业发展到盛世阶段时，企业的领导人就要特别关注企业主导产业的发展、想尽一切办法为主导产业的发展提供条件。开元二年，为了增加农业劳动力，唐玄宗下令淘汰天下僧尼，强制还俗一万多人。水利是农业生产的主要依靠。玄宗对此十分重视，他完善了皇朝农业生产基地关中平原的灌溉系统，拆毁影响水道的水硙，使当地百姓大受其利。他还在河东道、关内道、河南道等地大兴屯田，垦田面积达到五百万亩，解决了军队的粮食供应问题。

勤政爱民是盛世君主获得官员和百姓拥戴的主要手段。但是，这还不够，盛世君主要想成功，还需要激发官僚系统的潜力，善于团结不同背景的官员。这就是纳谏和团结。善于纳谏和善于团结不同类型的人一起工作，就是善于借力。唐玄宗李隆基前期的两个宰相姚崇、宋璟，在治国理念上有所区别。《新唐书》记载说：姚崇善应变以成天下之务，宋璟善守文以持天下之正，二人道不同，而同归于治，此天之所以佐唐中兴也。玄宗能够充分发挥二人的优点，借此实现了大唐帝国的繁荣盛世。姚崇当宰相之前，就对玄宗提出了十条建议。这十条建议都是针对武则天、睿宗和中宗年间的弊政所提出的，又吸收了历史上的治国经验，可以说是开元年间皇朝的执政纲领。李隆基看后，认为姚崇说的对，就表示“朕能行之”，全部接受了姚崇的建议，并且认真地付诸实施。宋璟一贯主张选拔人才，宽赋役，省刑罚。开元七年，因皇后父亲王仁皎的丧事，宋璟上书李隆基，提出倡导节俭，并要制定制度，认真执行，“不因人以动摇，不变法以爱憎”。李隆基都接受了，并亲笔作答“所进当书之坐右，出入观省，以诫终身”（《新唐书》卷第一百一十五列传第四十九姚宋）。

汉武帝成就大汉帝国的繁荣盛世，与他善于选拔和任用人才是密切相关的。在汉武帝年间，文臣有公孙弘、董仲舒、司马迁、司马相如、朱买臣、桑弘羊等，武将有卫青、霍去病、霍光等。这些文臣武将都是大汉帝国极盛时期的顶梁柱，没有他们的鼎力帮助，汉武帝不可能实现伟业。班固在《汉书》中总结道“（这些文臣武将）是以兴造功业，制度遗文，后世莫及”。

雄才大略的反面

盛世君主的昏聩与其英明是一个事物的两个方面。在皇朝的极盛时期，帝国在各个方面都表现出了迅猛发展的势头。盛世君主如果不能正确判断整体局势，则很容易被盛世的表面现象所迷惑。盛世君主们看到的是皇朝的富足与强大，官员们报告的也都是皇朝太平与安宁，是外邦的臣服与崇拜。而此时，由于盛世君主原来的英明，又蒙蔽了盛世君主现在的理智。臣下的建议已经不能为盛世君主所采纳。对皇朝发展局势判断的失误，必然导致皇朝战略方针的偏误。

欲望的诱惑和经济的富足共同催生了盛世君主的奢华生活。皇帝的奢侈生活也深深影响了官员。既然皇帝都开始享受盛世的宴席了，官员们也有了奢侈的理由。由俭入奢易，由奢入俭难。生活条件上的这种刚性，使得各级官员在生活上相互攀比，俸银不够了就用手中的权力去换。而权力的腐化是最大的敌人。皇帝和官员的腐化，使得统治集团的战斗力不断下降。文臣爱钱，武将怕死，整个皇朝帝国陷入了衰退的景象之中。

汉武帝在中国历史上是第一个盛世英主。但是，随着汉帝国盛世的发展，武帝的野心开始膨胀，原来的勤政爱民、善于纳谏等良好的品质也随着盛世的发展而逐渐消失。继之而来的是穷兵黩武、大肆铺张浪费。武帝年间，北伐匈奴，西通西域，东征朝鲜，南平吴越，这些战争有些是汉帝国为保卫国家不受侵犯而进行的，但大多数属于对外扩张。扩张是否为皇朝带来了实实在在的好处呢？《史记》在评价武帝的功过时指出，在武帝即位初期，汉朝是“人给家足”，府藏皆满；但经过武帝前后连续三十二年的战争之后，汉朝变得“海内虚耗”，国库空虚，人民匮乏。到汉武帝元封四年（前107年），更是险象环生，关东流民达到二百万口，无名数者尚有四十万口。而关中正处汉帝国首都长安周围。社会矛盾日益严重，酿成了天汉年间的农民起义，天下骚动，起义遍及关东地区，大者数千人，小群数百人，攻城邑，掠乡里。盛世之下潜藏的暗流开始涌动。而武帝的狂妄自大，终致统治集团内部的分裂。卫太子的巫蛊案件便是统治集团内部矛盾激化的表现。卫太子是武帝的卫皇后所生的儿子，大将军卫青的外甥。武帝元狩元年（前122年）立为太子。因为政见不合，于征和二年（前91年）和武帝的矛盾激化。有人告发太子使用巫蛊诅咒武帝，太子因而被武帝废黜，而后自杀。这一案件涉及到统治集团内部的高层，包括卫皇后和她的家族、武帝宠爱的李夫人及其家族，以及宰相公孙贺一家，“大臣无罪夷灭者数十家”。社会矛盾的激化，加之统治集团内部矛盾的激化，汉帝国盛世衰退由此开始。武帝在晚年也认识到了自己的错误。他说：朕即位以来，所为狂悖，使天下愁苦，不可追悔。自今事有伤害百姓者，靡费天下者，悉罢之。后来又把所有的方士神仙等统统罢黜，并对群臣说：我原来愚昧，被方士们所欺骗。天下哪里有神仙呢，都是些妖精。但是，武帝的悔悟已经太迟了，汉王朝的盛世在武帝末年便结束了，随之是一步一步地没落。

唐明皇李隆基带领大唐帝国实现盛世后，身上的破坏性因素开始发作。大约从开元二十四年任用李林甫为相时，玄宗就开始走下坡路了。天宝三年在争夺儿媳妇杨玉环之后，更是急转直下。在开元二十六年以前，李隆基坚决拒绝增加自己的称号；开元二十七年之后，李隆基为自己的丰功伟业所陶醉，称号一加再加，到天宝十三年，增加到十六个字："开元天地大宝圣文神武证道孝德皇帝"。从中我们可以看到李隆基的那种自高自大、狂妄无边的态度。立杨玉环为贵妃后，李隆基开始纵情享乐，不理朝政。勤政和爱民两大品质失却。安史之乱发生在大唐帝国最繁荣的盛世期间，也是对明皇不明的一大嘲讽。从此，唐朝长达一百多年的衰退开始了。

清朝的乾隆皇帝更是史上皇帝"好大喜功"第一人。为了显示自己的功绩和大清帝国的富足、强大，乾隆先后六次下江南，消耗了大量的人力、物力，以此来粉饰太平，炫耀自己的功德。殊不知，就在乾隆下江南期间，白莲教已经在贫苦农民之间流行，并发动了小规模的起义。除此之外，官僚集团的腐化也随着皇帝的腐化而逐步加重。在乾隆后期，弘历骄傲自大，腐化堕落，任用非人，使得吏治一步步走向废弛。乾隆宠臣和珅的家奴刘全的家产就有二十多万两白银，更何况和珅。甘肃总督勒尔谨、布政使王亶望、王延赞，冒赈贪污，仅王亶望一人就贪污一百万两白银；全省贪污两万两以上的州县官共有三十三人，基本上是无官不贪。清朝统治集团已经集体腐化。盛世之下有危局。乾隆给他儿子嘉庆留下的是一个腐化透顶的烂摊子。盛世昨日，今朝难为继。

盛世君主一手缔造盛世，一手耗竭盛世，这个现象并不奇怪。因为自满与成功结伴而来。给现代管理者的启示在于，当组织发展到生命巅峰时，首先考虑的不该是如何扩张，而要洞察盛世隐忧。问题可能并不大，但是千里之堤，毁于蚁穴。扩张确是组织发展壮大的必由之路，但扩张要考虑自身的综合实力和外部环境。在中国当前的经济条件下，民营企业的破产，大多是由于在极盛时期不顾自己实力和外部条件，大肆扩张导致的。扩张需要企业在资金、人员、管理、市场等方面有足够的实力。管理学中的“短板理论”早就说明，木桶最短的那块木条决定了木桶的容量；同样，组织最薄弱的环节决定了组织发展的极限。扩张是一件决定组织发展前途和未来的大事，作为组织的领导人和决策者，必须冷静，不要被盛世的表面现象所迷惑。

盛世阶段的君主享有了皇朝发展最辉煌的荣誉，但是也是皇朝衰落的罪魁祸首。盛世君主是整个皇朝发展历史中，最复杂的一个，也是最难评价的一个。好在我们不是历史学家，不用费尽心思对他们进行评价。我们需要做的是分析盛世君主实现盛世的条件是什么。战略判断力、谋略，这是善于借势；勤政爱民的政治品格，这是所具备的个性；纳谏、团结，这是善于借力，这三个条件是我们从盛世君主身上发现的能够实现盛世的条件。而错误的战略判断、好大喜功，奢侈浪费，不恤民力，统治集团内部分裂、腐化，则是所得的教训。

盛世人才：更多是安人而非尽才

皇朝发展到盛世阶段，人才的供给和需求形势都发生了较大的变化。随着皇朝经济的繁荣和社会的稳定，以及文化的普及，各类人才大批涌现。但是，封建社会，朝廷是人才的唯一买主，正所谓“学会文武艺，货卖帝王家”。一个很有才份的年轻人，经过近二十年的刻苦学习，通过层层考试和选拔，最终目的就是进入到朝廷的官僚体系中。但是，官员不可以无限增加，而希望加入官员队伍的人却层出不穷。考选激烈。加入官员行列的困难越来越大，希望加入的人却越来越多。由于做官是人才的唯一出路和最高目标，而又因为官员的数量相对于人才的数量是有限的，所以在这个时期就出现了相对的人才过剩，如何处理这个人才过剩问题，成为盛世皇朝人才政策的主要问题。盛世皇朝人才政策的第二个问题是大量的人才企图涌入到统治集团中来，如何控制人才的素质，如何选拔出皇朝需要的人才。官员数量有限，而人才众多，这就出现了人才选拔机制中的腐败机会。人才选拔出来以后，如何使用，即皇帝如何监督和控制官员。这个问题包括如何处理好君主和臣下关系，以及朝廷如何监督和监察官员。这是盛世皇朝人才政策面临的第三个问题。

人才素质仍是第一着眼点

如前所述，皇朝盛世阶段，人才形势是供大于求，且大量人才拥到加入统治集团的道路上来。这给皇朝初期建立起来的人才选拔制度造成极大压力。在这种情况下，有两种途径，一是严格制度的执行，坚持规定的选拔原则；二是改变选拔人才的制度，使之符合盛世阶段的特征。

汉朝初期实行荐举制。我们在第二章中已经说明汉初的这种荐举制主要有三种荐举方式：定期荐举、不定期荐举和特殊荐举。例如在汉初，由于社会经济刚刚起步，人才还没有充盈到供给大大过于需求的程度，所以选材方式并不是那么严格和规范。有时候，各地荐举的孝廉还达不到朝廷所需之数。在汉初，皇帝曾有一次下诏，大意说：你们偌大一个郡，若说竟没有一个孝子一个廉吏可以察举到朝廷，那是太说不过去的事。而且地方长官的职责不仅在管理行政，还该替国家物色人才；若一年之内，连一个孝子一个廉吏都选不出，可见是没有尽到长官的责任。但是，这种情况随着社会经济的发展而有所改变，特别是到了武帝极盛时期，对人才的选拔逐渐严格了起来。在汉武帝时代，不定期的荐举和特殊荐举逐渐消失了，只剩下定期的荐举。而且，为了保证人才的质量，在被荐举到朝廷之后，还需要到太学学习一段时间，然后再经过一个作“郎官”或者“吏”的实习阶段，才能真正加入到政府当中去，成为正式官员。汉朝的这种人才选拔制度的改变，实际上是适应了盛世阶段人才供求的形势。在这种条件下，朝廷人才的选拔机制所做出的改变，为盛世阶段的发展也提供了合格的人才。

人才选拔机制到盛世阶段发生变化的另一种情况是更加严格的执行原来的人才选拔机制。我们在第二章已经说到，在魏晋时代，九品中正制代替了乡举里选的人才选拔机制。九品中正制在皇朝的开始阶段，还能够为朝廷选拔出比较合格的人才。一旦到了王朝的繁荣阶段，这种选拔机制的弊端就日渐突出。在皇朝繁荣阶段，人才大量涌现，九品中正制选拔人才是依靠当朝的大员进行推荐，而能与这些当朝大员有机会接触的都是那些高门贵族，终致“上品无寒门，下品无士族”。因此这个制度在历史上存在的时间并不长。

科举制是中国历史上流行时间最长、对中国历史影响也最深的人才选拔制度。由于天下初定，新王朝初建，一方面人才的供给不至于太多，另一方面新王朝需要大批官员来充实官僚队伍。但是，随着盛世阶段的来临，不管是不是人才，都希望通过科举获得进入统治集团的资格。科举中的舞弊行为开始增多。所以在盛世阶段，如何保证科举制的公平性一直是个大问题。办法主要是严肃考场纪律，严禁作弊行为。对科场舞弊处理最严重的是明朝和清朝。在这两个朝代，特别是这两个朝代的盛世阶段，涌入到科举中的人越来越多，而官员的职位并没有增加多少。枪替，是清代科举考试中经常出现的。所谓枪替，就是请人冒名入场代写试卷。那些受雇替考的人，就叫枪手。枪替是一种科场舞弊行为。对此，《钦定大清会典事例》卷286有明确的规定："枪手代请，为学政之大弊。嗣后凡有代笔之枪手，照诓骗举监生员人等财物指称买求中式例，枷号三月，发烟瘴地方充军。其雇代请代笔之人，照举监生员夹浼营干买求中式例，发烟瘴地方充军。知情保结之廪生，照知情不首例，杖一百。"据此，不管是受雇替别人考试的人，还是请人代考的考生本人，最后都要发配到边远烟瘴地区充军。到乾隆年间，对科场舞弊的惩罚力度更加严格了。对于枪替，有这样一个案例：乾隆四十八年（1783年）七月，广西土田州知州岑宜栋的长子岑照赴广西省城参加乡试，入场前，他先到永安州知州叶道和的寓所拜访了两次，恳请这位知州找个有些才学又可信赖的人代考。叶道和让一位在他的州衙内充当了多年幕友的曹文藻，充作考场内的书办，混入场内，替岑照答写了全部三场试卷，事前许诺考中后有谢银三百两。岑照果然高中解元。案发后，乾隆做出这样的处理决定：考生岑照、永安知州叶道和，立即处斩；枪手曹文藻等人，绞监候，秋后处决；岑照的父亲土田知州岑宜栋，罚银五万两。

如此的景象警示现代的组织：组织历经创业、守成，步入盛世期，此时加入组织，特别是组织的管理层，已然没有了创业时的艰辛、守成时的困苦，反而是收益可观，未来有着稳定的预期。这样，不是真正为组织所需的一些人投机钻营企图加入到组织中来。如果组织不能严格人才选拔制度，致使大批滥竽充数之人进入到组织中来，组织的性质就会发生改变，战斗力也可能大大削弱，最终难逃衰败的命运。需要明确的是，每当组织到了盛世阶段，那些妄图加入到组织中来、无偿享受组织回报的人就会增多，组织如何阻挡这些人，选拔出真正需要的人才，是关系组织生命力和战斗力的关键问题。

适时做好人才储备与培养

盛世阶段人才相对过剩，仅靠严格选拔制度也不是唯一的办法。人才终究是有用的，即使不进入官员行列，也不能让人才埋没乡野，更不能让人才游离在体制外，站到皇朝的对立面。因此，需要另一种措施；即将人才储备起来，建立人才的蓄水池。人才蓄水池的功能在于，在人才相对过剩的时候，把人才吸纳进人才储备库中，这样，人才不仅能够保留下来，还能够实现“增值”：这个储备库不仅储备人才，还培养人才。在中国古代皇朝历史中，翰林院和国子监都扮演着这样的角色。在这两个机构中，翰林院主要是人才储备，兼人才培养和实习机构；国子监主要是人才培养，兼有人才储备的职能。这两个机构不一定仅在皇朝的盛世阶段设置，但它们在皇朝盛世阶段所起作用最大。创业时期，人才根本就不够用，还何谈人才储备？守成阶段，新王朝的建立提供了大量的职位，人才相对过剩的程度并不高。只有到了盛世阶段，人才辈出，而官员的职位有限，怎么办呢？选拔出来的人才，先到翰林院去学习和实习一段时间，或者到国子监去呆一段时间，等朝廷出现了官员空缺，再把这个人才从翰林院调出委以实际官职。

太学是汉朝的最高学府，也是汉朝高层次人才的培养基地和储备库。为了培养人才和储备一批官员的后备人才，武帝刘彻建立了太学。太学不仅作为最高学府，培养五经博士，讲解《易经》、《诗经》、《尚书》、《礼记》、《公羊传》、《穀梁传》、《左传》、《周官》、《尔雅》等，学习和宣讲朝廷的统治思想和治国理念。此外，太学也是武帝时代官员的培养和储备机构。汉朝的人才选拔制度是荐举制。经过各级官府荐举到中央的人才，先到太学学习一段时间。之后经考试，成绩甲等的进入皇宫充作“郎”官，跟随皇帝和大臣学习政府政务管理；成绩乙等的，进入各级地方政府充作“吏”，跟随各级地方官学习地方政务的管理。如果“郎”和“吏”在实习期间表现良好，就可以进入到官员行列，成为正式的官员。

自汉以后，太学一直是朝廷重要的人才培养机构。到了唐朝，则设立了国子监，作为国家的最高人才培养和储备机构。国子监的学生在入学后，学习一段时间后考试，通过的学生由国子监向礼部推荐参加科举考试，正式进入官员的行列。如果学业不佳而多年不堪荐送，或荐送后连年落第，则要被学校解退、除名。到了玄宗年间，由于参加科举考试的生员人数大增，玄宗李隆基下诏要求天下的举人全部得进入国子监学习一段时间，才能参加科举考试。这一做法不仅延缓了大量生员直接涌入到政府机构的压力，而且也通过国子监的教育和培训提高了政府官员的素质。

北宋初年，仅设有国子监，学生名额甚少，且只收七品以上官员的子弟。随着宋朝经济的发展和社会的稳定，大量人才开始涌入到朝廷中来。宋仁宗庆历四年（1044 年），开始以东京开封锡庆院兴办太学，招收内舍生两百人。仁宗的这个做法，为宋朝的人才培养和选拔制度奠定了基础。此后，宋朝的人才选拔，兼顾从太学和从科举，既储备了大量的人才，又通过培训提高了官员的素质。

翰林院初设于唐玄宗年间。玄宗李隆基选拔了一批擅长文辞的官员为自己起草诏书，这些官员供职的机构就叫做翰林院。到了明朝，翰林院逐渐成了皇朝储备和培养人才的主要机构。明代，“翰林之盛，前代绝无也”。按品秩，翰林院不过是一个五品衙门，尚不如一个地方的府级单位，但因其政治上的特殊性和重要性，绝不是其他同品级部门所能比肩的，尤其在人才培养和储备方面的特殊功能，反映了明代政府对政治人才特别是高层政治人才培植的高度重视和用心经营。翰林院既是明代通过科举考试汇集优秀人才之所在，又是明代高层政治人物的输出基地。《明史·职官志》记载，“通计明一代宰辅一百七十余人，由翰林者十九。”这就无怪人们把翰林院视为“储相之所”。

明代科举进士分为三等，一等直接进入翰林院，二等为翰林院庶吉士，取得翰林院的预备资格，三等则委以地方基层官吏或其他职务。可见，能够直接进入翰林院的，仅科举进士名列前茅者。这一批人才，朝廷高度重视，精心培植。翰林院既处理政事，同时更锻炼能力、增长见识。譬如，以皇帝名义颁发的各种诰敕本应由阁臣起草，但实际上多由翰林代笔，这有助于翰林熟悉政务、丰富阅历；编写明代历朝实录一般由阁臣领衔，翰林实际编修，翰林由此加深对前朝政典故事的了解；而在经筵侍讲中，翰林既熟悉了朝廷仪制和国家要政，同时由于经筵讲读而形成的亦君臣亦师生的关系，成为翰林官在院期间或日后为官主政时对皇帝施加影响的重要条件。此外，翰林有着更多的亲近鸿儒、接近权要的机会，又能饱览史料邸报，参加某些重要会议，便于深入而又具体的研习政局时事。这都使得翰林学士得以不断积累政治学识和经验，为日后为官准备了较好的政治素养。钱穆先生在其名著《中国历代政治得失》中，就颇为赞许明代翰林院的储才功能，认为明代进士在翰林院期间，一面读书修学，一面获取政治知识，静待政府的大用，翰林院成为一个储才养望之所。明代许多大学问家、大政治家都是翰林出身，他们并不是只懂八股文章，而多是朝廷着意培植且负有清望的人才。

人才是组织保持生命力和战斗力的主要资源。组织要想获得适应组织发展的人才，不仅需要严格人才的选拔，还必须注意人才的培养和储备。组织内部人才的培养，不仅是技能上的培养，更重要的是适应组织特征的人才培养。例如翰林学士在通过科举考试之后，经过在翰林院的政务实习，真正了解皇朝的运作过程和步骤，熟悉皇朝政务的运作模式。现代组织的外部条件与皇朝的外部条件有着重大的差异，但道不同理同，将人才的储备与人才的培养结合在一起，无疑是最有效的方式。

自满与成功俱来的领导者

盛世君主能够带领皇朝迈向生命巅峰，是所有君主中最自负、最高傲的君主。这种条件下君主与臣下的关系比较微妙。乾隆年间，阿桂由兵部尚书调进军机处，进入到了皇帝的最高决策圈子。阿桂出身于军队，带有军人的直爽，基本上是言无不尽，经常向乾隆提出坦率的建议。但是，乾隆对他却有申饬，虽然采纳了他的建议，但总是从中找出一些无足轻重的瑕疵，来反驳阿桂。阿桂对此很苦恼。大学士纪昀也同在军机处当差，发现了这种情况。有一次，阿桂又受到乾隆的申饬，纪昀立即把阿桂叫到一边，问他，当今皇上是否英明之主？阿桂说乾隆确实是一个英明的君主，甚至比康熙和雍正都英明。纪昀随即问阿桂，既然主上是英明之主，你的建议如果比主上还英明，那么你不就是僭越吗？你表现得比皇帝还英明，以皇帝那种高傲的性格，又怎能不找回面子，故意挑毛病，申饬你呢？阿桂听后恍然大悟，此后再向乾隆提建议时，总是留出让乾隆修改的余地，以表现出皇帝是最英明的君主。这个故事很能说明问题。盛世君主生长在富贵之中，从小就面对臣下的恭维，而盛世的大臣一般都是通过科举进入官员行列，没有显赫的战功获得皇帝的尊重。一旦皇帝的这种高傲开始膨胀，又没有大臣能够劝谏，盛世的良好局面也就到头了。

一般而言，盛世阶段的君臣关系在两个极端之间摆动：一端是君臣关系良好，君主充分信任臣下，臣下对君主能够知无不言，言无不尽；一端是君臣关系恶劣，君主所宠信的大臣大多是阿谀奉承、不学无术，而他们则利用君主的昏聩，大搞腐败，为自己谋取利益，置皇朝的前途和未来于不顾。前面所讲的汉武帝、唐玄宗、乾隆皇帝等盛世君主在用人和纳谏上前后态度的变化，足以说明盛世阶段君臣关系的这两个极端。

明朝的盛世并没有像汉朝、唐朝和清朝那样明显，但在仁宗和宣宗年间也步入了一个繁荣阶段。明宣宗朱瞻基算得上是有明一代的盛世君主。朱瞻基在整顿吏治、重用富有经验的老臣的同时，还提拔了一些正直有才干的新进，特别是严惩了一批贪官污吏。他首先对都察院进行了一次大换血。都察院的御史本是朝廷的耳目，职责是监督不法官吏。如果都御史带头不法，御史可能效尤。御史奉命巡查四方，地方的官员再去效法他们，导致整个官僚体系的腐化。所以，朱瞻基首先拿都察院开刀，把贪赃受贿、生活腐化的左都御史刘观贬官，流放到辽北戍边，永不叙用。同时起用刚正不阿、公正廉明的通政使顾佐为左都御史。朱瞻基还把都察院的原有官员全部调出，稍有劣迹的都发配边地。

与臣下搞好关系并不是非得与臣下和光同尘，而是要重用清正刚廉的能臣良吏，罢黜腐朽无能的官员，形成一个清正刚廉的统治集体。朱瞻基在这一点上，颇有作为。除了重用顾佐为左都御史外，他还把又懒又贪、碌碌无为的尚书陈山和才疏学浅的内阁大学士张瑛都贬官革职，从而使朝廷风气为之一新。但是，朱瞻基在后宫任用宦官，则是一大败笔。宣德元年，朱瞻基就在内府设置教习内官监的内书堂，大学士陈山负责教授。这是宦官干政的开端。宣宗酷爱蟋蟀（就是促织），经常派遣宦官到各地去搜罗上好的蟋蟀。宣宗觉得北京的蟋蟀不好，而苏州的蟋蟀最好，就派宦官到苏州采办蟋蟀一千只，不仅弄得当地百姓鸡犬不宁，而且开了宦官干政的恶习。蒲松龄在《聊斋志异》中的名篇《促织》就是描写宣宗派宦官四出采办蟋蟀导致的悲剧。在宣宗朝，宦官尚未形成专权的局面，但是到了宣宗儿子英宗朱祁镇时，宦官王振专权，以致英宗在土木堡之战中成为阶下囚，这是大明帝国开始衰落的起点。

盛世制度：集权与分权的博弈

皇朝发展到盛世阶段，其制度结构已经基本稳定。但是，由于盛世阶段外部环境和内部条件的变化，制度结构也会有一些改变。首先是君权与相权之间关系的变化。在盛世阶段，君权都会得到加强；但是，同时也出现了权臣专权的现象。其次，中央与地方之间的权力配置发生变化。一般的趋势是中央相对于地方加强了权力，地方的权力被逐步削减。与此同时，地方割据势力也在逐渐坐大。第三，随着盛世的到来，对官员的监督监察制度变得更加严密，官员的一举一动都逃不过朝廷的耳目。与此同时，却又涌现了大批贪污腐化的官员和奸臣。这些现象都发生在皇朝的盛世阶段，如何来理解这种矛盾的现象？

君权与相权：强权领导与强势部属

君权与相权的斗争一直是皇朝权力斗争的核心内容。在创业阶段和守成阶段，相权相对比较大，君权自觉不自觉、情愿不情愿地受到相权的约束。随着皇朝进入盛世阶段，君主的权力也随之扩大，相权相对受到压制。这有两个原因：一是皇帝方面，作为盛世英主，秉承父祖的基业，皇帝极想做出一番丰功伟绩，成就一番大事业，而相权却在一定程度上制约着皇帝，盛世皇帝试图改变这一局面；另一方面，盛世阶段的官员大多是通过科举或荐举进入到朝廷决策层的，他们没有前辈们的赫赫战功，也缺乏有效约束君主的威望和势力，这就给皇帝扩大权力提供了可能。如此君权势必得到扩大，而相权则必然受到压缩。

汉武帝即位之后，为扩大皇帝的权力，采取了加强中宫权力、排挤朝廷官员权力的谋略。汉武帝位列有作为的帝王，在政治体制上开设内、外朝，形成两个官僚系统：一个是由大将军、尚书等组成的内朝或内廷，是决策机关；一个是以丞相为首的外朝，是政务机关。汉武帝的内朝机构，实际上是皇帝的秘书处，是皇帝的私人机构。皇帝就依靠内朝的力量来抗衡外朝以丞相为首的官员势力。内、外朝体制形成的根源在于汉初政治制度内在的矛盾，换言之，它是君权与相权斗争的产物。汉初承袭秦制，以丞相辅佐皇帝，丞相权势之大，到了无以复加的地步。这种形势在汉武帝即位之初，仍然没有什么改变。他即位不久，丞相田蚡掌握任免大小官吏的大权，可谓权倾朝野。汉武帝对此十分不满。一日，田蚡入宫奏事，武帝问他：你准备任用的官员都提完了吗？我也打算用几个人呢！（“君除吏尽未？吾亦欲除吏！”）仅此一语就表明了武帝对丞相权柄之重的不满。由此，汉武帝决心建立内朝，削弱相权。武帝通过贤良对策等方式，集中了一批有才干的近侍之臣。他们由庶僚加衔侍中、诸曹、诸吏、给事中，从而成为入侍武帝的内臣。他们名为侍从之臣，实际参与谋议，这些内朝官员的秩爵并不显要，但是身份特殊，他们不仅参与军国大事的谋议，有时还奉命与公卿大臣论辩，以致面折廷争而诎大臣。这种做法就是用小官管大事，而这些小官又易于控制，从而收到以卑制尊、以轻驭重、以内御外、尊君抑臣的目的。内朝预政是朝廷政治体制的重大改革，它加强了君权对国家各方面的控制。

自从明朝太祖朱元璋废掉宰相之后，就一直没有再设相位。清承明制，也没有设立宰相的职位。但是，从康熙直到雍正年间，内阁权力一直比较大，皇帝的明发诏书都必须经过内阁发出，才有效力。后来，康熙帝为了加强皇帝的权力，大大抬高了作为皇帝秘书处的南书房的职权，以取代内阁。到了乾隆年间，君权进一步扩大，军机处成为皇朝权力的中枢机关。军机处的设立是清代中枢机构的重大变革，标志着清代君权发展到了顶点。军机处成立于雍正七年（1729 年），初名“军机房”，不久改称“办理军机处”，乾隆以后省去“办理”二字，遂简称为“军机处”。军机处本为办理军机事务而设，但因它便于发挥君主的专制独裁，所以一经出现，便被皇帝抓住不放，不但常设不废，而且其职权愈来愈扩大。军机处的职官有军机大臣，俗称“大军机”，有军机章京，俗称“小军机”。军机大臣由皇帝从满、汉大学士、尚书、侍郎等官员内特选，有些也由军机章京升任。军机大臣之任命，其名目为“军机处行走”，或“军机大臣上行走”。所谓“行走者”，即入值办事之意。军机处成立后，议政王大臣会议于乾隆五十六年（1791 年）废止了，内阁变成只是办理例行事务的机构，一切机密大政均归于军机处办理。军机处总揽军、政大权二端，成为最高国家机关。军机大臣无日不被召见，无日不承命办事，出没于宫廷之间。皇帝行动所到的地方，军机大臣也无不随从在侧。但军机处完全置于皇帝的直接掌握之下，等于皇帝的私人秘书处。军机处在权力上是执政的最高国家机关，而在形式上始终处于临时机构的地位，不是朝廷的正式机构。军机处办公的地方不称衙署，仅称“值房”。军机大臣的值房称为“军机堂”，初仅板屋数间，后来才改建瓦屋。军机章京的值房，最初仅屋一间半、后来才有屋五间。军机处也无专官，军机大臣、军机章京都是以原官兼职，皇帝可以随时令其离开军机处，回本衙门。军机大臣既无品级，也无俸禄。军机大臣之任命，并无制度上的规定可供遵循，完全出于皇帝的自由意志。军机大臣的职责也没有制度上的规定，一切都是皇帝临时交办，所以军机大臣只是承旨办事而已。“只供传述缮撰，而不能稍有赞画于其间”，这都说明军机处是皇帝集权的最好的工具。

但是，在盛世阶段，君权加强的同时，却又容易出现权臣。此时的权臣不是皇朝末年的权臣。他们都受到皇帝的宠信，通过各种手段获得大权，利用这些大权为自己谋利益，完全不把皇朝的前途放在心上。他们的权力不完全是由制度规定的，大多是来自皇帝的授意和指使。出现这种权臣的原因，并不是由于皇帝的弱小和皇权的式微，恰恰相反，他们的出现正是皇权无限扩大的结果。随着皇权的扩大和不受约束，皇帝日益集中了朝廷的所有权力。但皇帝毕竟只是一个人，无法处理如此多的政务。怎么办呢？皇帝就会找出自己绝对信任的朝臣，作自己的首席秘书，越过政府直接为自己服务。而这个首席秘书，由于一般不通过政府的正式机构为皇帝服务，也就不受政府一般法规的制约。这就导致了这个首席秘书权力的无限扩大，最终形成了集权皇帝下的权臣。皇帝本来就是皇朝的代表，是皇朝的所有者，他又通过各种手段将皇朝的管理权也抓在自己手中，皇帝成为没有约束的最高权力所有者。如果这时的皇帝是英明的君主，那么这可能会提高皇朝的效率；但是，一旦这个皇帝腐化了，那么整个皇朝就无可救药了。而权臣的出现，只不过是君权扩大的直接后果。皇朝的决策权和行政权以及监督、监察权全部掌握在以皇帝为首的少数几个人手中，导致的必然后果就是权力制衡原则被破坏，权力没有了制衡，组织的运行就开始出现紊乱，皇朝盛世就该结束了。

我们来看一看乾隆盛世期间的大贪官和大权臣和珅是如何获得乾隆的宠信，并成为有清一代的大权臣的。和珅是满洲正红旗人，姓钮祜禄氏，家世低微。他自己是文秀才出身，稍通文墨，乾隆三十四年（1769 年）充当三等侍卫，似乎难有出人头地之日。没想到他的堂堂仪表帮了大忙，乾隆四十年（1775 年），皇帝在检阅侍卫时发现了他。和珅时来运转，不久升任御前侍卫和副都统，而这只是他一连串好运的开端。在不到一年的时间里，他接连升为户部侍郎兼军机大臣，兼内务府大臣，兼步军统领，兼北京崇文门税务监督。也就是说，他一人兼管财政、京畿军事防卫，并担任实际上的宰相。乾隆帝甚至不顾名份的低微，送给和珅小小的崇文门税务监督这一肥缺，可见宠信的程度。四年后，他从户部侍郎升为尚书，即由副部长升为部长，副都统改为都统，内务府大臣之上加衔领侍卫内大臣，军机大臣之上加议政大臣、御前大臣，兼理藩院尚书，兼四库全书馆正总裁，取得了皇帝之下独一无二的最高权力和最高威望。乾隆帝并且把和孝公主许配给和珅之子，君臣两人结成儿女亲家。

这种宠信逾越了常规，也打破了朝廷行政体制的平衡。本来，皇帝是最高统治者，首席军机大臣负责向皇帝传达群臣的意见，君臣通过进谏和纳谏相互制约，朝政因此较为清明。但和珅堵死了这条上下交流的通道，他勾结太监，了解皇帝的喜怒好恶，把皇帝伺候得十分周到，乾隆听不到任何不同的意见，和珅得到的则是仅逊于皇帝的权力和财富，任何不利于他或他的党羽的消息都传不到皇帝的耳朵里，就是偶尔传到和珅也有办法消灭证据。如乾隆五十五年（1790 年），内阁学士尹壮图弹劾各省大员私挪库存银两，导致库存银两不足。乾隆大怒，派尹壮图到地方核查，和珅建议派户部侍郎庆成同往，郎庆成名义上是协同访查，实际上处处掣肘，每到一地，负责拖住尹壮图，让那些官员赶紧借钱填补亏空，结果尹壮图不仅毫无所获，反而因为诬赖大臣丢了官。

乾隆对和珅的宠信没有止境，乾隆四十六年（1781 年），军机大臣阿桂刚在攻打回民起义的战斗中得了胜利，皇帝却让无功有过的和珅再兼兵部尚书头衔，外加管理户部三库，这如同让狼看守羊群。两年后，战事彻底平定，和珅受封为一等男爵，交出兵部尚书衔，任户部、吏部两尚书，乾隆五十一年（1786 年），由协办大学士升为文华殿大学士，当户部的管部大臣，有权管理户部所有长官；五十三年（1789）晋升为三等伯爵；五十六年（1792）兼翰林院掌院学士。嘉庆二年（1797），乾隆帝身为太上皇，仍不忘下旨，和珅改任刑部管部大臣，兼户部管部大臣，嘉庆三年（1798）晋升为公爵。乾隆帝退居幕后，和珅专权更甚，嘉庆帝有什么事反而要托和珅转告父亲。嘉庆四年（1799 年），大清的太上皇乾隆寿终正寝，历史上最大的贪官——和珅的官运和生命也走到了尽头。

嘉庆虽然扳倒了和珅，但是，和珅给清朝带来的危害远没有消除。乾隆创造了大清帝国的盛世，但也是大清帝国没落的开端。在这个大权在握的皇帝身边出现了一个同样手握大权的权臣。和珅没有政府首脑的名义，但却拥有宰相的权力；宰相的权力终究还要受到皇朝体制的约束，而和珅这个“宰相”却丝毫不受体制的约束，他所受的约束仅仅是如何蒙骗乾隆皇帝。没有正式名份而掌握大权，是为权臣，和珅就是乾隆时期的权臣。

中央与地方：总部集权与区域势力做大

历史上的各个皇朝在中央与地方的关系上，都有各自的特点。但总的历史趋势是逐步的中央集权。由封建制到郡县制，由地方权力比较大的郡县制，到地方权力比较小的郡县制。秦汉郡县的长官叫郡守和县令，不仅职位比较高，实际权力也比较大。例如，在秦汉，郡守的职位是两千石，与中央九卿的职位相同。到了后来，地方长官的职位和实权都在下降。宋朝府县长官，不再是某某守，而是变成知府、知县，其意思是府县长官是中央政府派下去知某府事、知某县事的，完全蜕变为中央政府的派出机构。

一个皇朝发展到盛世阶段，中央与地方之间的权力分配会发生什么变化呢？皇朝历史显示，此时将出现两种矛盾的现象：一是中央政府在盛世君主的领导下，加强了对地方政府的控制，地方政府的权力空间萎缩；二是在中央政府加强控制的同时，地方势力也在膨胀。但是，这种膨胀并不是恢复到原来的制度权位，而是一种背后的、私下的膨胀，是脱离制度化轨道的膨胀。这种膨胀的最后结果就是阳奉阴违，甚至造成地方割据。而由这种非制度性膨胀所致的地方势力割据，其危害性更大，破坏性更强，对皇朝的影响也更大。

盛世阶段，因为地方势力膨胀而深受其害的典型事例是唐玄宗李隆基年间的安史之乱。唐玄宗在位时，为了加强边境的防御，在重要的边境地区设立了十个军镇（也叫做藩镇），军镇的长官叫节度使。节度使带领军队，还兼管行政和财政，权力很大，地位很重要。按照当时的惯例，节度使立了功，就可能被调到朝廷当宰相。而在边境将领中有一些胡族人。宰相李林甫认为胡人文化低，不应被调到朝廷当宰相，也避免影响了自己的宰相地位，就在唐玄宗面前竭力主张重用胡人，理由是胡人善战，而且跟朝官没联系，靠得住。安禄山通过各种手段骗取了唐玄宗和李林甫的信任，除了范阳、平卢两镇外，又兼了河东节度使，控制了北方边境的大部地区。他秘密扩充兵力，提拔了史思明、蔡希德等一批猛将，任用汉族士人高尚、严庄帮他出谋划策；又从边境各族的降兵中挑选了八千名壮士，组成一支精兵，囤积粮草，磨砺武器，准备叛乱。天宝十四年（公元 755 年），安禄山带领十五万大兵，起兵反唐，这就是安史之乱。安史之乱后，唐朝的盛世就结束了，从此开始漫长的衰亡期，直至最后被叛将朱温所灭。

君权与相权、地方与中央，在盛世阶段表现出一种两面性：一方面是君权和中央集权的加强，而另一方面则是权臣和地方势力的恶性膨胀。从管理学的角度看，实际上是君权和相权、地方和中央之间的关系失却了规范。私下膨胀的权力超出了制度安排的框架而不受约束，其危害最大。现代组织也会出现董事会和经理层、总公司和分公司的权力安排的变化。在权力分配变化的过程中，如何控制权力的私下膨胀，将权力纳入规范的制度框架中活动，这才是组织最需要关心、最值得注意、最直接、最现实的方面。

监督与监察：严密控制与管理层腐化

对官员的监督和监察，是保证权力不腐化的重要制度安排。创业阶段，创业集团对官员的监督和监察比较简单，这与当时激烈的战争环境相适应。随着皇朝的稳定和逐步成长，官员数量也随之扩展，官员通过权力带来的利益越来越大，因此对官员的监督和监察制度也随之建立和完善。到了皇朝的盛世阶段，经济发展进入繁荣时期，社会也处于稳定阶段，此时官员手中掌握权力的能量以及可能带来的利益也最大，因此，对官员的监督和监察制度也应该更加严密。但是，考察历史我们却发现，在盛世阶段，虽然对官员的监督和监察最严密、严厉，但官员的贪污和腐化也最严重。

皇朝盛世阶段，对官员的监督和监察的严密化同君权和中央集权的发展同步。以汉武帝为例，为了加强皇帝对官员的控制，武帝用派御史的方式对地方的豪强、官吏进行监督。武帝将全国分成了十三个监察区，每个区叫做部，每部派出一名刺史，中央区的刺史叫做司隶校尉，其他十二个州叫刺史。刺史在六个方面对地方进行监督，即“以六条问事”：一是豪强占田超过了限制数量，而且恃强凌弱；二是郡守不遵守诏书、法令，欺压百姓，横行地方，贪污腐败；三是郡守审判案件不体恤百姓，草菅人命，随意赏罚，被百姓所嫉恨；四是选拔任命官吏不公平，排斥贤能之人，任用小人做官；五是郡守的子弟们仗势欺人，郡守也为子弟向下属求情，使下属枉法办事；六是郡守不忠于皇帝，而是和地方的豪强们勾结，搞权钱交易，损害国家利益。刺史的作用主要是为了防止郡守和地方的豪强们相互勾结、对抗中央，避免犯上作乱。元狩五年（前 118 年）

汉武帝又设置了丞相司直一职。丞相司直秩比二千石（“秩”即秩级，指官职等级；“比”是比照、参照的意思），职责是协助丞相纠察不法官员。丞相司直的监察对象非常广泛，上从皇帝贵戚近臣，下到地方的郡县官员。其日常工作就是审阅经过丞相府的各种文件，发现问题进行弹劾。司隶校尉也是汉武帝时新设置的监察官。征和四年（前89年），武帝设置司隶校尉，监察京师百官和三辅（京兆尹、左冯翊、右扶风）、三河（河东、河内、河南）及弘农七郡的官员。

御史中丞、司隶校尉、丞相司直是武帝时期建立起来的三大监察系统。这三大监察系统互相监督，大大加强了皇帝对中央百官和地方官员的控制，从而保证了中央集权的政治体制和皇帝的至高无上的地位。

明朝是对官员的监督和监察最严密的朝代。到明朝中叶，大概相当于明王朝的盛世阶段，明朝形成了中央和地方两套监察体系，在每套监察体系内，又都形成了双轨监察，形成监察系统的相互制约和相互监督。在中央政府，最重要的监察机构是都察院。都察院设监察御史，按全国十三布政使司分为十三道御史，各道御史分省巡查官员。同时将中央各部门分别划归于十三道之下，由各道御史负责对中央官员进行监督监察。御史秩卑而权重，足以威震百官。为了保证充分的监察效力，明代赋予御史很大的独立性。御史虽然在行政系统上隶属都察院，但御史在行使监察职权时，不受都察院的控制，直接向皇帝本人负责。在中央政府，六科是另一套监察体系。所谓六科，即按照吏部、礼部、户部、工部、兵部、刑部六部分科，监察六部官员。六科可以对六部官员的违法行为进行纠弹。

六科原则上对口监察六部。与御史的独立性类似，六科给事中遇到事情可以单独上奏，无需请示都给事中，并且六科给事中也可以弹劾自己的上司都给事中。

都察院十三道御史分道出京，巡察地方官员，称为巡按御史。巡按御史只是一个七品小官，相当于知县的品级，但位卑而权重，监察对象都是地方上布政使、按察使等二、三品官员。巡按出巡称为“行部”或者“按部”，“代天子巡守”，大事奏裁，小事立断。地方监察体系中的另一系统就是按察使。按察使司与御史同称“风宪官”。在省级地方“三司”中，按察司是专门负责监察的机构。按察司作为地方监察机关，与巡按御史相互制衡，相互监督，形成了地方上监察体系中的双轨制。

这些在盛世阶段产生的监察制度，确实对控制官员的腐败行为起了很大的作用。但是，即使在这种严密的控制之下，官员的腐败行为仍屡禁不止，更有甚者，一个皇朝的腐化最严重的官员大多出现在盛世阶段。唐玄宗时，安禄山起兵反唐的口号就是清除杨国忠这个睡在皇帝身边的大贪官。清朝乾隆年间的大贪官和珅，也是如此，不仅是巨贪，而且陷害忠良。一面是更加严格的监督和监察制度，一面是贪官、奸臣层出不穷。这些现象都出现在盛世皇朝，不能不令现代管理者沉思、回味。

个中原因，一如上面所谈，就是权力的私下膨胀，越出了制度的监控范围。而权力私下膨胀的罪魁祸首，还是盛世的君主。盛世君主自己掌握了巨大的权力，但是却不让大臣和地方依照制度掌握权力，这样，君主的权力就没有了约束，而没有约束的权力则是腐败的源泉。

因此，对于现代组织来说，随着内外部环境的变化，如何有效地控制各种形式的权力膨胀，就成为盛世阶段组织制度建设的重中之重。

主体文化与和谐社会

我们知道，组织的文化政策是组织运行的软环境，文化建设对于组织而言，不仅提供了协调成员行为的润滑剂，而且也是激发组织成员潜力的酵母。组织具体实行什么样的文化政策，需要看其时的外部条件和组织的具体情况。盛世阶段的组织处于最繁荣的时期，组织的规模也随之扩大，因此，统一组织的指导思想是为首要。但是，这种一统的文化政策，本质是一种封闭的系统，它排斥与组织主流文化不符的思想，较容易造成文化僵化，最终压制了组织的活力。文化控制，可以通过统一组织的指导思想，进而统一成员的行为而实现，这是其优点；但是，控制文化的多元发展，则会窒息组织的活力，这是其缺点。文化开放，可以促进组织成员的多元思维，为组织提供发展的活力和动力，这是其优点；但是，开放的文化政策，则会引发多元思想对组织指导思想的冲击，造成思想上的混乱，加大了协调成员行为的成本，这是其缺点。因此，对于盛世阶段的组织而言，文化政策需要根据组织的具体环境，在控制与开放之间获致平衡，既不要过于严格控制，以保持组织的文化活力；又不要过于放任，以保证组织思想上的统一。

皇朝发展到盛世阶段，其文化建设也在发生着变化。繁荣期皇朝的文化内核开始改变稳定期的一些特征，主体文化开始形成，并成为整个皇朝的指导思想。在中国历史上，这一主导思想一般表现为儒家思想的大一统；但是在不同的朝代，其表现形式则大有差异。文化内核上的大一统，以及皇朝制度的完备和皇朝物质基础的繁荣，外化在社会生活上，是“和光同尘”式的和谐社会的出现，也表现为文治和文化生活的繁荣。

文化内核的重构：主体文化的形成

在皇朝的成长阶段，对普通百姓实行怀柔政策，对官僚集团实行严猛政策。这两种政策的思想基础是黄老的无为而治思想和法家思想。随着繁荣期的到来，这两种思想逐渐融合，形成皇朝的主体文化思想。在中国历史上，这一主体思想主要还是以儒家为代表的仁孝治天下的思想。汉武帝罢黜百家、独尊儒术，是历史上皇朝盛世阶段思想统一的典型代表。汉初，处于稳定和成长阶段的汉王朝奉行黄老之学的“无为而治”思想，对恢复和发展生产、安定社会秩序起了重要作用。但是，在“无为而治”思想统治之下，农业生产虽有一定程度的发展，但因政府对农民控制得较松，许多农民为逃避赋税而脱离户籍，称为“亡人”。政府对部分农民失去控制，这当然不利于中央集权的加强。在统治阶级内部，虽然代表地方割据势力的异姓王早已被消灭，同姓诸侯王的势力也已从根本上削弱，但仍有一些皇室贵族、官僚和豪强地主、大商人的势力逐渐膨胀，显然是对中央集权的潜在威胁。在西汉前期妥协退让政策下，匈奴势力一天天扩大，肆意寇边抢掠，直接关系西汉政权的生死存亡。

武帝刘彻认为需要从治国思想上解套，而且把儒家思想看成是解决以上种种挑战与问题的有力武器。

武帝刘彻刚被立为太子时，就深受儒学影响。建元六年（前135年）五月，身历四朝的窦太皇太后死了。武帝年已二十二岁，王太后宠爱儿子，不干预政事，汉武帝有了独立处理国家大事的权力。并且采纳董仲舒的“罢黜百家，独尊儒术”的建议：“王道之三纲，可求于天”，“天不变，道亦不变”。董仲舒宣称：帝王受命于“天”，是秉承“天意”统治天下的，因此称为“天子”。按照这个说法，帝王自然就具有绝对的统治权威，这是武帝最需要的精神武器。董仲舒从天人关系出发，又根据“阳尊阴卑”的思想，建立一套“三纲”、“五常”的伦理学。董仲舒建议统一学术，统一思想，直截了当地提出了“大一统”的政治思想。汉武帝听了“天人三策”，大为兴奋，于是从其所议，罢黜百家，独尊儒术。

董仲舒的“天人合一”理论改变了汉初统治的指导思想，由以前的崇尚黄老无为政治，改为崇尚儒学的礼乐文章，开启了汉代灿烂文治的先河；砥砺了汉代士子好学尚文的一代风尚。国家以儒学选士，士子以儒行励操，于是形成尊儒好学的风气；岁贡贤能，形成定制，并以考绩官吏。

在中国历史上，儒家文化一直占据着主导性的地位。但是，这个主导地位的确定，却不是在皇朝开端。儒家文化作为指导思想，需要一定的条件。创业阶段，创业集团的主要目标还是如何打败竞争对手，因此其指导思想显得杂乱无章，哪一种思想能够保证组织的生存和发展，就以哪一种思想作为指导思想；而到了稳定阶段，百废待兴，如何保证皇朝的稳定成长，如何保证皇朝生产力的恢复和发展，则成为确定指导思想的标准。盛世阶段，儒家思想的仁、义、礼、智、信，开始为统治集团所认同，成为规范社会成员行为的主导性思想。

乾隆皇帝即位后，一改其父雍正皇帝的严猛政策，将儒家的仁治思想发扬光大，认为“朕意当今之政，莫若谨守皇考十三年以来之整理，而向日一一奉行不善，过于苛细者，渐次缓改，则吏治民安”（《乾隆实录，卷十四》），即认为雍正朝的政策很严格，现在对于那些过于严格、苛细的政策，需要慢慢改变，以宽仁为政。他还反复告诫群臣，“朕主于宽，而诸王大臣严明振作以辅朕之宽，夫然后政合事理，卑朕可以常用其宽，而收宽之效，此则诸臣赞助之功也”（《清高宗实录》卷4）。从历史上概括，乾隆初年宽仁政治的基本特点，还是继承了儒家的思想，缓和紧张的政治空气，抚恤百姓，与民休息，团结官僚。雍正时期，对各级官僚的高压政策使得政治空气过严过紧。乾隆即位之后，从“宽则得众”、“君臣相得则治”这一儒家政治思想出发，立即采取措施，缓和矛盾，力图重新建立融洽和谐的政治关系。

和谐是开放和宽容的同义语

皇朝盛世，文化上儒家思想指导地位的确定，反映在社会生活上，则是“和光同尘”式的和谐社会。创业阶段的戎马倥偬、成长阶段的严猛为政，过渡为繁荣时期的和谐社会。

繁荣期和谐社会的形成有很多原因，需要解放了的生产力，需要雄厚的物质基础，需要安定的社会；但就其根本，还在于文化内核中以儒家为主导的政治指导思想。儒家的政治思想在统治集团看来，提供了君臣父子安于政治现状的理论基础；在广大百姓看来，则提供了民为邦本、以民为贵的和谐统治政策。

乾隆从儒家的政治观念出发，即位之后采取措施来缓和统治集团内部的各种矛盾，重新调整各种社会关系。对雍正时期因为侵贪挪用朝廷钱粮的官员，若家产尽绝，力不能完者，概与豁免，不许株连亲族。雍正十三年，乾隆刚登基就一次宽免了六十九人。此后，又将历年亏空案中，“其情罪有一线可宽者，悉与宽免，即已入官之房产未曾变价者，亦令该衙门查奏给还”。从乾隆二年春开始，在京大小文员俸银加一倍赏给，如遇罚俸事件，只罚正俸，加俸照常支付。从儒家伦理出发，乾隆禁止了对大臣的刑辱。雍正十三年令“嗣后三品以上大员身罹罪谴，即奉旨革职拿问者，法司亦不得遽加三木。如有不得不夹讯者，亦必请旨，将此永著为例”（《清高宗实录》卷七）。

乾隆在儒家思想的指导下，还在社会政策上大力采取与民休息的措施。乾隆即位后，要求官吏不得扰民，为政平静自然。乾隆元年正月，特降谕旨，宣传这一主张：“为治之道，在于休养生民，而民之所以休养，在乎去其累民者，使其心宽自得，以各谋其生，各安其业，而后富足可期”（《清高宗实录》卷十）。其他的一系列惠民政策还包括：严禁匿灾，严禁讳盗，实行蠲免，裁减税收等。除上述几个方面，乾隆还废除契纸契根法，停止营田水利和井田，开放矿禁。从多方面减轻百姓负担，放宽对百姓从事生产的限制，为社会经济的持续发展创造一个良好的政策环境。

我们再来看大唐盛世的文化生活，更表现出万邦和谐的气象。在儒家主体文化下，唐玄宗李隆基对外来文化持开放和宽容态度。

其时，跨越国界的贸易远远超过了汉朝的盛况，与周边和远方国家的文化交流也跃上了新的高度，对外来文明的欢迎与接纳异乎寻常。唐文化特别是盛唐文化的繁荣昌盛，仰赖于一种积极的文化政策——立足于我、夷为我用。《剑桥中国史》指出：“与20世纪前中国历史上任何其他时代相比（除了20世纪），初唐和中唐时的中国人自信心最强，最愿意接受不同的新鲜事物。或许是因为来自异邦的世界性宗教使中国同波斯以东的所有其他亚洲国家建立了联系，或许是因为当时很多士族豪门为胡人后裔，或许是因为中国有强大的军事力量镇守丝绸之路，保证了商旅畅通无阻……总之，这个时期的中国人非常愿意向世界敞开自己，希望得到其他国家优秀的东西。”这种对外来文化兼收并蓄、为我所用的胸襟与气度，是唐朝有别于其他朝代的高明之处。正如鲁迅所说：“那时我们的祖先们，对于自己的文化抱有极坚强的把握，决不轻易动摇他们的自信力；同时对于别系的文化抱有恢廓的胸襟与极精严的抉择，决不轻易地崇拜或轻易地唾弃”；“凡取用外来事物的时候，就如将彼俘来一样，自由驱使，决不介怀”。

再定位后的文化管理

盛世不仅表现为物质生产上的极大丰富和强大武功，还表现为文化传播和品牌经营，寻求知名度和美誉度。

中国历史上的皇朝盛世，从维护皇朝的文化形象出发，从组织文化广为传播出发，无不重视本朝的文化网络建设。这首先体现在皇朝教育和官学的兴盛。汉武帝创办太学，其重要目的就在于将皇朝的主体文化，即儒家思想通过多种途径广为传播。五经博士的设立，不仅在宣传上确立了儒家的主导地位，还从各方面保障了儒家思想的深入钻研和发扬光大。官吏的选拔也开始以是否掌握儒家典籍、是否以儒家的行为规范作为日常生活的行为规范。自隋唐科举选官开始，科举制便逐渐演变成以“代圣人立言”，阐发儒家传统典籍为主。到了明清，更是以儒家的四书五经作为朝廷选拔官吏的主要标准。以科举为目的的官学系统，主要以讲授儒家思想和儒家文化为主。这种大规模的教育和宣传攻势，使得皇朝的主体文化得以深入人心，成为全体臣民的行为规范。

乾隆时期，皇朝越发重视文治建设，其涉及范围异常广泛。先是编纂和整理典籍文献。乾隆朝以其在编纂、整理典章文献方面的辉煌成就著称于世。一是对历史文献、典章制度的汇集、编定，在于将主体文化发扬光大，点缀盛世。代表性成果《续通典》、《续通志》、《续文献通考》等，尤其是编纂《四库全书》，更是“文治之极隆而儒生之殊荣”，标志着乾隆时期具有系统整理数千年传统文化的集大成趋势。二是对清朝历史、制度的编纂与考订，如《大清——统志》、《满洲源流考》、《大清会典》等，都是在这个时期完成的。编纂整理当代历史及典章文献，既是为了证明自己统治的合法性，也是为了使后代统治者有章可循，有法可依。三是对当时重大历史事件的记述，如《平定准噶尔方略》、《钦定剿捕临清逆匪纪略》、《钦定平定台湾纪略》等，编纂这类图书的目的，一方面是为了显示皇帝的雄才大略，另一方面也是为了总结经验教训，使后世子孙有效法之榜样。

儒家思想认为治国要务莫过于得人，欲兴文治，更是如此。乾隆中后期为加强文治，将盛世的文化建设推向巅峰，曾屡开恩科，选拔人才，巡幸东南也广颁典籍，嘉惠士林。而他任用的各级官僚也多以培养人才，扶持后进为己任，像大学士于敏中，是《四库全书》的最早倡导者之一，不但自己“精研朝章国故，切磋久之，达于实用”，而且重视人才的选用。如此，不仅使得皇朝的主体文化深入人心，客观上也为后世厚植了文化基础。

对于现代组织而言，在盛世阶段，适应环境的变化，适时调整文化战略，确立主体文化，推行宽仁文化，提倡感恩文化，创造和谐的内部和外部环境，是盛世阶段组织文化建设的重点。

盛世皇朝是一个令人激情澎湃的年代，是一个经济发达、社会安定、人文荟萃的时代。盛世皇朝留给我们的印象总是阳光一片，普照大地！君当吟：会当凌绝顶，一览众山小。这是何等的豪情！孜孜不倦地追求生命的顶峰，就是为了享受鼎盛时期的成功辉煌。

但是，在盛世皇朝繁荣昌盛的底下，却潜藏着一股为人们所忽视的暗流，这股暗流不断涌动，最终造成了皇朝盛世的结束。君不闻：昨夜西风凋碧树，独上高楼，望尽天涯路。又是如何的使人噤若寒蝉，顿感高处不胜寒啊！乍远离创业期的困苦，刚告别守成期的艰辛，才享受成功，自满却相随而来。

实现鼎盛、保持鼎盛，是每个经过创业、守成的组织集团的使命，这需要积累，需要实力，同时也需要激情与梦想。而史上皇朝，所展现的又不仅是如此，权变的谋略与平衡的艺术也在要求之中。在达到鼎盛期之前，组织灵活有加，却缺乏控制；在鼎盛期过后，组织控制有方，但却变革无术。能长久逗留在规范有序、控制有方又灵活多变的生命顶峰，将是多么惬意的事情啊。

但一切是那么的无奈，因着守成，组织迈向顶峰，顶峰却有暗流。暗流终结了盛世，也顺而开启了皇朝的第四阶段：转折和改革。

既然进入了漫长的转折期，既然不变革就难以继续生存，很值得期待的未来实际又如何呢？我们拭目以待。

第四章

改革与转折：中兴之路

古代中国皇朝是如何开始衰落以及怎样面对和因应衰落的？外部环境恶化、内部人事败坏、财政危机、地方离心力以及不断沉沦的文化既是组织从生命巅峰滑落的原因，同时也是开始转折的综合表征。此时，传统与变革是个两难选择。危机管理与组织改革，俨然成为组织领导集团不可回避的重大而又紧迫的课题。于是，不管能否成功，改革都成了这一阶段的主基调。

汉武帝以超群的气魄带领大汉皇朝登上了繁荣盛世的顶峰，一个强大的大汉帝国出现在东方：统治稳固、国富兵强、开边拓土、声名远扬。但是，成就伟大的同时，隐伏的危机也在蔓延。大规模、长时期的对外战争，统治集团豪华奢侈的生活风气，武帝的好大喜功、四方出巡，所有这些致使“民力屈，财用竭，因之以凶年，寇盗并起，道路不通”（《汉书》）。武帝晚年颁布“轮台诏”，深悔自己的所作所为给皇朝带来的灾难，并由此开始了转型。但是“轮台诏”刚颁布两年（公元前87年），雄才大略的汉武帝就死去了，留给他只有八岁的儿子刘弗陵的是一个“海内虚耗，户口减半”、统治集团内部纷争不已、各地民变蜂起的烂摊子。刘弗陵年纪幼小，不能亲理朝政，由大司马、大将军霍光辅政，此外还有车骑将军金日、左将军上官桀、御史大夫桑弘羊。面对武帝留下的烂摊子，如何继续维持汉朝的统治就成为了政策的重心。挽救危局只能进行改革。朝廷不仅在治国方略上争论不休，各种势力还展开了激烈的权力争夺战。昭帝和霍光针对这种复杂的局面，不仅摆平了各派政治势力的争斗，重新巩固了中央政权，还调和了两种治国方略，一举扭转了武帝末年以来的皇朝颓势。昭帝的儿子刘询是为宣帝。汉宣帝继续了昭帝和霍光的治国方略，进行了一系列的改革。这些改革重新稳定了汉帝国的统治。史书称许，昭宣年间“孝宣之治，信赏必罚，综核名实，政事文学法理之士，咸精其能”（《汉书·宣帝纪》）。

再看“帝国的正午”——唐代，无论前期是多么的辉煌，也逃不过治乱兴衰的窠臼。唐朝到玄宗开元时期达到极盛，然而长期的太平日子使得李隆基由俭转奢，由励精图治变为溺于声色，由任用贤能变为任用奸佞，“安史之乱”最终开启了大唐皇朝的衰落之门。

至此，唐朝进入转折阶段。唐朝由盛至衰的转折阶段长达100多年，皇帝也历经11位之多，肃宗李亨是最明显的分界线，其后直到懿宗李漼，这期间的皇帝还是多多少少抱有改革弊病、延续帝祚的打算。较为知名的改革有：肃宗和代宗朝的刘晏改革，德宗朝的两税法，顺宗朝的永贞革新，宪宗朝的元和中兴，武宗朝的会昌之政。然而这一切改革活动都未能扭转唐王朝走下坡路的总趋势。永贞革新，是在唐顺宗李诵即位，改元永贞后，以王叔文为首的几位并不算高级别官员主持的一番改革。那个时代，唐王朝急剧衰败。藩镇割据，战乱频仍，政治危机十分严重；宦官专权，阻塞视听，贤能得不到任用；体制内组织失效，制度走形；中央财政困难，人民负担加重；“宫市”扰民，“五坊小儿”祸害，直接败坏了社会风气。总之，长久盛世下日积月累的腐朽倾向越来越严重，以至“腐朽倾向压倒了进步倾向”（范文澜语）。公元805年初，顺宗李诵即位，有志革除弊政，中兴唐室，于是，起用了一批有志于改革之士。“工言治道”的王叔文以翰林学士的身份行宰相事，并聚拢了韦执谊、柳宗元、陆质、韩晔等，协助其进行全面改革。这就是“永贞革新”。革新历时146天，没有什么特别明确的改革思想和行动纲领。对此次改革后世评价不一，总体而言是：行之匆忙，收之苍凉，时间短暂，回味悠长。可以说，王叔文他们竭尽全力，能做的都做了，该做的也在做，想做的正启动，也看到了深化改革的主要阻力所在，但缺乏对整体形势的正确判断，以及对支持者和反对派的准确估测，以致在夺权这一关键环节上贸然行动，功亏一篑，反而加速了改革的夭折。

大清帝国在乾隆朝达到顶峰，国力之强盛可谓如日中天。但是也没跳出衰落的窠臼。在乾隆后期，清帝国的颓势就已经显现。等到嘉庆皇帝即位，整个帝国更是四处冒烟、满壁漏洞。嘉庆朝的白莲教起义竟然攻入了皇宫之中。及至道光皇帝期间，虽然道光皇帝算得上是中国历史上少有的“克勤克俭”皇帝，但大清帝国却不能在“节俭”之中恢复自己的荣耀。就在大清帝国面临内部危机的时候，以前的皇朝不曾遇到的新情况出现了：坚船利炮的西方资本主义列强开始侵略中国。鸦片战争扯去了大清帝国最后一片遮羞布，清帝国不可避免的进入了衰退期。咸丰皇帝一生颠沛流离。太平天国的农民军占领了大清帝国的富庶之地，原来能征善战的八旗劲旅不堪一击；内乱未平，外乱又起，不足两万人的英法联军竟将大清帝国最强大的蒙古铁骑击退，咸丰皇帝狼狈逃窜热河；屈辱议和，使这位饱经忧患的青年皇帝死于离宫。面对这种内忧外患的环境，大清帝国的君臣们开始了徐图中兴的“洋务运动”。曾国藩、左宗棠、胡林翼、张之洞等大臣们，开始了对传统皇朝的改革之旅。然而，“同治中兴”也好，“洋务运动”也罢，虽然取得了一些成效，但“甲午海战”使大清帝国的君臣们认识到帝国已经到了苟延残喘的地步，再不采取有力的措施，清帝国难逃覆亡的命运。希望有一番作为的光绪皇帝，凭着自己的勇气进行了“戊戌变法”，但“戊戌变法”只不过是昙花一现，被称作“百日维新”。

大凡一个组织从巅峰开始衰落，在环境的逼迫下，总会进行一些改革。这些改革的目的都是为了延续组织的生命，重新振作起向上的精神。但是，纵观中国的皇朝更替史，我们发现，这些改革，有的成功，有的失败；有的取得了一些成效，有的却半路夭折。取得成效的，创造皇朝的一代中兴，出现发展中的另一个高潮，虽然无论哪一方面也比不上盛世；中途夭折的，则是在已经积重难返的皇朝身上又压了一个包袱。

成功固然有成功的道理；夭折的原因却也很简单，就是因为改革的敌对势力太强大，改革者的力量太弱小，支持者的意志不坚定，改革的动力不牢靠。然而，再细细琢磨：若仅以力量的大小、强弱来对冲，胜者乃力大所致，则难免掉进了物理学意义上的力场陷阱。因为，力量的对比在改革之初就基本是明了的，为何还明知不可为而为之呢？很明显，结果简单，原因复杂。

首先，盛世已经过去，盛世光环掩映下的问题渐次暴露，多方面矛盾日积月累加剧恶化，外部环境已经不容乐观。

其次，基业的承继者面临如此的外部环境，必须对各种挑战有所回应，方不致“家道就此败落”。即使生逢其时的皇帝因为种种原因而不具备这种担当，也还是希望局面有所改观的。如此一来，胜任领导角色，便可能出现中兴的局面，反之，或昙花一现，或一败涂地。

再次，改革者自身的素质和实力将直接决定改革的进度与深度，哪怕终究是以失败结束。实际上若以结果论成败的话，这一阶段即皇朝后半期的改革，绝大多数是以失败告终的。但是，即使是失败，也有以持续时间长短、改革力度强弱、铺开领域宽窄、后世影响大小等指标来评定新政的，如庆历新政，如熙、丰变法，如张居正改革。而与这几个指标直接相关的，便是改革家的魄力、格局与谋略。

第四，改革能否抓住实质，也就是大家所关心的、最在意的、改革所触及到的利益——包括既得利益、将失利益、将得利益。这是面对改革，各种力量分化组合和秩序重构的基础，也是组织得以正常运转和制度有效规范的前提，至于改革能够发挥多大效能，则要看蓝图如何化为路线图、路线图怎样成为现实了。

最后，改革有没有承继和发扬组织既有的：创业时期的艰苦奋斗作风、创造思考能力、进取精神、团结状态；成长时期的稳定持重作风、规范约束能力、向上精神、合作状态；鼎盛时段的宏伟大气格局、开拓进取能力、宽容精神、和谐状态。能不能在取得很大成就的基础上，向组织本身业已滋生的、不合时宜的组织文化挑战，在传承中予以更新，进而对已然凝固、沉沦的习气有所调适，以增强组织对环境变化应有的调适能力。

盛世隐忧：变革的环境

组织到了转折阶段，内部和外部危机不断发生，如何进行危机管理，以及如何对组织进行改革，是组织领导者和组织成员不可回避的重大而又紧迫的课题。是整日忧心忡忡，还是对危机不管不问；是坐以待毙，还是有所作为；要想有所作为，又应该如何作为？不知不问、坐以待毙，又怎能甘心祖宗的基业毁在自己手中；有所作为、力图振奋，又应该依靠谁，打击谁？惟有冷静地洞察环境，方有贴切的改革道路。

首先是要知晓自己的“家底”还有什么，又失去了什么？掌握在统治集团手中的调控余地在哪里？其次，作为改革的领导者和推动者，要清楚整个权力构架的脉络，明了重新分配后的利益格局，从而厘定改革可以依靠的力量和必须打击的力量。最后，对于组织最高领导者而言，把握皇朝的整体局势和主要矛盾，才有可能掌控改革的方向和前途。

“家底”：失去了什么？还有什么？

对于转折阶段的统治集团来说，首先要摸清楚盛世之后的皇朝“家底”。这个“家底”不仅是财政的充盈与否，还包括对经理层的了解和对消费者状态的把握。一般而言，在组织巅峰阶段后期，被盛世光环所掩盖的各种忧患开始显现。由于盛世领导者的无节制扩张和贪图享乐，组织长期以来积累的物质财富和向上精神消失殆尽。盛世君主为子孙后代留下的除了曾经辉煌的一个记忆外，就是国库空虚、社会凋敝、朝臣堕落、民心散乱的局面。这个局面就是改革的前提条件和外部环境。

盛世皇朝的扩张，当处于皇朝物质基础能够支持的范围内时，可能会维持下去。一旦扩张遇到了皇朝物质基础的极限，那么不可避免的衰退就来临了。保罗·肯尼迪在他著名的《大国的兴衰》中，用世界历史上主要帝国的兴衰过程，论证了这个观点：即大国的衰亡主要是因为它们无限度的扩张超出了国家本身能够提供的物质基础的限度，从而不能维持下去；而对于扩张性的大国而言，扩张的被迫停止就是衰退的来临。

中国历史上的皇朝也没逃过这个规律。汉武帝在位五十四年，战争就持续了四十三年，其用兵少则数万、多则三十多万人，军费动辄数十亿钱，军功赏赐黄金一次达数十万斤；连年劳民兴役，如筑朔方城沿边屯田，“衣食皆仰给于县官”。他即位之初，本来“人给家足”，府藏皆满，但连续征战之后，变成“海内虚耗”。汉武帝不仅大肆对外扩张，而且大兴土木，征发大量农民修建上林苑就是例子之一。虽然帝国的经济还没有破产，但是与盛世阶段的府库充盈相比，无疑天上地下。汉武帝自己也在《轮台罪己诏》中说：“前些日子专职衙门上奏，想把百姓的赋税每人再加三十钱，用来资助边防费用，这是进一步加深老弱孤独的困境。……现在又要求派兵到遥远的轮台屯田垦荒，这不是扰乱天下，使百姓陷于愁苦吗？朕不忍心听这样的话！目前的要务在于禁止苛刻残暴的法令，停止任意增加赋税，专力以农为本，鼓励养马，恢复马复令（以养马免除赋役）。只要国家不缺乏费用，军队能维持边防就行了”（杜尚侠：《正说汉朝二十四帝》，中华书局2005年版）。可以说，汉帝国的扩张在武帝后期无可避免的受到了帝国经济力量的限制；而扩张的停止宣告了帝国繁荣盛世的结束。汉昭帝就是在这种情况下继承皇位的。

乾隆帝与汉武帝犯了同样的错误：对外大肆扩张，穷兵黩武，对内大肆铺张浪费，穷奢极欲。乾隆皇帝的所谓“十大武功”，极大地消耗了帝国的财政基础。乾隆五十年，他还征招年过六十岁的在职、致仕官员三千余人，赐宴乾清宫，成为“千叟宴”。凡此种种，不仅耗费了巨额资金，使国家库藏日益空虚，而且由于在巡幸和节庆期间各级官员的纳贿送礼，也加速了整个统治阶级的没落和腐朽。连年征战、征敛日繁，再加上接连不断的水旱灾害，作为帝国统治基础的广大农民的生活陷入了困苦之中。清帝国面临极为严重的社会危机。嘉庆皇帝接的就是这么一个烂摊子。

除了汉、清两个朝代比较典型外，其他朝代也是一样。盛世只管盛世的享乐和威风。转折阶段皇朝的“家底”只是一个巨大的空壳子，看起来还有些盛世景象，但细究下去，就会发现留下的屈指可数了。作为转折阶段的统治集团，不论是新起的君主还是掌权的辅政，如果重新矫正、稳定从巅峰滑下来的皇朝列车，就必须对“家底”有个清晰而深刻的认识。

“格局”：依靠谁？打击谁？

经济上的相对凋敝是转折和改革阶段的物质基础；之上则是经过重新洗牌的利益格局和权力格局。组织的利益格局和权力格局在创业阶段就开始形成，各派势力经过组织成长时期的重新分化和组合，到盛世阶段已经比较稳定。各派势力都找到了自己的位置。但正是在盛世阶段，在这个比较稳定的政治格局中，有一些势力悄悄崛起，而另一些势力集团在悄悄没落。这种变化在盛世繁荣的掩盖下，并没有凸现。而是随着盛世的结束，经过重新洗牌的政治格局逐渐浮出水面。在转折和改革阶段，新兴的政治力量要求按照自己的意愿改革组织的政策和制度，以保证自己利益的实现；而保守的政治力量则不愿退出政治舞台，不愿自己的利益被削减、被剥夺。从这一角度看，改革实际上就是利益格局的重新分配。改革会触动一些集团的既得利益，也会促使一批新兴的政治力量的崛起。转折阶段的皇朝正是面临如此复杂的政治格局。转折阶段，原来可以被皇帝信赖的政治力量或者衰落了，或者其本身已经膨胀到可以不把皇帝放在眼里的地步。因此，只有认清皇朝的政治格局，找到自己可以依靠的力量，同时找到自己的潜在对手，才可能取得改革的成功。还应该注意的是，转折阶段的政治格局和权力格局是不断变化的；领导者更应动态地掌握政治格局，及时调整自己的政治态度和政治策略。

唐朝中后期，随着“安史之乱”被逐渐平定，形成了三大势力集团：一是宦官集团；二是藩镇集团；三是原有的朝廷官员集团。前两个都是玄宗李隆基在位之时逐渐形成的势力。在开元年间，唐朝处于盛世阶段，诸如宦官、藩镇等都还不是异于中央的势力集团。玄宗也没有意识到自己的任用宦官和设置藩镇会带来怎样的麻烦，以至于唐朝的基业就毁在宦官和藩镇之手。唐朝的宦官之祸实起于玄宗重用和信任的高力士；而藩镇的设立也是当时玄宗用兵布防的一大败笔。安史之乱是藩镇势力对中央权威的公然挑战，虽然安禄山和史思明都被镇压，但从此之后，藩镇的独立倾向越来越大。自肃宗李亨、代宗李豫、德宗李适、顺宗李诵，一直到宪宗李纯，再到昭宗李晔被朱温所灭，唐朝的这些皇帝们一直在与宦官、藩镇和朝廷中的权臣作斗争。在这三大势力集团中间，皇帝总要选一个自己可以依靠的力量。不是依靠宦官打击权臣，就是依靠藩镇打击宦官。可以说唐朝转折期的各项改革的成败，都与皇帝选择的依靠力量有关。唐顺宗李诵在位期间，依靠朝廷官员的力量进行改革，打击宦官和藩镇势力。这就是在引言中谈到的短命的“永贞革新”。永贞革新的失败是皇帝错误选择依靠力量的直接后果。王叔文集团自身并没有可以依靠的力量，他们只是一些年轻的翰林学士。集团内部也是鱼龙混杂，主力人物之一王伾胸无大志，在朝臣中也没有人缘，没有多少人愿意跟他交往。而且这个王伾收贿纳贿，极其腐败。王伾为了纳贿方便竟然在府中设立一个无门大柜，以收受讨官者的贿赂，为防止被盗，晚上就让他老婆睡在柜子上面。而李诵本人对王叔文集团也不是那么信赖，在宦官首领俱文珍的劝说下，竟然罢免了自己依靠的改革力量的首领王叔文的翰林学士职位。宦官集团彻底击败王叔文集团之后，控制了皇帝，逼迫唐顺宗退位，让太子继承。太子李纯即位为唐宪宗。他将唐顺宗尊为太上皇，并立即对王叔文集团全面开刀。唐宪宗在这三个势力集团中选择依靠朝臣和宦官打击藩镇。宪宗一朝打击藩镇的成绩，成就了宪宗唐朝所谓“中兴之主”。

重点与前景：在哪里？走向哪里？

转折阶段的组织哪里都是矛盾，哪里都有问题。要想有所作为，集团领袖就必须把握阶段重点，找准问题的症结，厘定主要矛盾，从而确定和把握改革的方向，坚定不移地走下去。对于转折阶段的组织而言，面临的矛盾不外乎如下几类：一是组织与外部竞争者的矛盾；二是组织和目标群体的矛盾；三是组织内部不同势力之间的矛盾。第三类矛盾就是我们在上一小节中分析的不同势力集团。对于具体的皇朝而言，这三个矛盾并不都是同等重要的。明确了皇朝转折阶段的主要矛盾和问题在哪里，就能基本明确改革的总体方向。

首先来看皇朝与外部政权的矛盾。在中国历史上，除了中原的“正统”王朝外，还存在着许多少数民族建立的政权。这些政权对中原皇朝始终是一种威胁。从春秋战国起，北方的游牧民族政权就不断侵扰中原。秦始皇修建长城，最主要的考虑就是要阻挡匈奴对秦朝的侵扰。秦汉时期，中原皇朝最大的外部敌人就是匈奴；到三国两晋南北朝时期，则是所谓的“五胡乱华”。到了隋唐时期，在北方是突厥、回鹘相继而起，在西南方，则是崛起的吐蕃政权。到了五代十国和两宋时期，契丹族建立的辽国和女真族建立的金国一直是宋朝的最大边患，北宋亡于金国手中。此后，蒙古族进入中原，建立元朝；满洲进入中原建立清朝。这些政权在中原皇朝强盛时，慑于皇朝强大的军事和经济实力，不敢觊觎中原。转折阶段的皇朝面临着国内经济、军事力量的衰退，如何调整政策应对这些外患，是必须考虑的问题。如果这种边患是皇朝生存的最大威胁，则调整政策应对外患必须成为重点；而如果这些外患不构成皇朝生存的最大威胁，则应安排在内部政策调整之后。

在皇朝内部，则有统治集团和被统治集团的矛盾。这个矛盾是影响皇朝兴衰的最主要矛盾。在成长和盛世阶段，统治集团和被统治集团的矛盾一般不会成为问题。因为不仅统治集团享受着繁荣的好处，而且被统治集团也处于比较富足和安定的局面之中。但是，盛世阶段皇朝统治集团的内外扩张政策引发了统治集团与被统治集团之间的紧张关系。在盛世后期，被统治集团的不满就已经显现。汉武帝统治末期，社会险象就已露苗头。元封四年（公元前 107 年），关东出现流民二百万口，无户籍之民四十万。天汉二年（公元前 99 年），关东地区发生农民暴动，“大群至数千人，擅自号，攻城邑，取库兵，释死罪，缚辱郡太守、都尉，杀两千石，为檄告县趣具食；小群以百数，掠掳乡里，不可胜数也”（《史记·酷吏列传》）。清乾隆统治后期也出现了白莲教、天理教等民间团体，这些团体是穷苦百姓不满统治集团横征暴敛的聚合体。统治集团与被统治集团之间的矛盾直接影响着皇朝政策调整和改革的成败，也是皇朝能否继续下去的关键所在。

统治集团内部各个派别之间也出现了裂痕。在盛世阶段，皇帝权威极大巩固，统领各派政治力量不成问题。而一旦盛世结束，原来被皇帝权威压制的各派政治力量无不起来争夺权力。作为转折阶段的皇帝，怎样调和、化解、凝聚以至继续统领各派政治力量，是改革能否成功的关键。在盛世阶段，皇朝政治格局中主要就是两股力量：皇帝与官僚集团之间的关系。而在转折阶段，除了这两派力量之外，还出现了“第三种”势力，即外戚和宦官集团。外戚和宦官在汉朝中后期，一直是左右皇权和相权，乃至左右整个朝廷大政方针的重要力量。唐朝的宦官更甚，在唐朝中后期，皇帝的废立都操纵在了宦官手中。明朝的宦官虽然没有操纵皇帝的废立，但是明帝国的主要政策和政治格局还是受到宦官集团的极大影响。张居正作为内阁大学士、首辅，为了推行改革，还需要巴结宦官冯保，而如果没有冯保的支持，张居正的改革也不会推行开来。清朝中后期，宦官虽然没有专权，但是却也极大地影响了清朝的政治格局。清朝同治、光绪年间的大太监李莲英，虽然没有任何政治权力，但他却是朝廷大臣与最高统治者联络的纽带。李鸿章作为军机大臣，要去见慈禧太后还需要向李莲英送贿赂，而李莲英的一句话就可能会导致朝政的极大变化。

转折阶段的这三种矛盾，作为组织的领导者必须全面把握，明白自己所处的政治生态环境，知道现在“站在哪里”，才能知道自己要“去向何方”。

中兴之主：洞察力与魄力

创业皇帝首先是马上皇帝，创业皇帝依靠自己的人格魅力和企划能力带领创业集团打天下；守成皇帝需要高瞻远瞩，为皇朝建立一个稳定成长的框架；盛世之主则是雄才伟略，方能够带领皇朝走向繁荣的顶峰。身处转折阶段的皇帝又需要什么呢？转折阶段，皇帝面临的环境与创业阶段、成长阶段和盛世阶段都不同。这是一个皇朝从巅峰走下坡路的阶段，是一个矛盾重重、局面复杂的环境。创业阶段，创业集团的战略目标是非常明确的，那就是打败对手，夺取天下。成长阶段，皇帝与各种政治力量的目标还是基本一致的，那就是开万世之基业，为皇朝稳定奠定基础。盛世阶段，皇帝面对已经稳定的局面，经济已经恢复并发展起来，社会秩序基本稳定，国富民强，是一个蒸蒸日上的局面。而转折阶段的皇帝，面对着经济凋敝，各种政治力量此消彼长、矛盾重重，社会问题层出不穷的局面。在这个局面之下，如何确定皇朝的战略目标，如何平衡各种政治势力以实现改革目标，是需要中兴之主解决的首要问题。

不管是历史上的皇朝，还是现代的组织，中兴之主需要具备如下的素质：首先要有敏锐的洞察力。这是因为在转折阶段，各种政治利益交织在一起，局面纷繁复杂，各种矛盾交织在一起，问题异常繁多。如果不能在这个复杂的环境中发现最主要的问题，那么改革的方向、战略就会发生错位，而这个错位所造成的后果将直接影响皇朝能否实现中兴。问题既定，方向既定，战略既定，接下来的关键就是领导者必须具有改革的魄力和决心，能够在各种压力下毫不动摇地坚持改革，能够以现实的精神对祖宗成法进行改革。这个魄力可以说是改革能否成功的关键。除了洞察力和魄力之外，身处复杂环境中的中兴之主还要有谋略能摆平各个政治集团，驾驭局势的发展，为改革创造良好的政治环境。还有一点需要明确的是，改革不是皇帝一个人的事情，皇帝需要有一个可以依靠的改革集团和可以重托的改革者来推行。而选择改革集团，并给予必要的支持，则是考验中兴之主识人善任的领导素质。因用人不当而导致改革失败，甚至皇帝本人也因此被赶下台来的事例，在中国历史上不绝于书。

洞察力：对复杂形势的判断

转折阶段，皇帝面对的形势是各种矛盾交织、政治力量错综、各种问题凸现。只有透过现象看本质，从纷杂的局势中揪出关键，对复杂形势做出果敢准确的判断，改革才能有的放矢，而不是毫无目的，毫无章法。这是领导者必须具备的基本素质，但洞察力对中兴之主来说更为关键。

一如先前所述，汉武帝之后，汉昭帝刘弗陵、汉宣帝刘询，以及辅政霍光，实现了西汉王朝的一次中兴。虽然所谓的“昭宣之治”远远不能和武帝盛世相比，但也算是汉朝基业继续发展的一次机会。当时，作为辅政的霍光和昭帝刘弗陵，没有武断地决定改革方向和改革重点，而是召开了历史上有名的“盐铁政策”大辩论，讨论武帝朝的政策得失，找出影响皇朝发展的最主要问题，对如何解决这些问题理出了轻重缓急。始元六年（公元前81年），霍光布置召集各郡国的贤良、文学六十余人开了个“问民疾苦”的会议，这就是历史上有名的盐铁会议。御史大夫桑弘羊代表政府方面听取意见。从会议论及的内容看，是对当时汉朝整体政策和实际情况的一次检讨会，持不同意见的双方从各自的立场、不同的角度分析了各项主要政策的利弊得失。这次会议为完成政策转型和朝政改革起到了舆论准备的作用。会议之后，在霍光的主持下，朝廷坚决贯彻“轻徭薄赋，与民休息”的方针，开创了“昭宣中兴”的新局面。

北宋中期，宋仁宗、宋神宗年间，北宋王朝走到了一个下坡路的临界点。当时距离北宋开国整整一个世纪，宋太祖和宋太宗开创的治国之法已经“传之数世弊且生”。在宋太祖和宋太宗创立北宋时，其立国的基本策略是剥夺武将的统兵权，削弱地方政府的权力，分割地方政府的行政权、财权和军权，层层设官，官员与官员之间相互监督、相互制衡，从制度上保证了皇朝中央和皇帝个人的权力。但导致的严重后果是“天下之财力日益穷困，风俗日以衰坏”。尤其严重的是朝野上下精神衰败，“因循苟且，逸豫而无为”（《宋史纪事本末》）。宋神宗急于通过改革改变这种颓势。改革的重点在哪里？这是首要问题。王安石坚持以“理财”为中心进行改革，即以赋税改革为主要目标，以此为出发点，改革整个国家的行政、经济制度。王安石的好友、翰林学士司马光不以为然，认为改革的主要目标应该在“节省冗费”上。司马光认为祖宗的成法没有错，之所以造成当前的局面，不是因为赋税政策，而是因为各级官员不节省，造成了国家财政的困难。他认为王安石所说的“民不加赋而国用饶”是桑弘羊欺汉武帝之言。对于两个人的争论，宋神宗并没有武断地发表自己的意见，而是要求两人在殿上进行争论。宋神宗认识到王安石的意见更符合自己改革的需要，于是便在熙宁二年（公元1069年），起用王安石为参政知事，主持变法。

我们再来看明朝的张居正改革。张居正所处的时代是明穆宗朱载垕和明神宗朱翊钧在位期间。此时离朱元璋建立明朝已经有近二百年了。明太祖朱元璋在位期间最为痛恨的就是朝廷的腐败。明初的几个株连万人的大案基本上都与腐败有关。朱元璋制定的《大诰》主要就是针对官员的腐败。在明初几代皇帝期间，腐败还没有成为一个严重的问题。但到了张居正所处的时代，腐败已经蔓延到了各个角落。张居正认为，虽然腐败表现在各个方面，但最根本的还是政治上的腐败，这是造成全面统治危机的根源。要挽救危机，必须惩治腐败，尤其必须矫正政治上的腐败。这是改革要首先解决的问题。那么在改革的具体实行过程中，应该首先从哪里入手解决腐败问题呢？张居正明白，当时的问题不在于缺乏机构，也不是职责不清，更不是政令、章程不够，明朝至此已经有二百余年历史，一切机构、规章早已是齐全的。问题的关键是没有检查督促，缺乏控制力和执行力，所以一切都是放任自流。于是张居正首先推出了考成法。

可见，对于一项改革而言，第一就是选择改革的优先次序，找出改革的重点，而这个重点就是组织面临的主要矛盾和组织需要解决的首要问题。只有解决了这个问题，其余的问题才能提上议事日程。改革之成败在很大程度上就在能否抓住这个主要问题。

突破旧法则的限制

为什么要在转折阶段特别突出组织领导者的魄力和决心呢？因为在转折阶段，领导者面临的政治格局最复杂，各派政治力量都有自己的利益和立场，也具备了与领导者相抗衡的一定实力。如果立志于改革的组织领导者没有魄力和决心，就很容易被其他政治集团左右，从而导致改革尚未开始即告结束。创业阶段，集团领袖面临的环境虽然困苦，但谁是敌人、谁是盟友却是一目了然；守成阶段，各个政治团体的利益冲突不大，还能够团结在组织领导者周围，为实现共同的目标而努力；盛世阶段，集团领袖的力量和权威足以威慑和控制其他政治集团。这三个阶段对于组织领导者而言，魄力固然重要，但其重要性远不比转折阶段。

如果以立场来划分，实际上所有的政治集团都可以二分为改革派和保守派。当然，这里的改革派和保守派没有任何感情色彩，改革派并不一定是好人，保守派也不一定是坏人。这里划分的标准只有一条：那就是支持还是反对改革。君主的魄力就表现在能够始终如一的支持改革派，站在改革派一边。但是，一个皇朝经过上百年的发展之后，总会形成大批的既得利益集团，这些既得利益集团不仅在经济上拥有大批财富，在政治上也掌握着大量资源。对于君主而言，改革实际上就是改掉这些既得利益集团的既得利益，重新划分利益格局。因此，君主所支持的改革派一般都是从经济上或政治上的弱势集团中提拔上来的。这些改革派特别是在政治场中并没有多大的权威和发言权，要进行改革，就要对保守派开刀，无疑需要名义上的皇朝领袖皇帝的全力支持。没有皇帝的支持，改革即使有很好的纲领，也不会继续下去。在中国历史上，失败的改革，其首要原因几乎都是改革派的力量过于弱小。正因为改革派的力量过于弱小，对于希望改革的君主来说，才更应该坚定地支持改革派，不为所谓的“祖宗成法”所拘束。

在王安石变法之前的宋仁宗赵祯一朝，北宋就已实行过“庆历新政”。如前所述，宋朝初年，太祖和太宗为防止五代更替频繁的悲剧重演，从政治、经济、军事、人才选拔等方面重建政治结构，将行政权、军权、财权、司法权和地方权力都集中到中央，集中到皇帝手里。到宋真宗和宋仁宗两朝，这种体制导致的问题越来越多，“因循不革，弊坏日甚”，造成了“冗兵、冗官、冗费”的全面危机局面。宋仁宗企图改革弊政以挽救危机，便在庆历三年（公元1043年）初，将“不更一事，以姑息为安”的保守派官僚吕夷简等相继罢免。同年八月，任命范仲淹为参政知事，韩琦、富弼为枢密副使，欧阳修、蔡襄、王素、余靖等为谏官，使改革派在朝廷中很快占据了优势，为改革提供了强大的组织力量。但是，改革很快就被保守派势力所制造的浓重黑云所遮蔽。新政没有推行多久，改革派官员就在保守派官员的激烈反对中败下阵来。庆历四年（公元1044）年六月，离新政颁行之日仅仅八个月，庆历新政的总设计和总指挥范仲淹就以防秋为名，宣抚陕西、河东。同年八月，富弼宣抚河北。接着，支持改革的其他官员也被以种种口实调离京城。新政派官员遭贬黜的同时，保守派的官员重新掌握了大权。此时的仁宗天天听到的都是对范仲淹等人的恶言恶语，当年厉行改革的锐气消失殆尽。“庆历新政”仅仅推行了一年多就夭折了。主要原因还是在于宋仁宗的动摇。

“庆历新政”的事例足以说明组织最高权力者的态度是改革成败的关键因素。在组织转折阶段进行的改革，首先是在原有的制度框架中进行的改革。组织的制度框架经过很长时间的发展已经非常稳定了，任何改革都是对既得利益集团的打击，任何改革都是在一个非常狭小的制度空间中进行的，可以活动的余地太小。而如果改革不改变根本的制度框架，那么改革的进行就需要依靠组织的硬性权力来实施。若是改革不具备这个条件，就无法进行，即使勉强启动，也很难成功。因此，改革若要想取得成功，领导一以贯之的支持是一个必要条件；如果希望通过改革实现组织的中兴，领导就要有魄力和决心支持改革派，打击保守派，就要敢于对祖宗成法说不。这个魄力是转折阶段组织成功变革的先决条件。

加强纵横捭阖的驾驭能力

转折阶段，要想变法成功，实现中兴，还需要有对全局的掌控能力。如果不能摆平各派政治势力，消解保守派对改革的攻击，那么即使皇帝非常坚定地支持改革，也会遭遇失败的下场。前面所讲的汉昭帝、汉宣帝的成功改革，与昭帝和宣帝两位皇帝在各派政治力量之间的平衡是分不开的。昭帝在位期间，充分信任和依靠霍光进行改革，但他并没有简单的打击其他政治力量，而是充分吸取他们的意见，兼顾各个集团的利益。宣帝即位后，对霍光还是信任和依赖。但在霍光去世后，面对权势和欲望日益膨胀的霍氏集团，宣帝果断采取措施，灭掉了霍氏集团，为稳定朝政、巩固改革成果创造了条件。

有唐一代转折阶段，藩镇、宦官和官僚集团是三大主要的政治势力，如何平衡、怎样驾驭，是对皇帝权谋的严峻考验。我们来看两个实例：同在唐朝，一个是成功的，这就是成就了唐朝“元和中兴”的唐宪宗；另一个是失败的，就是在“甘露事变”中被宦官监禁的唐文宗。通过这两个结果相反的事例，我们更能看清楚组织最高领导者的驾驭能力之于改革成败的关键作用。

唐宪宗李纯，是唐朝第十二代皇帝、唐顺宗李诵的长子。贞元四年（788）封广陵郡王。他二十八岁继承皇位，做了十五年皇帝。唐朝自中叶唐代宗宝应元年（公元762年）藩镇割据局面正式形成，至唐宪宗元和末年扫平藩镇，天下再归一统，前后经历六十多年。其间唐代宗、德宗、顺宗，都曾为削除藩镇、重新统一天下而努力，但都未能取得成功。而唐宪宗执政以后，却在短短的十多年里，先后平服西川、夏绥、镇海、淮西、成德、平卢、卢龙等大河南北数十个藩镇，使“安史之乱”以来中衰的大唐国势重新为之一振，宪宗成为唐中后期唯一一位再度统一天下、实现国家中兴的君主。那么唐宪宗是如何做到这一点的呢？我们且看唐宪宗的手段。

首先是唐宪宗的魄力和决心。元和年间，宪宗自始至终抱着“以法度裁制藩镇”、一统天下的坚定信念和果敢意志，从不动摇。宪宗即位伊始，即把“举贞观、开元之政”作为自己奋斗的目标，把平服天下藩镇、重振大唐国威作为自己的首要目标。十几年里，孜孜以求，从未间断。在顺境中，宪宗一鼓作气、毫不懈怠，努力争取对藩镇斗争的更大成功；在失利时，决不气馁，总结教训，积蓄力量，准备新的斗争。元和初年，征西川，定夏绥，平镇海，宪宗敢于决断元和十一年（公元816年），讨淮西三年不下，罢兵呼声弥盖朝野，宪宗几乎成为孤家寡人，但他坚持继续作战方针，终使淮西吴元济授首。铁城之败，举朝文武皆有惧色，宪宗却以大家风度处之，坦言胜败乃兵家常事，岂可因一败丧失信心。元和十年(815年)河北藩镇刺杀宰相于京师，谋暴动于东都，颇有天下大乱之势。宪宗临事不惊，果断处置，终使平卢、成德企图动摇宪宗讨叛决心的阴谋破产。可以说，如果没有宪宗始终如一的坚定信心和坚强意志，藩镇的征讨很可能就会像德宗时那样半途而废，功亏一篑。战争是敌我双方政治、经济、军事力量的较量，更是战争指挥者意志信心的较量。在战争的关键时刻，统帅者的信心与决心，在一定程度上甚至会超过政治的、军事的因素，决定战争的胜负。

其次，则是唐宪宗的权谋。宪宗以法度制裁藩镇，大体坚持先近后远、先易后难、先招抚后用兵、先重点后一般的方针。元和初，首先解决了号称朝廷“回翔之地”的西川及家门口的绥夏。不久又收复了关系江淮财赋来源的镇海。一年多中更换了三十多个藩镇的节度、观察、招抚之使，使天下藩镇为之一震。元和中，进讨成德失利以后，宪宗积蓄力量、招抚魏博，切断了河北与淮西的联系，使淮西陷于孤立。讨淮西，围而困之，弱而击之，虽多少是出于无奈，却也不失为良策；讨平卢，注意分化瓦解敌军，重点打击李师道，终于导致刘悟举义。

宪宗的可贵之处还在于，一旦发现决策失误，在多数情况下，能够不失时机地予以克服与纠正。一征成德，官军失利，宪宗利用拘捕卢从史之机及时罢兵；征淮西，一经发现任帅不当，便及时予以调整，终于发现了李朔心这样的智勇之将；二征成德再次失利，宪宗不怕有损自己的尊严，接受大臣的劝告再次罢兵。成功的战争指挥者，并不在于他完全不存在失误，重要的是他能够从失误中吸取教训并予以及时纠正，从而取得最后的胜利。一如现时常说的，犯错误并不可怕，可怕的是一犯再犯、执迷不悟。

唐宪宗的权谋还表现在用人上。宪宗即位以后，用人的基本原则是“任人唯贤”。但是，在一定的条件下，宪宗也会本着权力平衡的原则支配部分官员的任免。征西川，宪宗听从宰相杜黄裳的推荐，征用无名之将高崇文，终获平西川、擒刘辟的成功。讨淮西，数撤败军之将，终使李朔心夜袭蔡州、活捉吴元济而显名。在平定藩镇的过程中，宪宗特别重视发挥宰相的作用，前后所用杜黄裳、李绛、李吉甫、武元衡、裴珀、裴度等都是有智有谋的人才，他们在协助宪宗讨平藩镇方面，发挥了很大作用。在用兵的重大问题上，宪宗能够广泛听取宰臣的意见，而这并不排除在一定的情况下，不为群言所左右、坚持己见的例外。

“君不密则失其臣，臣不密则失其身”，用这两句来形容唐文宗打击宦官势力的失败，再恰当不过了。唐文宗有当好皇帝的决心，却不具备做好皇帝的能力和素质。如果唐文宗处于一个太平盛世，也不失为一个好皇帝。但偏偏他身处在一个家道衰落、宦官当权的时代。唐朝自穆宗以后，皇帝的废立完全掌握在宦官手中。唐文宗在宦官操纵之下过日子，自己也很气恼，一心一意想除掉宦官。有一次，唐文宗生了一场病，急于找医生。正好宦官头子王守澄手下有个官员叫做郑注，精通医道，就把他推荐给唐文宗治病。文宗服了他的药，果然病一天天好了起来。唐文宗很高兴，召见郑注，发现郑注口齿伶俐，像是个有才干的人，就把他提拔为御史大人。郑注有个朋友李训，原是个很不得志的小官员，听到郑注受到朝廷重用，就带了一些礼物求见郑注。郑注正好想找个帮手，就请王守澄把李训推荐给文宗。李训也得到文宗的信任，后来，竟被提升为宰相。

李训、郑注两人取得了唐文宗的信任，文宗把自己想除掉宦官的心事告诉他们。他们就跟文宗秘密商量，想法削弱王守澄的权。他们打听到王守澄手下有个宦官仇士良，跟王守澄有矛盾，就请文宗封仇士良为左神策中尉，带领一部分禁卫军。接着，李训又解除了王守澄的兵权。最后，唐文宗给王守澄一杯毒酒，把他杀了。去了王守澄，接下来就要除掉仇士良了。李训联络禁卫军将军韩约，决定动手。公元835年的一天，唐文宗上朝的时候，韩约上殿启奏，说禁卫军大厅后院的一棵石榴树上，昨天夜里降了甘露。李训当即带领文武百官向文宗庆贺，还请唐文宗亲自到后院观赏甘露。唐文宗命令宰相李训先去察看。李训装模作样去兜了一圈回来说："我去看了一下，恐怕不是真的甘露，请陛下派人复查。"唐文宗又命令仇士良带领宦官去观看。仇士良叫韩约陪着一起去。韩约走到门边，神情紧张，脸色也发白了。仇士良发现这个情况，觉得奇怪，问韩约说："韩将军，您怎么啦？"正说着，一阵风吹来，吹动了门边挂的布幕。仇士良发现布幕里埋伏了不少手拿明晃晃武器的兵士。仇士良大吃一惊，连忙退出，奔回唐文宗那里。李训看到仇士良逃走，立刻命令埋伏的卫士赶上去。哪知道仇士良和宦官们已经把文宗抢在手里，把他拉进软轿，抬起就走。李训赶上去，拉住文宗的轿子不放，一个宦官抢前一步，朝李训劈胸一拳，把他打倒在地。仇士良趁机扶着文宗的软轿，进内宫去了。李训预谋失败，只好讨了一件便衣，化装逃走。仇士良立即派兵出宫，大规模逮捕一些参加预谋的官员，把他们全都杀害。李训在路上被杀。郑注正从凤翔带兵进京，得到消息，想退回凤翔，也被监军的宦官杀死。至此，唐文宗和李训、郑注策划的杀宦官计谋彻底失败，这次事变受株连被杀的有一千多人。这就是历史上的“甘露之变”。自这个事件后，唐文宗被宦官严密监视起来，五年后得病死去。仇士良立文宗的兄弟李炎即位，就是唐武宗。

既如此，中期的帝王如果想重整中落颓势，有使江山面貌一新的志向，真是任重而道远。当然，欲扭转颓废之势，最主要的还是领导者于复杂态势中锁住症结所在、于保守氛围中抱定矢志改革的决心，在问题接踵而来的飘摇中坚持改革方向毫不动摇，且能知人善任、发现改革中坚力量，敢于担当，一以贯之地支持改革者。集团领袖支持的改革者则需用心、发力于魄力与能力之间。

改革家：魄力与能力

就创业集团的领导核心而言，除了一个最高领袖发挥主导作用外，还需要一个能够统领全局的执行官。这个执行官，既要能够透彻把握大局、领会领袖意图，又要具体组织创业集团的各种活动。成长阶段，皇帝成为统治集团的最高元首，宰相就是皇朝的首席执行官。皇帝和宰相的这种关系，会随着皇朝发展的不同阶段，而有所变化。盛世阶段，皇帝的权力一般会加强，宰相的权力则会相应的削弱。到了转折阶段，情况变得复杂起来。在皇帝的周围出现了许多政治集团，各个集团都有自己的代表。转折阶段的皇帝在人事方面必须慎而又慎。

转折和改革阶段，皇朝的总体人才政策除了会延续前一个阶段的框架外，还有一个重大变化，即皇帝在改革派和保守派之间的平衡。皇朝所需的人才根据皇帝的改革目标来定。那么，在改革阶段，组织需要哪种人才呢？进一步讲，什么样的人才、具备什么样的素质，才能符合组织变革环境的需要？组织领导者如何选拔、任用有志于改革的人才，又如何打击或者安抚保守派的人才。我们前面已经提及，改革派和保守派，不是依凭情感因素来划分的，而是按照对待改革的态度和立场划分的。历史地看，保守派也是人才济济，而改革派有时也是乌合之众。

转折阶段的人才政策实际上就是如何发现并任用改革派人才，又如何打击和安抚保守派人物。改革派人才，即所谓的改革家，首先要有矢志改革的坚定决心和敢于冒险的精神，要有破除祖宗成法的魄力和能够承担失败后果的心理素质；其次，要有超强的组织能力和协调能力，善于协调各派政治利益集团的关系，既要敢于面对强大的保守势力的压力，又要善于协调与他们的关系，为改革提供良好的政治环境。全面的改革还需有一个富有战斗力，生机勃勃，奋发向上的集体。

钢铁意志：中兴是靠决心炼就的

转折阶段，改革家不仅要面对既得利益集团的强大阻力，还有已经形成定律的祖宗成法的重重束缚。在中国的民族性格中，对祖宗成法的坚持和崇拜是一个非常重要的特征。对祖宗成法的因循不仅是皇帝的义务，也是作为朝廷官僚的重要义务。那改革什么呢？

改革实际上就是对祖宗成法的改变。不论改革对皇朝的生存和发展有没有好处，要改革，首先就会遇到破坏祖宗成法的责难。

北宋中叶“庆历新政”施行了不到一年就失败了，作为改革派领袖的范仲淹对改革的失败负有不可推卸的责任。前面已经说过了，宋仁宗的软弱和听信保守派的意见是新政失败的重要原因，改革如果没有皇帝的坚定支持，重压下也只有昙花一现。但是，主持改革的大臣如果没有坚定的信心和决心，皇帝对改革派又怎能有信心？面对祖宗成法，支持改革的皇帝和改革派大臣都会受到社会舆论的强大压力。皇帝作为决策者，还有一个回旋退身的余地，可以将社会的压力转移到改革派身上；而改革派则必须完全承受这种压力。在庆历新政中，作为改革派的主将，当反对派群起而攻之，制造种种罪名，要搞垮新政的时候，范仲淹不是对诬蔑不实之词进行针锋相对的批驳和揭露，领导改革派进行坚决的斗争，争取宋仁宗支持到底，而是“因循姑息，不肯建明大事”。特别是保守派伪造“废立诏草”后，范仲淹和富弼恐怕“祸患及身”，一再要求“罢政事”。本来，宋仁宗对保守派的谣言疑惑不信，所以当范仲淹和富弼要求出镇西北时，宋仁宗“不许”。再加上改革派官员富弼、杜衍、韩琦、欧阳修等都是朝廷的重臣，如果能联合起来进行毫不动摇地斗争，或可能维持、延续宋仁宗的“图治”之心。

可惜的是，范仲淹没有能够这样做，他又一再请求辞去中央政府的职位，要求到西北去。这实际上就是放弃了对改革的主导权。宋仁宗在他的一再请求下，才允许他独自出朝。旗倒兵散，主帅一走，保守派的气焰更加嚣张，史书上说“攻者果益急，帝心不能无疑矣”（《宋史纪事本末》）。范仲淹走后，富弼“不自安于朝”，也要求调出中央。这样，新政的两大主导人物都调出中央，朝政的主导权落入保守派之手。韩琦、欧阳修虽然奋起力争，但是孤军奋战，没有多久，就被保守派一一赶出朝廷。显然，庆历新政的夭折同范仲淹的软弱直接联系在一起。

“庆历新政”的失败再一次告诉我们，改革尽管对组织环境、对组织的生命延续十分有益，但是也会遇到来自方方面面的重重阻力，而且，保守势力的抵制加上祖宗成法的干扰，还往往使得这种阻力非常强大，如果改革家本身没有为事业献身的勇气和冲破重重障碍的精神准备，就会失去斗争的勇气，成为逃兵和弱者，对保守派妥协、屈服，致使改革半途而废。

所以，对于改革家而言，富有才华固然重要，但是还需要有超乎常人的斗争意志和坚忍不拔的斗争毅力，只有有胆有识的改革家才能得到成功的还礼。

明朝中叶，张居正面临的政治环境之险恶，不在“庆历新政”之下。当时的嘉靖皇帝不仅没有宋仁宗希望改革的愿望，而且已经多年不上朝。按照明朝的政治体制，宰相已经被废除了。到神宗年间，张居正虽然是内阁“首辅”，但并不具备名副其实的宰相权位。明朝的内阁只不过是皇帝的一个私人秘书处，没有自己的属衙，甚至没有自己的办公地点，常年与翰林院在一起办公。张居正作为首辅，其权力来源主要就是一个“票拟”之权，而且在内阁学士与皇帝之间还有一个由宦官掌管的“司礼监”。后来有人攻击张居正，说他不是宰相，没有提调百官的权力，张居正的改革是“僭越”。可见，张居正的政治压力远比范仲淹面临的要大，但是，张居正还是一往无前的推行改革。其中原因，首要的就是张居正的坚定决心和改变祖宗成法的魄力，以及对改革反对派的坚定斗志。

张居正所面临的复杂艰难情况，连反对张居正改革的著名文人王世贞也不得不承认："文吏不习见祖宗制，创闻以为骇而不便者，相率而为怨谤"（《首辅传》卷七）。对此张居正有敏锐的感受，他说："明朝已经有二百余年了，人们乐于因循，做事不求上进，再加上近年以来，大家都习惯了奢侈的生活，对于是非毁誉，都不再认真追究了"（译自《张文忠公全集》书牍五）。在这种因循守旧、雄风难振的时候，只有顽强地破除积习，才能打开局面。海瑞秉公执法，遭受非难，张居正致函表示要力摧浮谣之议，褒奖奉法之臣。在惩办一批庸官贪吏之际，有人攻击他"执事太严"，借口天上打雷击中了紫禁城的端门，胡说上天降灾，要求撤销新政，他鄙夷地申斥："皆宋时奸臣卖国之余习，老儒臭腐之迂谈。"宣称必须重处肇事者，以定国策，把他们削职、戍边，论罪下狱。可以说，正是由于张居正能痛下决心无情反击抵制改革的势力，才消除了阻力，把新政引向前进。

张居正的钢铁意志和雷厉风行的魄力，给世人留下难以磨灭的印象。有人据此指责他"时政苛猛"、"刚鸷"等等。也有人为之辩解说："人习于玩，一旦法绳，若见为苛，而居正持之益坚，争之益力，以是遂与世龃龉，而又一二非常奇举，其迹不无似愎、似少容、似专权、似挟术"（《神庙留中奏疏汇要》吏部卷一）。在因循守旧、积重难返的转折阶段，如果没有果敢而又凌厉的魄力，改革将会寸步难行。张居正正是凭借过人的胆略和勇气，才使中央政权内部没有出现北宋改革那样强有力的反对派，新政也因而较少引起正面冲突，比较顺利地从政治推向经济，功效显著。

让变法成为竞赛游戏

作为主张和推动改革的组织领导层人员，坚定的改革决心和对保守派的坚定斗志，只是保证改革成功的一个必要条件。改革要想成功，还需要有一个充分条件，即要具备能摆平各派势力、协调改革派内部以及改革派和其他各派政治势力关系的组织能力。与保守派的斗争，不仅要敢于硬碰硬，在更多的时候，还需要随机应变，巧用计谋在举手投足间。对于改革派内部，更需要通过各种巧妙的手段，将来自不同阶层、具有不同生活背景的人组织在一起，形成一个富有战斗力的改革团体。

谋略之所以对于改革家比较重要，是因为任何改革都是在既定的框架下对制度和人事进行的改变。改革需要一个相对比较稳定的政治环境，但是改革也必然会触动一批既得利益集团的根本利益。而这些利益集团，不论在朝还是在野，都有经过几代人积累起来的势力，可以说都是“实力派”集团。相对而言，改革派一般都是新兴的团体，在实力上不及保守派集团，这是改革派的先天缺陷。这种特点，在现代也是一个规律。现代组织一旦到了转折阶段，都面临着一个涉及战略调整和利益重组的改革任务。改革总需要有主张改革的人来推动。但是，组织经过几代人的发展，形成一些既得利益集团，这些集团在实力上都远远厚于新兴的改革派集团。因此，对于改革派集团来说，既要进行制度变革和利益重组，又要保持组织的基本稳定，如何处理好与保守派的关系，就是一个不得不面对的难题。

改革派的谋略究其实质，可以从两个方面来分析，一是对保守派要有“硬”的一手，面对保守派的攻击和非难，组织力量坚决地反击，只有这样才能挫败保守派的嚣张气焰；另外，还要有“软”的一手，不能把保守派逼上绝路，困兽犹斗啊。

北宋和明朝进入中叶后，都是“积贫积弱”。王安石和张居正就是在这种相近的背景下进行的变法与改革。但是，比较王安石的变法与张居正的改革，王安石变法不能与张居正的改革相提并论。王安石变法伊始就遭到了来自各方面的反对，以失败而告终。后世学者对王安石变法也褒贬不一。与王安石变法不同，张居正任相之时改革就得以全面推行。虽然张居正身亡之后，其改革措施（除“一条鞭法”外）被明神宗废而不用，他本人也遭诬劾而被削官夺爵；但到万历末年，人们就已经认识到张居正改革的益处。因此，他的文集问世后，为其作序跋的文人、士大夫无不对其改革称许有加，认为在他执政的“十余年间，海宇清晏，蛮夷宾服”，并把他誉为“救时宰相”。天启朝，廷臣开始为居正鸣冤。于是熹宗下诏“复（居正）故官，予葬祭”。可见张居正以他的改革精神赢得了后世对他的追思与怀念。这是王安石变法失败后所没有的。尽管王安石和张居正都是为了除弊图兴而进行了改革，但却产生了迥异的社会效果。究其原因，与王安石不懂得政治权谋有相当大的关系。

首先，在改革的策略上，王安石不顾当时政治环境的条件，不顾当时保守派势力的强大，对保守派丝毫不留情，改革过于偏激，激起了反对派更强烈的反击，造成的阻力过大。张居正改革阻力较小，在于他施展了较高的策略水平。王安石早在宋仁宗嘉祐五年（1160年）上《万言书》时，就提出要改变现有法度，使之合乎“先王之政”。但是，他任相之后，却亮出“天变不足畏，祖宗不足法，人言不足恤”的观点，表明要更改太祖、太宗以来的法令制度。王安石此举虽然给希望变法的士人注入了一服兴奋剂，但在思想还很保守的宋代，改变“祖宗之法”无疑会招来守旧派的激烈反对。如范纯仁向神宗上疏说：“王安石变祖宗法度，掊克财利，民心不宁”；在向神宗上《尚书解》时又说：“其言皆尧、舜、禹、汤、文、武之事也，治天下无以易此。愿深究而力行之！”实际上就是要神宗不事更张，奉行“祖宗法度”，这种思想在当时的士大夫中是很普遍的。因此，王安石打出的变法旗帜使他在变法之初就遇到了强大阻力。

张居正的做法与王安石则不同，隆庆五年（1571 年），他担任会试主考时撰写了《辛未会试程策》，其中第二部分“法先王与法后王”的策题答案体现了他的变法思想。他认为“法制无常，近民为要，古今异势，便俗为宜”，说明他主张变法以顺应民心为要，即应“法后王”。但他又说，“法后王”并不是更改明太祖所制定的各种制度，相反，对于唐宋以前的君主而言，明太祖是“后王”，因此“法后王”就是恢复太祖之制中的本来面貌，革除正德以来的弊政。而对于明中叶诸帝来说，太祖又是“先王”，这样，改革并没有违背先贤所主张的“法先王”之旨。张居正任首辅后，在明神宗召见时表示：“方今国家要务，惟在遵守祖宗旧制，不必纷纷更改”；然后又在谢恩疏中说：自己要“为祖宗谨守成宪，不敢以臆见纷更”。这样，张居正在改革中始终打着“恪守祖制”的旗帜，从而塞堵了守旧派之口，减少了改革的阻力。

其次，在处理与朝中同僚的关系上，王安石缺乏正确的策略。要推行自上而下的改革，不能不依赖官僚机构和各级官吏。在这方面，张居正显然又比王安石略胜一筹。王安石在变法时，对反对派毫不留情地打击和排挤，就扫清变法障碍而言，此举无可指责。然而，对那些只是指陈新法过失、对新法并无恶意的大臣，以及居于变法与反变法之间的大臣，安石也没有采取积极措施争取他们，一律予以压制把他们推向了反对派一方，壮大了对立势力，给改革造成了十分不利的环境。此外，变法派内部也存在利益之争，其中最关键的莫过于王安石与吕惠卿之间的斗争。当王安石应诏二次任相时，吕惠卿“忌安石复用，遂欲逆闭其途，凡可以害安石者，无所不用其智”，廷臣“遂更朋附之”。王安石复相后，立即上疏反斥吕惠卿，终于把他赶出朝廷。但吕惠卿并不甘心，又在地方上疏称：安石“尽弃所学，隆尚纵横之末数。方命矫令，罔上要君，力行力年岁之间。虽矢志倒行逆施者，殆不如此，”竭力想扳倒王安石。可见，王安石不仅不善于处理与中间派的关系，即使同是变法派内部，一旦涉及切身利益时，也作殊死搏斗。这是一个政治家的短视，难怪变法会以失败而告终。

对张居正则要分期来看。在夺情事件以前，张居正很有理智，对那些“以言乱政”者坚决予以清除，而对持不同政见者，则把他们安排到非要害部门，或令其退休。同时，他又注意录用人才，“无问是谁亲故乡党，无计从来所作眚过，但能办国家事、有礼于君者，即举而录之。”如素逆于居正的马自强因精明能干而受推荐，自强“不自意得之，颇德居正”。高拱的心腹杨博也被任为吏部尚书。这样，一些怀才不遇的官员把张居正看成了升迁的希望，一部分高拱旧属也转而支持张居正，张居正也因此大大加强了威信和权力，故时人称“相权之重，本朝罕俪”。正是如此，张居正得以把改革全面推行开来。但在夺情（封建王朝为官者，父母死后应回家丁忧守孝三年。但皇帝认为朝廷政事离不开该官员，即可降旨挽留。此为“夺情”）以后，张居正受到极大刺激，加上已大权在握，凡反对改革，或上疏言事但有利于改革的士大夫，他一概贬斥不用，开始以个人感情任用官员，给改革造成了不利影响。不过，由于张居正掌握了内外大权，仍能按既定的方针施政，所以改革能推行无阻，但张居正身死之后新法被废的隐患也由此种下。

改革集团：团结出战斗力

改革不仅是改革家的改革，改革家身后还须有一个团结且富有战斗力的改革集团。这个改革集团的战斗力直接关系着改革派与保守派之间斗争的胜负。改革派的势力在先天上不如保守派的势力强大，如果改革集团内部不团结，矛盾重重，又怎能与实力强大的保守派进行殊死斗争？注重集体的力量，并用自己的人格魅力和谋略，将这个集体有机团结在一起，并有效的激发集体成员的潜力，是衡量一个改革家综合素质的重要标准。

前面说过，王安石在处理同僚关系上犯了错误，导致改革派内部矛盾重重。实际上，不仅如此，王安石的改革集团内部，本就是鱼龙混杂，这也是导致王安石变法招致各方面攻击的重要原因。在王安石变法伊始，朝廷官僚就已经迅速分裂为旗帜鲜明的两大阵线。几乎所有德高望重的元老重臣，和除王安石一人之外的几乎所有最重要的文化名人，全部变成改革的坚定反对派，其中包括王安石最亲密的朋友。他们当中的很多人，曾经在王安石执掌大权之前，给予过他相当无私的极大帮助。在得不到重要臣僚支持的情况下，王安石冒失地启用了一大批“新新人类”。这些人进入官场的时日不长，聪明、热情、渴望建功立业、没有沾染官场习气，这是他们的优点。但是，他们缺少阅历，没有经验，很少经历生活与人品的考验，因此，在激烈的政治斗争中，一旦把持不住，便特别容易由急功近利，一变而为投机取巧，再变则为不择手段，从而堕入下流，变得为人所不齿。

在王安石的变法集团中，其成员的名字多见于《宋史》的奸臣传和佞臣传里，如吕惠卿、章惇、蔡京等等。尤其是那个蔡京，名列导致北宋亡国的高俅、童贯等“六大奸贼”之首位，其时也是王安石变法的坚决拥护者和得力干将。宋神宗熙宁二年（1069 年），在保守派大臣的反对中，王安石被任为宰相实行变法。次年，蔡京应试得中进士，就由于他支持变法，受到神宗和王安石的重用，短短数年，即由地方官升迁至朝中大臣。尽管蔡京向以正人君子自居，还曾题诗讥刺唐太宗时房玄龄、杜如晦等十八学士是窝囊废，但是他广结党羽，贪赃枉法，大量卖官鬻爵，冗赘官员日益泛滥，至大观三年（公元 1109 年）时官员数量“较之元祐已多十倍”，超过以往任何时期。蔡京对原有制度肆意地大改特改，如抛弃外戚不任军相、宦官不典机密、宰执应避亲嫌等不少旧规，改出了北宋历史上的若干“第一”。如韩忠彦、郑居中乃至蔡京是第一批外戚宰相，蔡京与蔡卞（蔡京的弟弟、王安石的女婿）是第一对兄弟宰执，蔡京与蔡攸是第一对父子宰执，并出现了有宋一朝第一次宦官干政的局面。所有这些“第一”，都意味着朝政正在快速堕落腐化。

在历史上，由于用人不疏而导致的改革失败，占了很大的比例。这与当时的政治环境有关，但更与主张改革的领袖不能有效地团结改革集团有关。在改革的年代，保守派的实力本来就强大，与保守派为敌，推行改革，其风险极大。而改革派作为新兴的群体，不论在政治权力上，还是在社会支持上，都处于下风。在这种情况下，改革的领袖极容易为了吸引人气而大肆任用一些品格不怎么样的人，将这些人拉进改革集团，以扩充改革集团的力量。殊不知，这样的做法，固然从表面上扩大了改革的力量，但实际上却是在削弱改革集团的战斗力。

变革组织：制度的调整与重构

改革要想成功，除了“人”的因素外，还需要重构组织制度以适应利益的调整。组织初建阶段所确立的制度经过成长与盛世阶段的发展，到转折阶段已经开始僵化，不再能容纳新的利益集团的要求。制度所能包含的生产力水平已经达到极限。制度日久，弊病丛生，这是任何组织都要经历的阶段，不论是历史上的皇朝，还是生存于现代的组织。制度的僵化和无效率，是导致组织发展受挫、步入下坡路的主要原因。在僵化的制度框架中，首先是社会关系的紧张，其次是组织能力的下降。一旦制度与环境之间的不适应达到了临界点，制度惯性导致的效率损失使组织停滞，这就是组织的转折阶段。

制度僵化在历史上主要表现为：首先是吏治的败坏。在皇朝初建阶段，创业君主和守成君主对于吏治都是非常重视的，历朝历代严密设计了针对官员腐败的监察和监督制度。但任何制度，不论多么严密，都有漏洞可乘。吏治的败坏，不仅侵蚀了皇朝的行政管理基础，还腐蚀了整个皇朝的风气，造成一种官员腐化、社会精神萎靡的状态。其次是财政的困难。随着经济繁荣的结束，皇朝的财政能力随之下降。但是，开支却没有随着盛世的结束而结束，这种惯性造成了财政收入和财政支出的严重矛盾。从管理角度来说，吏治的败坏和财政的困难，是紧密联系在一起的。吏治上败坏的最主要表现形式就是官员的贪污和腐化，而这种腐化则是导致财政困难的重要原因。皇朝的收入有很大一部分落入到腐化官员手中，自然，财政就会出现问题；而越是财政上出现问题，官僚的正常收入就不能保证，官僚就越是通过非正常的手段获取收入，从而引发吏治的更加败坏。吏治的败坏和财政的困难，导致皇朝中央政府控制力的下降，从而带来了第三个问题：即皇朝的离心力，不仅在中央政府，皇帝的权力和控制力在下降，而且地方也开始产生对中央的离心力。

吏治败坏、财政困难和地方离心力，是历史上皇朝转折阶段制度无效率的三个表现形式。就转折阶段的现代组织而言，对应于吏治，则是组织内部人员的腐化。拿企业组织来说，在企业的起步阶段，管理人员处在一个赏罚分明、有足够激励的制度中。在企业的成长阶段，随着企业市场的扩大和组织利润的增加，企业人员的工资福利待遇也随着提高。一旦企业的扩张阶段结束，企业利润的增长停滞，企业可以分配给员工的待遇就会减少。但是，制度的惯性根本阻止不了企业员工要求提高待遇欲望的下降。腐化问题就这样产生了。对应于财政困难，企业扩张阶段的结束说明，企业的盈利能力在下降，利润在下降。很自然的，如果企业不采取减少开支的措施，财政状况的恶化几乎是必然的。而财政状况的恶化与管理人员的腐化相互作用更加严重。在管理人员腐化和财政困难的双重压力下，总公司的控制力会随之下降，经理层侵夺股东利益和分公司侵夺总公司利益的问题就会产生，这就是所谓的离心力。

直击扭曲的官僚体系

官僚体系是皇朝运作的主要力量，是皇朝各项政策的实际执行者。“路线确定了，干部就是关键因素”，中国共产党的这句话道出了各级干部在整个政策执行过程中的重要性。对于历史上的皇朝，这个干部就是各级官僚。皇帝和中央政府的各种政策、方针，是否能够落到实处，在很大程度上取决于官僚系统的效率和廉洁程度。在创业阶段，各级官僚紧密团结在创业核心领导层周围，为皇朝立下了汗马功劳。在成长和稳定阶段，官僚一方面执行着皇朝的各项政策，一方面又享受着皇朝的各种好处。盛世阶段，官僚充分享受了繁荣带来的好处。而一旦皇朝的盛世扩张阶段结束，由于制度的惯性，官僚们的待遇不会主动随之降低。怎么办呢？官僚们手中的权力可以换取各种利益。所以，每到皇朝的这个转折阶段，官僚集团的腐败总是无法避免。同时，皇朝的监督和监察制度又逐步趋向僵化，可谓漏洞百出。从中国历史上看，官僚的腐败历朝历代都有，也都是转折阶段最为严重。

不仅官僚贪污、贿赂等显而易见的弊端，更重要的是权钱交易严重损害了行政效率，激化了内部矛盾，特别是激化了统治集团与被统治者之间的矛盾。可以说，每到皇朝的转折阶段，遍布各地的起义无不与贪官污吏压榨民脂民膏有关。

实际上，不仅对于古代的皇朝，就是对于现代社会中的各种组织，管理人员的腐化堕落都导致严重损失：一是直接损失，即腐化的管理人员贪污和收受贿赂，直接吞噬财产；另一方面是间接损失，即因为行政管理人员的腐化堕落，造成的组织效率上的损失，以及对目标群体的负面影响，这直接关系着组织的存亡。

明朝中叶，吏治腐败、财政困难、经济凋敝，亟需进行一场制度上的变革以维系明朝的统治。明朝当时最主要的问题就是官员的腐败。腐败表现在各个方面，但政治上的腐败却是最根本的。因此，张居正改革的首要目标，就是制定考成法，通过考成法来约束官僚系统的腐败。张居正提出“尊主权，课吏职，信赏罚，一号令为主”，中心乃是解决官僚争权夺势、玩忽职守的腐败之风。他认为当时朝野泄沓成风，政以贿成，民不聊生，主要原因是“吏治不清”。他以“课吏职”即加强官吏考核为手段，“斥诸不职”，“省冗官”，淘汰并惩治了一批官员。在执行上，他“信赏罚”，“持法严”，使赏罚有准，不姑息。在他执政期间，“百官惕息”、“一切不敢饰非”，朝廷号令“虽万里外，朝下而夕奉行”，行政效率大大提高。如：黔国公沐朝弼屡次犯法，应当逮捕，但朝廷舆论认为此事很难办，张居正就改立沐朝弼的儿子袭爵，派飞马前去捆绑沐朝弼，沐朝弼没有反抗，被解到京师，张居正免他一死，将他幽禁在南京。再如，张居正因御史在外常常欺凌巡抚，决定压一压他们的气焰。只要他们有一件事稍微不妥，马上加以责骂，又饬令他们的上司加以考查。又如，当时天下太平日久，盗贼群起，甚至抢劫官府库房，地方政府常常隐瞒这类事情不上报，张居正下令如有隐匿不报者，即使循良的官吏也必撤职，地方官再不敢掩饰真情，盗贼因此衰败。

王安石和张居正上台时，接手的都是家底很薄的摊子，扭转财政危机是他们的共同任务。然而，在制定改革方针时，二人步骤不同，体现了他们谋略的差异。

王安石变法，一开始就着手整顿财政，而忽略了吏治改革。“农田、水利、青苗、均输、保甲、免役、市役、保马、方田诸役，相继并兴，号为新法，颁行天下”。王安石为改革“积贫积弱”局面，一开始就把改革重点放在整顿财政上，以敛财为先。由于新法在推行过程中用人不当，一些地方官使新法成为扰民、困民之举，遭到百姓反对，且变法对官僚地主及大商人的利益触犯颇多，故又遭到这部分势力的反对。可见，在吏治没有澄清、官僚地主的阻力没有打破之前，改革是会遇到许多意想不到的困难的。

和王安石相比，张居正显然要老练许多。在他看来，“治理之道莫急于安民生，安民之要，惟在于核吏治”，否则，吏风不正，一切政令都会流于形式。“上泽虽布而不得下疏，下情虽苦而不得上达”，即是当时官僚作风的写照。正德、嘉靖年间的改革之所以不了了之，正是吏治腐败所致，张居正对此深有体会。因此，虽然面临严重的财政危机，他却没有一上来就贸然整顿财政，而是先行改革吏治，于万历元年（1573 年）提出“考成法”。考成法的施行，大大提高了官僚机构的行政效率，史称“自是，一切不敢饰非，政体为肃”，“虽万里外，朝下而夕奉行。”由此，张居正先行改革吏治，再运用这个经过改造的政治工具推行经济、军事诸方面的改革，使新法以一贯之地推行了十年之久，产生了积极的社会影响。

可以说，吏治的改革是整体改革的首要条件。官僚体系的好坏直接决定着皇朝改革的成败。王安石的变法，从道理上说，远比保守派的思路先进，但其失败原因在很大程度上乃是没有认识到官僚体系的作用，王安石任用的官僚，良莠混杂，不仅没有认真执行新法，还利用手中的权力为自己谋利，弃国家利益于不顾。

历史上的经验教训值得引起注意。对于现代组织而言，要想改革成功，选好管理人员和执行人员，乃是第一要务。用人不疏，即使有非常好的改革思路，又怎么能够在现实中实行呢？

找寻事业上的新财路

吏治的败坏加剧财政困难，财政困难则反过来又助长了吏治的腐败。如果处理好了，这二者之间将形成一种良性循环，吏治清明廉洁，官僚体系的效率高，有助于解决财政困难，而财政状况的好转又会使吏治状况好转。

财政危机是皇朝进入转折阶段的显著标志，也是皇朝改革的最初动因。虽然解决吏治腐败问题是改革的一个先决条件，但解决吏治问题的落脚点还是想解决皇朝的财政困难。解决财政危机，一是要“开源”，即调整政策，使之能够促进生产的发展。生产发展了，普通民众富裕了，朝廷的税收自然会增加，财政问题得以解决。第二个方面是“节流”，即要节省朝廷的开支，缓解财政危机。

我国古代皇朝的改革主要是在开源上下功夫，这与转折阶段的政治环境有关。我们说过，在转折阶段，既得利益集团已经形成，并拥有极大的权势；而改革派基本上是新兴起的政治力量，在实力上就比不上保守派。在节流上下功夫，首先就要削减朝廷的开支，而这些开支，主要还是花在了那些既得利益集团身上，减少开支，等于是减少既得利益集团的既得利益。这样一来，改革所遇到的阻力就会大增。所以，历史上皇朝的改革主要还是开源。这种策略应该说是在特殊政治环境之下的特殊政策，有其道理。

财政改革的开源，也可以分为两个方面，一个是鼓励生产和促进生产的措施，另一个是赋税征收方式的改革。赋税征收方式的改革，在于可以减少征收成本，以及减少赋税征收过程中的漏洞，保证赋税能够完全进入国库，而不被贪官污吏上下其手，落入自己的腰包。

在封建社会，农业是最重要和最根本的产业，因此，改革一般都从鼓励农业生产开始。汉朝的昭宣之治，一个重要的内容就是"力农本"，发展农业生产，扩大耕地。另一个措施不仅与恢复生产有关，还与解决影响皇朝稳定的流民有关，那就是对回归故里的流民"假公田，贷种食"，并免除算赋和徭役。另外，汉宣帝还褒奖劝农富民政绩突出的地方官。如胶东相王成招抚安置流民八万多人，受到"治有异等之效"的褒扬，并被宣帝赐爵为关内侯。朝廷如此重视和鼓励发展农业生产，收到了明显的成效。昭宣时期，经济政策上的改革和调整，恢复了汉朝初年与民休养生息的传统方针，即所谓"修孝文时政"，完成了武帝晚年对改革政策的调整意图，实现了改革的一次大转折。

以鼓励农业生产为目的的改革在各朝各代中都有代表。不论是短命的"永贞革新"、"庆历新政"，还是王安石变法、张居正改革，无不以增加生产、鼓励农桑为重要内容。

在历史上，也有主要以赋税征收形式为目的的改革。这种改革首推唐德宗时期杨炎的两税法改革。唐德宗建中元年（公元 780 年），根据担任丞相不久的杨炎的倡议，废止了已推行一百多年的租庸调税制，改行两税法新税制。新税制分夏、秋两季分别征收夏赋和秋赋，因而叫两税法。从当时的经济环境分析，两税法代替租庸调制并不是偶然的事。因为初唐的均田土地制发展到唐朝中叶已被破坏无遗。王公、贵族、僧侣普遍授田，助长了土地私有。他们通过兼并、收买和掠夺农民的永业田，甚至口分田，不仅破坏了均田，而且很多失去土地的农民变成了地主庄园的佃户。这样，就使建立在平均授田、按丁收税基础上的租庸调税制由于田亩不均、人丁流失、政府收入锐减而无法存在下去。两税法改变了西晋以来长时期的按丁征课的做法，实行以纳税人的贫富等级即实际负担能力为依据进行征课；同时合并了苛杂各税，实行简化征收。这些措施不仅保证了国家的税源充足，而且减少了征收成本，同时还兼顾了税收的公平性原则。"两税法"改革在历史上影响深远。它改变了过去"科敛之名数百"及百姓"旬输月送无休息"的状况。中央统一控制了税费征收大权，强化了中央财政的集中性和控制力，抑制了地方为所欲为的乱收费和滥收费行为。改革后，唐朝中央年财政收入猛增。唐朝中兴在很大程度上得益于"两税法"政策。

明朝张居正改革中实行的"一条鞭法"，对解决明朝的财政危机也起到了重要作用。万历九年（公元1581年），内阁首辅张居正通令全国实行"一条鞭法"的新税制，把各种徭役、田赋和各种杂费，并为田赋一种，以田亩为对象，一次征收。并将扰民最重的役并入田赋之中，征课的田赋一律折合成银两交纳。另外，税费统一改为交银后，不再由地方的"里长"、"粮长"办理征收管理，而由地方官吏直接征收后解缴国库。"一条鞭法"改革化繁为简、税费合一，达到了统一税制、省费便民、稳定社会生产力的作用，增加了明朝中央的财政收入，出现了“太仓所储、足支八年，公私积储、颇有盈余”的状况，加强了中央财政的集中统一，同时也限制了地方政府越权收费和地方官吏巧取豪夺的腐败行为。

离心力：控制与反控制的较量

随着皇朝盛世阶段的结束，政治格局总会生长出第三股力量，或称之为皇朝的“异己力量”。这第三股势力乃是宦官和外戚势力的膨胀以及地方独立势力的发展。不论是中央的宦官、外戚，还是地方上膨胀的藩镇，都是皇朝统一的强大“离心力”。在中央，皇帝对朝臣的控制逐渐减弱，皇帝转而依靠自己身边的宦官和外戚作为抗衡朝臣的一股力量。但是，这股力量具有“自我发展”的能力，它会渐渐摆脱皇帝的控制，成为异于皇帝和朝臣的第三股势力。中央政府对地方的控制力大为下降，地方远离中央的倾向逐渐放大，最终导致地方背离了中央的控制，成为皇朝的异己力量。

在宦官、外戚、地方独立势力的挤压下，皇帝的日子渐趋困难。所以，由皇帝主张并支持的改革，一般会把消灭这种离心力作为一个重要目标。当然，在历史上，外戚和宦官对改革是阻碍还是支持，也要根据当时的具体情况来讨论。有些改革能够成功，皇朝能够实现中兴，实际上确是依靠外戚和宦官来进行的。汉昭帝刘弗陵继位时，只有八岁。按照武帝遗诏，由大司马、大将军外戚霍光辅政。昭帝的改革能够成功主要得力于霍光的支持。在霍光和朝臣之间发生矛盾时，汉昭帝则坚定地站在霍光一边。这种相互利用、相互支持的关系，使霍光掌握了汉帝国的大权，汉朝所有的政令都是从霍光那里发出的。宦官有时也是改革派的依靠力量。如明朝张居正改革。张居正虽然是内阁的首辅，权倾朝野，但按照明朝的制度，张居正却不是真正的宰相，他节制百官的权力，来源于他的“票拟”之权。而“票拟”之权能发挥作用，实际上还要经过一个由宦官控制的“司礼监”。张居正为了能够获得皇帝对改革的支持，首先疏通了与司礼监的关系。在这点上，张居正利用自己曾经是皇帝老师的地位，结交了司礼监的大太监冯保。司礼监对张居正改革的支持，是张居正改革成功的重要条件。

但是，这样的例子毕竟是少数。历史上更多的是宦官、外戚势力对改革的破坏，以至于宦官外戚之祸成为皇朝灭亡的主要原因。拿唐朝中叶来说，从唐顺宗开始，宦官的权力之大，竟然可以完全控制皇帝的废立。唐德宗时，设护军中尉二人，中护军二人，全由宦官充任，统率左右神策军、天威军等禁军。从此以后，宦官掌典禁军成为定制。从唐代宗时开始，还以宦官二人充任内枢密使，掌管机密，传宣诏旨，权力很大。宦官有了武力作后盾，地位更加巩固，他们有权任免将相，地方上的节度使也多从禁军中选任，宦官势力日渐膨胀。宦官还掌握着中央政府御林军的指挥权，有了这个权力，再加上朝夕陪在皇帝的左右，宦官得以专权。唐顺宗李诵朝的“永贞革新”，其主要目标就是对准宦官，并且这也是革新措施的关键，关系着革新派与宦官势力的生死存亡。革新派任用老将范希朝为京西神策诸军节度使，用韩泰为神策行营行军司马。宦官发现王叔文在夺取他们的兵权，立刻通知神策军诸军不要把兵权交给范、韩二人。最终，革新派被宦官集团的首领俱文珍所击败。唐文宗秘密选拔自己的心腹，要打击宦官专权，但还是在“甘露之变”中被宦官监禁。到了明朝，太监干政的事例更是层出不穷。先有明英宗朝的大太监王振，他不但残害朝臣，还怂恿明英宗御驾亲征蒙古，最后“土木堡之变”明英宗被蒙古俘虏；后有大太监魏忠贤，号称“九千岁”，紊乱朝纲，成为明朝政治中的一大污点。

另一个问题是地方势力的膨胀。作为转折阶段的改革，必须特别注意地方势力的膨胀，防范和遏制地方势力，巩固中央政府的权力。在唐朝中后期，藩镇一直是皇朝稳定统一的最大威胁力量。为此，终唐武宗一朝，最主要的任务就是打击藩镇势力。而唐武宗在历史上的功绩，主要还是打击了藩镇的离心势力，重新巩固了唐王朝的统一。但是，唐武宗处理藩镇的改革还是不彻底，在以后的几个皇帝在位期间，藩镇势力气焰更加嚣张。唐朝最终还是灭在了藩镇手中。

文化再造与二次创业

相对于环境的变化，组织的文化保持着一定的持续性。组织在成长阶段和繁荣阶段形成了自己的主体文化，并已深入人心，文化的静态、柔性特征显现出来。也就是说，主体文化一旦形成，其对非主体文化就具有一种天然的排斥作用，在一定程度上阻碍了新的文化特质和新的思想的出现，以致组织的整个机体丧失了活力。随着环境的变化，组织只有改革。而这种大规模的改革实际是组织的二次创业。从某种意义上讲，改革的成功就是新文化的成功，而改革的失败则是新文化的失败。其中的原因在于，文化和思想不仅是改革进行的指南，还是宣传改革、使改革获得舆论和大众支持的重要手段。

改革思想源于文化内核的再造

在现代组织中，改革一词出现频率较高。之所以进行改革，其主要原因就在于变幻莫测的外部环境。特别是对于中国改革开放以来快速成长起来的民营企业而言，在创业阶段和成长阶段，对于企业的文化建设并不重视，指导企业发展的战略思想不明确，更忽视了企业本身在文化上的病态。改革如果不从文化，特别是文化内核即指导组织行为的思想入手，效果也不会长久。这实际上是通过文化再造达成二次创业。

所谓文化再造，首先是再造组织文化内核，即形成改革的主导思想。文化再造并不是一件容易的事情。正如前面所言，文化本身就具有柔性；文化对新元素的介入有一种天生的抵抗。在中国历史上的皇朝改革中，旧的主体文化与新的改革文化之间的斗争，就是典型的文化内核的再造过程。

旧的文化思想对改革的阻碍，不仅在于保守派利用“祖宗成法”对改革进行百般的阻挠，还因为皇朝经过几代人的发展，已经深深地印在帝国臣民的心中。对普通官员来说，即使实行新法对自己的利益没有损害，也会由于思维上的惯性而反对改变旧的制度和做法。对普通百姓来说，旧文化和旧思想的渗透早已使他们反对任何变革，即使这种变革对他们有好处。这在朝野上下形成了普遍反对新法的社会舆论。保守派足以利用这种舆论来打击改革派。旧文化和旧思想对改革的阻碍，真可用“死人抓住了活人”来形容。

皇朝史上，最激烈的改革争辩莫过于清朝同治年间的洋务运动。洋务派主张向西方学习，引进西方科学技术；顽固派则坚持中国的封建传统，反对西学。两派最激烈的论争共有三次：第一次是同治六年（1867 年），围绕同文馆培养洋务人才，应否招收正途出身的学员的论争；第二次是同治十三年（1874 年），围绕着设厂制造船炮机器和筹备海防的论争；第三次是光绪八年（1883 年）开始的、是否建筑铁路问题的论争。在两派论争过程中，顽固派对洋务运动的各项措施，竭尽攻击之能事。他们抬出了“礼义廉耻”、“天道人心”和“用夏变夷”等守旧教条，全面地反对学习西学，说什么“立国之道，尚礼义不尚权谋；根本之图，在人心不在技艺”；攻击洋务派提倡“西学”，是“捐弃礼义廉耻的大本大原”，是“败坏人心”，是“用夷变夏”；甚至攻击侈谈洋务者是“祸国殃民”，是“洪水猛兽”。他们指责洋务派自造船炮是“虚耗国帑”和“便于浮冒”；特别反对推行耕织机器，认为“夫四民之中，农居大半，男耕女织，各职其业，治安之本，不外乎此……机器渐行，则失业者众，胥天下为游民，其害不能言矣”。他们反对洋务派开采矿藏，修筑铁路，筹设银行，便利商民等，认为“古来圣君贤相讲富强之道者，率皆重农抑商，不务尽山泽之利，盖所称为极治者，亦曰上下相安，家给人足，足以备预不虞而已”。认为这些措施会“便利外国侵略”，“妨碍小民生计”。甚至认为开矿修路，会“震动地脉”，“破坏风水”，要求“永远禁止”。他们对经办近代工矿的洋务派，不断进行人身攻击，指责周馥、盛宣怀、杨宗濂、马建忠辈，“其人皆屡被讥弹，而时号通晓洋务，专能依据洋书，条陈新法，阳为创设，阴便私图”；“皆唯利是图，通外洋以蠹中国”。对其中从商人买办出身的人员，更是十分轻蔑。如攻击丁日昌“曾以诸生充洋行雇员”，“矫饰倾险，心术不正，实为小人之尤”。攻击唐廷枢等是“洋行厮役，专一凭借官势，网利渔财”；是“病国奸商，害民巨蠹”。至于洋务派官僚在经济活动中所暴露出来的一些贪污腐败弱点，更成为顽固派攻击的炮弹和把柄。

洋务派在责难声中还是推行了革新。改革派反击的策略是公开反击，为改革创造良好的舆论环境，以期更多人理解改革、支持改革。但是，改革派面对旧的统治思想的压制，有时也不能公开地进行反击。这一方面是因为传统思想已经深入民心，公开反击会导致不必要的麻烦；另一方面，传统文化和思想对改革的压制和攻击并没有达到水火不相容的地步，所以不必要公开反对传统思想，而是在传统思想的幌子下，进行改革。

纲领要关注中心内容

成功的改革需要鲜明的改革纲领，作为指引改革的方针和进行舆论宣传的工具；而有效的改革纲领又取决于主体文化的再造。改革纲领实际上是改革思想的外化形式。

张居正改革与王安石变法之所以结果迥异，固然与我们前面所讲的诸多原因有关，但是，王安石的失败，与他缺乏全面和明确的改革纲领也有很大的关系。王安石改革纲领的中心内容和关键在于“理财”，“以天下之力，以生天下之财；取天下之财，以共天下之费；自古治世，未尝以财不足为患也，患在治财无其道也”，他一再鼓吹“国用不足者，以未得善理财者故也”，“善理财者，不加赋而国用足”。我们姑且不说这种论断正确与否，但无疑王安石的改革调子太高了，虽在一定程度上宣传了变法，但也招致了无穷后患。本来社会危机越来越重，农民起义如欧阳修所形容的“刚去一伙，又来一伙，惶惶不可终日”，由此人们对变法的期望就远远的超出了当时所能够达到的最高极限，但王安石还要利用变法“恢复汉唐盛世”，简直就是“大言欺世”。当时的大部分士大夫也把王安石的大话当真了，哪怕发现新法有一点危害人民的地方，他们就要求立即改正。其实，无论是多好的措施，因为认识和条件的局限性，不可能没有一点瑕疵，对于士大夫们的近乎求全责备的要求，王安石绝对是难以满足的。

我们再看张居正的改革。张居正改革从一开始就以“近民便俗”为宗旨，提倡面向实际，并为改革提供了有力的思想渊源。张居正自从政后，就倡言治国理政不外乎谋求富强大事，这在当时并不容易为一些官僚士大夫所接受。宋明以来，理学被尊为儒学的正宗、统治阶级的官方思想，到明后期愈来愈走向空疏。它宣扬心外无物，不假外求，把做学问的功夫引向发掘内心世界，否认客观真理，这种完全脱离实际的学风，养育了一大批文人学士谈玄说虚，好说大话、空话，鄙薄民生实事。他们嘲讽张居正说：“吾辈谓张公柄用，当行帝王之道，今观其议论，不过富国强兵而已，殊使人失望。”张居正对此报之一笑说：“过誉我矣！吾安能使富国强兵哉！”

为了批驳迂腐的文人用祖制反对革新，张居正总结商、周、秦、汉王朝兴亡盛衰的教训，提出因时顺势的变法思想，强调：“法制无常，近民为要；古今异势，便俗为宜。”从近民便俗出发考察先朝的法规，凡是不能顺应时势，违背民众要求的，可不用遵守；只要顺时安民的，即便是凡夫俗子的建议，也不该不听从。要求各级官员摒弃旧规，面向实际，以富国强兵为首要任务，大力提倡扫无用之虚词，求躬行之实效。张居正强调：“人情物理不悉，便是学问不透。”在言必称孔孟、道先贤的时代，提出不体察民情，便是学业不到家的见解，是对理学禁锢的大突破。他自憾位居高官，对民间猥俗犹如隔岸观花，不如底层下属了解民间疾苦。要求当官、做学问的士子走出衙门和书斋，面向实际，把治学理政与解决国计民生结合起来，这对陈腐的思想界是一大触动。对于有些道学先生借口天象灾异攻击新政的无知行为，他撰写《葬地论》，认为人一死，精神消散，僵硬的遗体如同土石一样，不复再有知觉。世人所谓人死变成鬼神，风水吉凶预兆祸，等等，都是一派胡言。自古以来，尸陈山野，鸟啄鹰食的，子孙后代也有显贵人士；风水再好，也不见朽木再生，枯骨复华的，哪能长保后代的富贵？又说：“葬者，藏也。”就是避免尸身外露而已，没有什么深文大义。在《杂著》中又进一步说明，人畜死于雷击，是因为偶然与雷相撞，受到火气烧灼，身上留下焦纹是自然现象，并非符咒。张居正的无神论思想不仅反击了猖獗一时的迷信说教，也表现出对祖宗家法的批判精神，是非常难能可贵的。

由此可见，张居正改革并不是一般的政策变动，而是有深刻的思想基础和明确的改革纲领的。正因为他有符合历史发展的进步思想，又能形成自己的新政纲领，所以在与反对派的斗争中，能够以犀利的锋芒，破除阻挠，把改革推向前进。

风气转变中的文化调适

后人在评价王安石变法时指出，王安石变法的整个立意、纲领可谓面面俱到，对当时北宋王朝的弊病也诊断得非常清楚。司马光等守旧派对王安石变法的反对重点也不在于其改革的内容上，而是在于王安石变法的可行性，即守旧派认为王安石变法将在执行过程中走样，变成害民之法。从历史上看，王安石变法最重要的问题也在于此：即朝廷和民间以及改革派官僚、守旧派官僚之间缺乏有效的沟通。原本属于改革派中坚力量的苏辙曾向王安石警告过，青苗法以钱借给农民，是为解民之急用，而不是国家要赚取利息。但是在借出这些款项时，却难免会遭到各级官员的误解，以为是要赚取利息，并为官员贪污提供了机会。再者，借到这笔钱的农民，由于认识上的问题，钱难免会用在不当之处。等到需要还钱的时候，即使有钱的也故意拖延，违反期限。但是，王安石却忽略了这一点，他回答苏辙说，“君言有理，让我们从长计议吧”，而后就不了了之了。此举不但没有向组织本身业已滋生的、不合时宜的组织文化挑战，也没有对已然凝固、沉沦的习气有所调适，致使组织仍未具备对环境变化应有的调适能力。

经历过鼎盛时期的文治武功，人们也许会对一个历史事实感到百思不得其解：经过艰苦卓绝的创业开基，谨慎持重的稳定成长，才形成的如日中天的盛世局面，为何却在悄然中急速衰颓，甚至随之而来的是风雨飘摇、大厦将倾？而且，极盛与转衰同系一人治下，真是成也“非我莫属”，败也“舍我其谁”。难道，所谓的盛世是假象，只是人们的错觉而已？回答当然是否定的。质言之，皇朝经过创业、成长、盛世，终将步入转折阶段，不变革就难以为继，惧怕改革将一事无成。

主张改革者需要理性思考影响变革的各种因素，找准主导变革的力量，勇于任事，以持续改革迎接挑战，策略地战胜改革阻力。当然，这所有的努力，都只是因应内外部环境的变迁，重构组织制度、调适组织文化，以调整利益格局，以求在变革中实现稳定，极力延续基业，确保组织长青。

不断的改革，持续的危机，考验着变革中的组织和个人，要么在浴火中重获新生——达至中兴，要么在折磨中荒废败落——末世悲歌。

第五章

衰落与灭亡：失天下

分析了古代中国皇朝衰亡的主要综合征及造成组织衰亡的主要原因。表面看来，是因为转折阶段的改革失败加剧了组织的衰亡。究其根本，组织衰亡的原因与造成组织从生命巅峰滑落的原因相同，只因改革没能解决这诸多问题和矛盾。一般情况下，积重难返与腐化分裂是组织衰亡的两大原因。衰亡确实让人哀叹，但也正是衰亡在孕育着组织的新生。

天下大势，分久必合，合久必分。罗贯中的这句名言实在是经典至极。一个皇朝在创业的激情岁月中诞生，在稳定中成长，在盛世中辉煌，在改革中中兴，仍是不可避免末世悲歌中的灭亡命运！

东汉中平六年（公元189年）九月的一天，由河东带兵入洛阳执掌朝政的前将军董卓，胁迫百官举行御前会议。董卓挺胸昂首说道："大者天地，其次君臣，所以为政。皇帝闇弱，不可以奉宗庙，为天下主。今欲依伊尹、霍光故事，更立陈留王，何如？"大臣们个个吓得面如土色，更不敢置辩一词。几天后，十四岁的汉少帝刘辩解下玉玺，向九岁的弟弟跪拜称臣。这位被董卓拥立的新君就是东汉的最后一位皇帝汉献帝刘协。汉献帝的一生是被各路诸侯军阀们当作傀儡，玩弄于掌间的一生。从中平六年（公元189年）到建安二十五年（公元220年），刘协共做了三十一年皇帝，然而自始至终，他徒有天子之名而无至尊之权，在一个又一个的权臣手里充当着傀儡角色，直到延康元年（公元220年），汉献帝禅位曹丕，被封为山阳公。至此，"威加海内"的汉高祖刘邦所创立的大汉王朝彻底覆灭。

"四十年来家国，三千里地山河。凤阁龙楼连霄汉，玉树琼枝作烟萝，几曾识干戈。一旦归为臣虏，沈腰潘鬓消磨。最是仓皇辞庙日，教坊犹奏别离歌，垂泪对宫娥。"

实际上，李煜当皇帝时，南唐还统治着长江以南江苏、安徽、江西、湖南等地，是当时最为富庶的地区，如果经营得当，完全可以和任何一支势力相抗衡，然而李煜具有独步千古的文才，精于书法、绘画、音乐，但在政治上却是个蹩脚的角色。南唐的良将和谋士，由于得不到任用，纷纷投奔北方。留守的只是文学家和艺术家，李煜就是他们的头儿。宋开宝八年，李煜山鸡舞镜式的帝王生涯彻底宣告结束。“谈笑间，樯橹灰飞烟灭”。宋朝大军轻取南唐。京城被围时，李煜还在填词，词还没有填好，城就被攻破了。上面的那首虞美人就是李煜在亡国后，离开南京被押解开封时所作。读来令人不胜唏嘘！

明崇祯十七年（公元1644年）四月二十三日，李自成的义军对北京全城发起攻击，只一夜之间，北京外城被攻破。至第二天夜幕降临时，李自成已占领南城。看到大势已去，崇祯与十六岁的太子、十一岁的永王、九岁的定王哭别，让他们化装成平民，逃出紫禁城，并命令周皇后自杀。接着，他冲进宁寿宫，面对最疼爱的十五岁的长平公主，悲痛地对她说：“你为何生在我家？”不忍女儿落于敌手遭侮辱，他掩面挥剑刺向女儿，但没伤及要害，崇祯帝已悲痛得再也举不起剑。之后，他又来到西宫，胡乱将袁妃等几位妃嫔斩杀。而宫女们，则纷纷投河自尽。第三天凌晨，崇祯帝登上钟楼，鸣景阳钟召集百官，但无一人前来。众叛亲离的崇祯帝与宦官王承恩一起溜出紫禁城，登上了后面的煤山。崇祯叹了口气，用衣带草草地写好遗书，凌晨时分，恨恨地上吊自杀。至此，一代英主朱元璋历尽艰难创建的大明王朝寿终正寝！

虽是亡国，各有不同。汉献帝面对手握重兵的军阀无能为力，只能无奈地看着祖宗的基业被人生生夺去；李后主是著名的文学家，但面对北宋重兵压境，文学救不了他；崇祯皇帝在历史上被认为非亡国之君，他不仅勤政，而且颇有中兴大明王朝的雄心。在中国历史上，亡国之君有残暴的，如秦二世胡亥，隋炀帝杨广；有无能的如蜀汉后主刘禅，唐哀帝李柷；有在其他方面，特别是在文学艺术方面颇有造诣的，如南陈后主，南唐后主，北宋徽宗；还有就是看起来不应是“亡国之君”的，如前面的明朝崇祯皇帝，元顺帝。但无论是无能也罢、壮志也罢，皇朝还是在凄凉的悲歌中灭亡了。

末世皇朝的灭亡，充满的是可叹、可悲的落寞之情！但这终究是组织生命过程的终结，是历史演变的法则。新旧王朝交替时的帝王活动格外引人注目：此时此刻，皇朝的各种矛盾激化，暴露无余。面对危亡时刻，稍微对祖宗基业有所重视的皇帝，都会采取措施挽救危局。国之将亡时，帝王所采取的种种对策，无论成功与否，都能给人以启迪。如果说在创业阶段，我们从开基之主那里吸收的是成功的经验，那从亡国之君这里汲取的则主要是亡国的教训。

纵观历史，亡国皇帝不尽是无道昏君，也有颇具壮志和能作为的，但是终究逃脱不了历史的规律。可以说，皇朝的灭亡是诸多因素共同作用的结果。皇帝的皇朝领导者作用固然重要，但是除此之外，如下几个原因也是不能不说：

首先，皇朝到了末世，其内忧与外患已经到令人捉襟见肘、穷于应付的地步。

其次，则是人的因素。除了皇帝之外，朝廷的官僚体系已经彻底腐烂。君臣关系基本破裂，“君非君，臣非臣”，人才也如鸟兽散，而留下来的，不是愚忠、无能之辈，就是控制君主的枭雄。

再次，末世皇朝的制度已经到了崩溃的边缘。管理层已经不再将“东家”放在眼里，地方势力已经大到可以不听“总公司”的号令。

最后，则是文化因素。沉积几代人的主导文化和思想，受到了前所未有的冲击。文化上的衰落既是皇朝衰落的先声，同时也是皇朝衰落的结果。

在这些因素的共同作用下，皇朝作为一个组织，也就无可避免的走向了灭亡。那么，从现代管理学和组织行为学的角度，如何有效地延迟组织衰落，避免组织走向灭亡，如何保持组织的基业常青，如何应对组织演变危机的挑战？末世皇朝的历史，便有汲取不尽的答案。

大厦将倾：衰亡的环境

清朝名臣张廷玉在《明史·流贼传》中这样评价明朝末代皇帝崇祯："呜呼！庄烈（指崇祯皇帝）非亡国之君，而当亡国之运，又乏救亡之术，徒见其焦劳瞀乱，孑立于上十有七年。而帷幄不闻良、平之谋，行间未睹李、郭之将，卒致宗社颠覆，徒以身殉，悲夫！"大意是说，崇祯皇帝本不是亡国的君主，但是他所处的环境是一个亡国的环境，又缺乏救亡措施，所以他致使身死国灭。这个"亡国之运"，是不是所有的末世皇朝都有面临呢？

组织行为学认为，任何组织的生命历程一般都会经过创业、成长、巅峰、转折和衰亡五个阶段。按照组织管理的规律，组织的发展离不开对环境的调适，组织的存在也离不开环境的支撑。一个新生组织能够成功实现创业，首先是这个组织能够适应天下大乱的环境，该组织的运行效率不仅高于其他竞争对手，勾勒出的愿景，非但远大而且贴切，给人以舍我其谁的向往和预期。在成长、巅峰、转折阶段，组织一步一步的发展，均在因应着组织环境的变迁。如果组织能够因应环境的变化，能够满足环境的要求，组织就会基业长青。

但问题在于，组织自成立的那一天起，就有趋于稳定的性质，就存在一种不变的惰性。这是一个深植于组织生命中的矛盾。在历史上，一代又一代的皇朝和皇帝，无不想尽办法解决这个矛盾，企图永葆皇朝之青春、永续皇朝之基业。秦始皇号称“始皇”，想把秦朝的统治延至千世万世；此后的开国君主们也无不绞尽脑汁。明太祖朱元璋，为了子孙能够永坐皇位，将历朝历代的治国经验发挥到了极致。但是，不论是秦始皇还是朱元璋，都依然逃脱不了所建皇朝覆亡的命运。

破产是组织灭亡的最直接表征

经济和财政是评判皇朝繁荣与衰败的主要标准，也是皇朝存在和发展的物质基础。在转折阶段，皇朝的财政就出现了问题，所以才有了两税法、一条鞭法等财政上的改革。每一个皇朝末期，财政上的巨大压力，使得横征暴敛甚至成为一种必须和无奈的选择，进而由财政危机发展为社会危机，终至场面无可收拾。

秦王朝建立后，先是对较为富有的六国征收繁重的徭役，继而因造宫殿、修陵墓、筑长城、建驰道耗尽民力，田租和盐铁之税也比以前大大增加。在这一背景下，中国历史上第一次较大规模的“纳税人暴动”便在统帅“九百役夫”的陈胜、吴广的策动下爆发。与之相近，获得“代秦而治”资格的刘邦也曾因驱役反叛而成为另一起纳税人暴动的首领。

东汉末年的横征暴敛，激发了黄巾之变。东汉中后期，土地兼并的浪潮再起，各地豪强地主积累了大量土地，而普通百姓则身无立锥之地。大量的财富流入这些豪强地主手中，与此相应的则是东汉朝廷的收入锐减。土地高度集中的另一端是小农的大量破产。破产农户为了逃避沉重的赋役，纷纷脱离朝廷的户籍，不再承担朝廷的赋役。这些人一部分沦为大地主的依附农民、奴婢，另一部分则成为流民。汉桓帝永兴元年（公元153年），流亡饥民高达十数万户。在东汉朝廷财政收入日益减少的情况下，财政支出却反不断增加。首先是军饷开支，仅对羌族作战所耗费的军费就高达三百二十亿钱，“国库为之空竭”；其次，皇帝和各级官僚们的奢侈生活不仅没有降低，反而不断提高；还有，东汉中后期，天灾人祸交织，广大农民日益贫困化，朝廷为了稳定统治秩序，又不得不以大量财物赈灾救荒。这种“荒政”的推行，又从另一个角度使朝廷的财政和储备进一步匮乏。朝廷财政收入日益减少，开支却不断增大，财政危机也就随之日渐形成。到汉桓帝时，东汉皇朝已经面临田野空、朝廷空、仓库空的“三空之厄”（《后汉书》）。

唐末农民起义的主要背景是统治者的暴政、腐朽和沉重的战争供应。元朝顺帝后，横征暴敛、纸钞掠夺和人为灾祸大大激发了人民的反抗情绪。一系列农民起义在“天高皇帝远，民少相公多，一日三遍打，不反待如何”的口号下爆发了。明末农民大起义之所以在陕北首发，是因为西北地处要塞“而独罹重役之苦”。在连年灾荒的情况下，朝廷不仅不给以减税救灾，反而不断“加派”。一些赋役的研究者明确地指出："明后期的横征暴敛，是明朝灭亡的重要因素之一"。

从组织管理的角度分析，现代组织也时常面临着经济状况的不断恶化和财政上的危机。而这种财政危机往往是组织将要垮台的征兆。经济的恶化，绝不是一个短时期的问题，而是组织长期积累的各种矛盾的后果。财政和经济矛盾激化的直接后果就是客户的大量流失和市场的萎缩。

腐化与分裂是组织覆亡的内部根源

每到末世，统治集团内部总有两个明显特征，一是官僚集团的腐败；二是统治集团的分崩离析。前一个，即官员的腐败是造成帝国政治混乱的主要原因，它与帝国财政上的困难互为因果，交织在一起；后一个，则是导致皇朝战斗力锐减的主要原因。在皇朝末世，不仅大臣不再忠于皇帝，而且地方势力也开始脱离中央的控制。在转折阶段，这两种特征也同样存在，但在皇朝的末世，这两个特征已经变得无以复加。统治集团内部的腐化和分裂是皇朝灭亡的最直接原因。

在历史上，皇朝的转折阶段，官僚系统的腐败还处于一个可以控制的范围内。中兴之主和改革家们，都在治理吏治腐败方面倾注了大量心血。但到了末世，就不仅是官员在腐败了，连皇帝和皇室也开始腐败。所谓的卖官鬻爵，就是皇帝和皇室腐败的最明显特征。东汉灵帝时，宦官张让、赵忠怂恿灵帝卖官鬻爵。时任九卿的崔烈以五百万钱买了司徒之位。

既然皇帝可以利用掌握的权力搜刮钱财，何况拥有权力的大臣。

在权臣和宦官卖官鬻爵敛财的事例中，明代的严嵩可谓典型，他既以买官得以升迁，又以卖官聚敛钱财。史载，严嵩曾以“千辆资财，用以遗贵近”，终于当上了内阁首辅。其卖官，“官无大小，皆有定价”，如文官州判三百两，吏部官售价最高，郎中、主事开价三千两，后又猛增至一万三千两。严嵩败落后，抄其家所得净金、金器重三万四千余两，净银、银器重二百多万万两，珍宝、字画、房地产不计其数。

朝廷为解决燃眉之急而卖官鬻爵，或许出于无奈，但它毕竟开了标价卖官的恶劣先例，成为吏治腐败之源。其示范作用影响深远，那就是上行下效。历史证明，凡是买官卖官猖獗之时，就是朝政腐败、政治最黑暗的时期。大量买官者充斥官场，必然会产生一批贪官、赃官、庸官、糊涂官、酒肉官，以及一大批尸位素餐者。而且，买官者一旦履任，大都要搜刮百姓，巧取豪夺，搞得民不聊生。卖官鬻爵致使社会风气败坏。严嵩以贿放官时，沈炼即指出：“贿赂彰，风俗坏。”古语云：“上邪下难正，众枉不可矫。”更可悲的是在这种社会风气下，众人对丑恶现象的麻木，正如明末清初人计六奇所言：“举世尽醉梦于其中而不醒矣！”

剥夺和反弹是对等的

财政上的危机迫使朝廷不断加重本来就已经很沉重的赋税；而百姓经济上的破产则已经不堪承受朝廷的横征暴敛。可以说，大规模和普遍的农民起义是末世皇朝的一个主要特征。而末世皇朝就是在一浪接一浪的农民起义中灭亡的。

再看东汉后期，统治集团的横征暴敛与各种自然灾害交织，不断将百姓推向绝境。一步步陷入绝境中的百姓，被迫以暴动、起义来争取生存的权利。一时间，造成了一种“遐迩摇荡，八州并发，烟炎绛天”的蓬勃巨大声势。

唐朝虽说灭于藩镇军阀朱温之手，但是真正的致命伤则是黄巢起义，朱温原是黄巢起义军中的一员，后来投降了唐朝，又灭亡了唐朝。唐朝后期，由于中央与藩镇、藩镇与藩镇之间连年战争，不断向百姓增加赋税、徭役，掌权的宦官更是有恃无恐地欺压百姓，强占土地，勒索钱财，引起人民的极大不满，反抗斗争此起彼伏。到懿宗、僖宗时期，连年的天灾，使得粮食产量锐减，人民苦不堪言，而朝廷仍然不断地加派赋役，于是，唐朝历史上规模最大、历时最长的唐末农民起义爆发了。起义的领导者就是黄巢与王仙芝。起义爆发于乾符二年（公元875年），王仙芝、黄巢先后起义，后协同作战，活动范围主要在今山东、河南、湖北一带。乾符五年（公元878年），王仙芝战死，其众投奔黄巢，黄巢成为起义军的最高领导人。广明元年（公元880年），黄巢占领东都洛阳，随后又攻入长安，唐僖宗逃往成都。中和二年（公元882年），起义军将领朱温投向唐朝，沙陀族李克用也乞降于唐朝，这就大大增强了唐朝的军事实力。唐军开始反扑。起义军于中和三年，退出长安，向东撤退。黄巢最终战败自杀。这次农民起义，给垂死挣扎的唐王朝以致命的一击，唐朝的统治瓦解了。叛变投降的朱温，成为左右唐末政局的人物。天复四年（公元907年），朱温废唐哀帝而自立，改国号梁，定都开封。唐朝灭亡。

外部竞争者的长期挑战

外部政权一直是皇朝稳定的强大威胁。皇朝初建阶段，这些外部政权就对皇朝有着极大的影响。汉初，高祖刘邦在出击匈奴时，就曾被围困白登山。在汉武帝击败匈奴之前，汉朝在其成长阶段一直采取和亲的政策与匈奴维系关系。到了转折阶段，经济和军事实力都大大削弱，汉元帝只好再次恢复和亲政策，以维护北方边境的安全。受外部政权困扰最严重的当属北宋和南宋。在北宋创立之初，北方的契丹政权就已经占领幽云十六州，构成对北宋的强大威胁。终北宋一朝，契丹和金国，就一直严重威胁北宋的统治。到宋徽宗时期，北宋终被金国所灭。外部政权灭亡中原皇朝的历史，不止北宋。南宋为蒙元所灭。而明朝在被李自成起义军灭亡之后，满族建立的清朝进入关内，最终灭掉了南明小王朝。

对一个组织来说，每到衰落期，面临覆亡的危险根源往往在于内部力量得不到整合，组织因此而变得不堪一击。因此说，外部竞争威胁只有在组织内部力量衰落时，才能真正对组织生存产生致命的影响。

败亡之主：无奈与彷徨

皇帝作为皇朝至高无上的领袖，对皇朝的兴衰负有无可推卸的责任。皇帝素质的高低和皇帝的所作所为，无不影响着皇朝的生存和发展。但正如史学家们评价明崇祯皇帝所说的，“君非亡国之君”，就连推翻明朝统治的李自成都认为：“君非甚暗，孤立而炀灶恒多；臣尽行私，比党而公忠绝少”（《登极诏》）。纵观历史，我们发现亡国之君不尽是些昏聩无能之辈；身处盛世的君主们也不尽是英明之主。个中原因就在于，皇朝的灭亡乃是诸多原因，典型如组织领导、组织环境、组织行为、组织惯性等共同作用的结果。

其实，作为末代皇帝，其类型多多，不是一句昏庸无能就可以概括的。末世皇帝的所作所为都有其不得不如此的理由。有大权旁落之君，他们有心杀贼，却无力回天；有软弱无能之君，面对皇朝的覆亡，不想任由它去，也只落个坐以待毙；有残酷暴戾之君，身处末世，却滥用自己手中仅有的权力，残酷镇压百姓，大肆杀戮朝臣，一如“天欲要其灭亡，必先让其疯狂”；还有刚愎自用之君，其本人振作、勤政，但在朝政上却处置不当，志大才疏，空有一番雄心，最终却落得个身首异处。

当然，对于这些情况，我们不能仅以今人的眼光来求全责备，还需要从当时的历史环境出发，历史地看、客观地评。现代组织的领导者要看到造成末世君主无可奈何的根源，以做到防患于未然。

大权旁落之君：有心杀贼，无力回天

《三国演义》中，汉献帝被描述成一个受军阀控制的可怜的傀儡。那么，实际的历史又是如何呢？

东汉的衰落始自桓帝、灵帝。诸葛亮在《出师表》中就指出："亲贤臣，远小人，此先汉所以兴隆也；亲小人，远贤臣，此后汉所以倾颓也。先帝在时，每与臣论此事，未尝不叹息痛恨于桓、灵也！"当汉灵帝登基时，东汉已经江河日下了。汉灵帝重用宦官，朝中又有"党锢之祸"，外部的羌胡叛乱一直威胁着东汉皇朝的边疆稳定，而黄巾起义则更是动摇了东汉的统治根基。在这内忧外患之中，刘协继位。汉献帝刘协是汉代的末世皇帝，他的一生是在被挟持和被利用中度过的。可是纵观东汉末年的历史和他本人的身世经历，或许还不能据此就判定献帝无能昏聩。当初在大乱中，董卓往接少帝时，董卓问以"祸乱由起"，十四岁的少帝刘辩被吓得语无伦次，而九岁的刘协却说得头头是道，"自初至终，无所遗失"。可见他多么的临危不乱。另外，在《谥法》中，"献"的解释是"聪明睿智曰献"，可见后人对他的评价还不是一个糊涂皇帝。可是究竟是谁让这个聪明睿智的少年背负了丢失江山的罪名？

从历史上看，汉献帝之所以成为"傀儡"，在很大程度上要归罪于他的父祖。东汉一朝，特别是到了桓帝和灵帝年间，宦官的势力极度膨胀；豪强地主势力的膨胀严重威胁了皇帝和皇室的统治。灵帝在历史上一直被当作重用宦官的"罪魁祸首"，但是，灵帝之所以重用宦官，还是想通过宦官来抗衡权臣和豪强的势力。在灵帝朝，原先由皇帝派出的刺史逐步掌握了地方的军政大权，他们与当地的豪强地主相互勾结，对抗中央和皇帝。刺史也逐渐由原来的中央派出的监察官员或为地方的最高统治者州牧。而后来控制汉献帝的董卓、曹操，以及其他各路诸侯，像袁绍、袁术、孙坚、吕布等，不是原来的刺史，就是州牧，再就是各地的豪强。而汉献帝登基本身就是地方军阀左右皇室的结果。

汉献帝的悲哀，不是因为他的昏聩、无能，而是因为他身为皇帝却大权旁落，身为皇帝却不能主宰皇朝大势。可惜，汉献帝的这个悲剧在几十年后，又被代汉而立的曹魏政权的末代皇帝重新上演了一遍。

曹魏嘉平六年（公元254年），继魏帝曹芳被司马师所废、“归藩于齐”后，曹丕嫡孙、高贵乡公曹髦即帝位，改年号正元。这一年，曹髦十四岁。曹髦深知自己登基于日薄之际，行事于危难之间。于是，中国皇朝历史上，皇帝为捍卫自己的权力、高贵与尊严的最惨烈的一幕就这样在众目睽睽之下上演了：曹髦拔剑升辇，自率殿中宿卫苍头官僮数百人维权而死。这位被称为“才同陈思，武类太祖”的年轻皇帝终以战死结束了自己二十岁的年华。

软弱无能之君：无可奈何花落去

相比于汉献帝和曹髦，还有一类皇帝，则是不作挣扎，任由它去。这些皇帝实际就不具备作为一个皇朝领袖的素质，也缺乏延续帝祚基业长青的意志和使命感。他们不是大权旁落，而是大权在握；他们不是没有力量重振祖宗的威风，而是满足于自己的享乐，不以国事为重；他们手下不是没有良臣猛将，而是不懂得如何发挥他们的作用；他们的实力固然弱小，但却不是没有转圜的余地。既如此，他们又怎能逃脱衰亡的悲惨命运呢？

历史上被称为“后主”的，一般都是昏庸无能的亡国之君。扶不起的阿斗刘禅是一个，还有一个南陈后主陈叔宝。从素养上看，陈叔宝实则是一个文学家、诗人，完全不具备集团领袖的气魄和担当。史称陈后主“雅尚文艺”、“善于吟诗著文”。“烟笼寒水月笼沙，夜泊秦淮近酒家。商女不知亡国恨，隔江犹唱后庭花。”南唐后主李煜，也是一位著名的词人，而且造诣不低。北宋的亡国之君宋徽宗赵佶，其艺术修养也不是一般文人能够达到的。但是，古代皇朝史上，政治就是政治，它没有文学的万千风情，有的只是血雨腥风，只是勾心斗角，只是没完没了的相互斗争。文艺可以起到一定的正面作用，但政治不能由文艺来演绎、靠文艺来治理。如果陈叔宝是一介布衣，国家的命运没有担在他的肩头，他那超凡的文采也许会留下千古美名，但他是皇帝，关系着百姓的生死社稷的安忧，因此他的罪过便在于他不该是皇帝，但事实上又是皇帝。就管理学意义而言，他是典型的岗位与能力、素质不相匹配。

残酷暴戾之君：众叛亲离

人们对大权旁落之君和软弱无能之君是哀其不幸、怒其不争；对残酷暴戾之君则更多的是痛恨和不齿。对于其亡国，则认为是应该如此。这类君主在位之时滥用权力，而不是无权可用。权力的滥用只会削弱权力行使的基础和统治的合法性，导致手下朝臣们的众叛亲离，自身也以身首异处收场。

在中国历史上，残酷暴戾的亡国之君不在少数。特别是南北朝时期和五代十国时期，这两个时期的皇朝寿命都不长，但皇帝之残暴令人骇然。此外，当属秦二世胡亥和隋炀帝杨广。

胡亥在登上帝位之前就害死了自己的哥哥扶苏，即位后，对兄弟姐妹更是残忍有加，毫无人性。胡亥最残忍的是在咸阳将十二个兄弟一并处死，在杜邮又将六个兄弟和十个姐妹碾死，刑场惨不忍睹。除了兄弟姐妹，胡亥对其他不听话的文武大臣也不放过。首先迫害的是蒙恬兄弟，右丞相冯去疾和将军冯劫为免遭羞辱而死，选择了自尽。就连秦朝的第一任宰相，帮助胡亥即位的李斯，最终也没有逃过胡亥和赵高的毒手。胡亥将李斯抓捕，交给赵高负责审理。赵高自然不肯放过这个难得的机会，对李斯用尽了酷刑，逼李斯认罪。李斯无法忍受酷刑折磨，只得屈打成招。李斯在胡亥即位的第二年，被处以极刑。害人终害己，在众叛亲离的皇帝手中，皇权就成了无源之水。可悲的是，这么简单的道理却总在历史上重复。隋朝的二世皇帝杨广在秦朝二世皇帝之后又上演了这样一幕惨剧。

杨广是隋文帝的次子，他在杀死自己的父亲隋文帝及兄长杨勇后即位。杨广一夺到帝位，就显露出荒淫奢侈、残虐百姓的本性。开国功臣高颖、贺若弼、宇文弼等重臣因为不满炀帝的奢侈，被炀帝加上诽谤朝政的罪名处死。隋末起义大规模爆发后，杨广怕江都不安全，准备迁都到长江南面的丹阳，命令民众给他修建宫室。杨广的禁卫军将士都是关中人，早已怨恨炀帝久居江都，现在见他还要南迁，愈加思念家乡、亲属，纷纷谋划逃归故里，一时军心浮动，众叛亲离。大业十四年（公元 618 年），杨广最终被将士们勒死于江都。

刚愎自用之君：志大才疏

上面的这三类皇帝，不是无权就是无能，再就是残暴昏聩。但是，在亡国之君中，还有一类令人扼腕叹息。这些皇帝不仅自身素质较高，且颇有一番重振江山的气魄。但是，他们还是逃不脱亡国之君的命运，最后也以失败告终。崇祯皇帝明思宗朱由检在临死时说“上干天咎，然皆诸臣误朕”，认为自己不应是亡国的君主。

崇祯皇帝登基伊始，就于暮气沉沉中令人为之一振：一是果断，二是勤政。最为人称道的便是清除阉党，铲除魏忠贤。同时，平反冤狱，起复天启年间被罢黜官员。面对危机四伏的政局，他求治心切，很想有所作为。每逢经筵，恭听阐释经典，毫无倦意，召对廷臣，探求治国方策。勤于政务，事必躬亲。为此，他起用了东林党人，试图解除内忧外患，挽救行将灭亡的大明江山。这一系列举措，使得朝野上下精神为之一振，人们仿佛看到了明朝中兴的希望。

但明朝还是在这个看似有“中兴之主”影子的皇帝手中灭亡了。崇祯很节俭，是一个理想主义者。他本身拥有丰厚的内帑，可大谈节俭，同时也要求所有官员不但要节俭，而且要廉洁，这本来是一个明君该有的品德。但是，理想主义者的错误往往是无视现实的可能性而急于求成，苛求完美，崇祯即是如此。更令人啼笑皆非的是，崇祯本人不清楚帝国里这种集体受贿的深层因由，却企图简单地用儒家道德来约束大臣，屡屡宣讲“文官不爱钱”的古训。反过来，崇祯又自觉有充足的理由认定手下的官员都是一帮酒囊饭袋、蛀虫败类。当崇祯的道德济世理念无法实施，而内忧外患反而更加激烈时，他认定了“朕非亡国之君，诸臣尽亡国之臣”。对亡国之臣有何客气呢？因此在崇祯执政的最后一两年里，他对朝臣刻毒怨恨和对自己怀疑、自责。这种双重人格交替呈现不但使得群臣摸不着头脑，也加深了他本人的心理苦痛。刻毒的报复引起进一步的自责，自责刺伤了自尊心，又导致更刻毒的报复。恶性循环，他的心中永无宁日。君臣关系之紧张，历朝历代大致无过于崇祯年间。在崇祯朝的十七年里，崇祯任用了五十位内阁大学士，六部和都察院的首长更换也同样频繁：他共用过吏部尚书十三人，户部尚书八人，兵部尚书十七人，刑部尚书十六人，工部尚书十三人，都察院左都御史一百三十二人。换来换去仍然没有换出一个让崇祯满意的官员来。非但如此，崇祯对前线作战将领同样是怀疑加猜忌。他先后用过袁崇焕、杨嗣昌、孙传庭、洪承畴等人，这些人分别率兵同后金以及农民起义军作战，但这些人几乎没有一个能得到善终。不是被崇祯处死就是孤军被围而无人过问，最后只得坐守孤城被敌生俘；或者是被逼仓促上阵战死。军队的屡战屡败，不能把明朝大将不会打仗、士兵战斗力弱小作为主要原因，这其实是皇帝刚愎自用、猜忌将领所造成的恶果。

从崇祯元年起，在陕北就有了农民起义，然而，经过十几年的“剿匪”，由闯王李自成率领的农民义军却越战越强。崇祯十六年（公元 1643 年），李自成相继攻陷平阳和太原，北京城已指日可下。这时候的京城，缺兵少粮，守备虚弱。无计可施的崇祯特地召见了吴三桂的父亲吴襄和户部、兵部的官员们，讨论放弃宁远，调吴三桂军队紧急入卫北京。吴襄提出，吴三桂进卫北京大约需要一百万两银子军需。一百万两银子在毕生俭朴的崇祯眼里，是一笔庞大的令他肉痛的数字。崇祯放弃了这个原本还算不错的计划，坐困城中，直到吊死煤山了事。

人才散落：树倒猢狲散

组织是什么？从某种意义上讲，组织就是一批人聚集在一起，为实现某一个目标而共同工作。存在于现代社会中的组织，除了企业之外，还有政府，以及其他各种组织。对于组织来说，最重要的就是人才，组织的所有其他要素，诸如制度、文化等，都是围绕着人才进行的。

在创业阶段，哪个创业集团拥有了最优秀的人才，哪个集团就最有可能成为最后的胜利者。人才是治国安邦的主要力量。成长阶段和盛世阶段，历代皇朝都通过各种政策手段，持续地培养和储备人才，并将人才纳入到管理框架之中。转折阶段，是不是拥有改革家是皇朝中兴的关键。衰亡阶段，皇朝官僚阶层的人才素质和人才流向以及人才的道德品质，都影响到皇朝最后关头的命运。

在现代企业管理中，每到了事关企业生死存亡的危急关头，企业管理层的举动就将直接影响到企业的生死存亡。一个濒临倒闭的企业，可能会由于一个人才的出现而突破困境；相反，一个发展前景还不错的企业，也可能由于任用了一个不相宜的人才，而走向破产。青岛海尔集团原来是一家面临破产的集体企业。正是张瑞敏的走马上任，带领海尔一举成为世界知名的企业。

在末世皇朝，是不是朝廷已经没有可用之臣、可用之将了呢？不是的。实际上，在末世皇朝，朝廷中还有一批忠诚、能干的良臣猛将。但为什么他们没有力挽狂澜、延缓皇朝呢？这其中原因正是我们要郑重对待和深入思考的。

信任不再的紧张关系

君臣关系有两个端点，一个是皇帝方面，皇帝的英明或者昏聩、残暴，是君臣关系的主导；另一就是朝廷的官僚集团。崇祯皇帝所谓的“君非亡国之君，臣乃亡国之臣”，只对了一半。崇祯皇帝刚愎自用和对大臣的极度猜忌和不信任，才是导致朝廷大臣们人人缄口，权宦、奸臣当道的主要原因。

杨广在继承皇位之后，对大臣的态度可以用一句话来形容，即视臣下如仇寇。这样只能是失掉官僚集团的支持。高颖是隋朝开国大将，他跟随隋文帝杨坚和时为晋王的杨广东征西杀，为隋朝的创立和统一全国立下了汗马功劳。在跟随杨广攻打南陈首都金陵时，高颖是杨广的长史，即相当于现在帅府的秘书长。在隋朝官兵抓到陈后主的爱妃张丽华后，杨广素闻张丽华的美貌，一直想霸占张丽华，据为己有。但是，高颖在没有得到杨广的命令之前，就下令把张丽华处死了。从此，杨广就对高颖埋下了不满之心。在杨广即位之后，高颖对杨广的奢靡、朝无纲纪等弊端，屡有谏言。但是杨广却是个生性最痛恨臣下谏言的皇帝。他自以为才学杰出，对侍臣说：“别人说我只不过是继承先帝的遗业，其实，即使和士大夫比才学，我也应该做皇帝。”又说：“我生性不喜欢别人劝谏。如果是达官，再想以进谏来求取声名，我更不能饶他们。如果是一般百姓，我还可以饶他些，但决不让他有出头之日。”高颍屡次向杨广进谏，实在是触犯了龙颜，以致高颍这个能征善战的大将死于杨广手中。除了高颍，隋朝的统兵大将贺若弼、宇文弼等重臣因为不满炀帝的奢侈，也被炀帝加上诽谤朝政的罪名处死。公元616年，炀帝不顾朝廷的安危，再次巡游江都，临出发时，小官崔民象上表谏阻，他便把崔民象杀了。走到汜水（今河南省荥阳县），小官王爱仁上表劝谏，他又杀死王爱仁，继续前行。到了梁都（今河南开封），有人拦路上书，说你如果定要去江都，天下就不是你的了，他又杀死了上书人。隋朝君臣之间的紧张关系，成为隋朝军队镇压各地农民起义中屡战屡败的主因。

纵观历史，可以发现，亡国君主与皇朝官僚集团的关系都比较紧张。可以说，崇祯皇帝对大臣的猜忌和大臣对皇帝的无情无义，是导致明朝覆亡的最直接原因。明朝末年，在袁崇焕的率领下，明军在宁远一役中，打败满洲军队，致使清太祖努尔哈赤兵败身死。据史料记载，这是努尔哈赤起兵四十四年来所遭到的最严重的一次挫败，史书记载，“帝自二十五岁征伐以来，战无不胜，攻无不克，唯宁远一城不下，遂大怀忿恨而回”（《清太祖武皇帝实录》卷四）。自此，袁崇焕所部成为满洲的最强大的敌人。如果崇祯皇帝能够抓住这个机会，重用袁崇焕，给他以充分的信任，那么明朝的命运可能会发生变化。但是，崇祯皇帝却在皇太极的离间计下，杀死了袁崇焕，失去了能够抵抗满洲入侵的最后机会。崇祯三年（1630年），崇祯命令将袁崇焕凌迟处死，妻妾兄弟流放到福建。明朝将士怎能不与崇祯皇帝离心离德？

末世皇帝与官僚集团关系紧张的同时，却对宦官和外戚颇为信任。宦官和外戚是皇朝的第三股势力，是皇朝权力的异化。但是，这第三股力量却不是挽救皇朝危机的力量，恰恰相反，正是他们加速了皇朝的灭亡。

异化的权力造成第三股力量

宦官，又称寺人、黄门内侍、阉官、中官、内臣、太监等。本来是在皇宫内侍奉皇帝和后妃的一种杂役之人，地位微贱，不过是供帝王役使的家奴。唐昭宗曾经说过："此辈皆朕之家臣也，比之于人臣之家，则奴隶之流"。但就是这奴隶之流，却往往成为皇朝最后灭亡的导火索。而且，在历史上有许多皇帝是被这些太监、宦官控制的。外戚，通常是指皇帝的母族和妻族。历代皇朝虽然都或多或少规定后妃不可干预国政，但是后妃们享有的政治地位表明，外戚是绝对不可忽视的政治力量。外戚的崛起，大部分不是依靠功劳，也不是才能和德行，而是凭借裙带关系进入皇朝的权力中心。因此，当皇帝年富力强时，他们还无计可施，而每当皇朝到了转折阶段特别是末世阶段，皇帝们昏庸无能时，他们便乘虚而入，干预军国大政。

既然朝廷大臣与皇帝离心离德，那么整日陪侍在皇帝身边的宦官和通过裙带关系靠近皇帝身边的外戚就会填补这个空子，成为帮助皇帝对付朝臣的工具。宦官和外戚并由此掌握了皇朝的军国大权，成为控制皇帝和皇朝的主导力量。但是，宦官和外戚专权，不同于朝臣。一般的官僚集团，都是通过察举或科举进入仕途的。他们都接受过正统治国思想的教育，具有为官行政的一般品质。而宦官和外戚专权往往具有阴谋性、残暴性、贪婪性等特征，而且这些特征必对皇朝的正常行政造成严重的危害。纵观历史，一个朝代的灭亡，似乎总离不开宦官和外戚专权的影子。西汉就是被外戚王莽所篡权；东汉之覆亡也首先是因为宦官专权，残害党人，掌控朝廷的大权所造成的。东汉外戚何进诛杀宦官，而宦官集团又诛杀何进，最终导致外地军阀进入京城，控制了政权。唐朝更是典型，其后期的几个皇帝都是由宦官废立的。明朝宦官之祸也是导致其灭亡的罪魁祸首。到了清朝末期，太监虽然没有掌握正式的权力，但是其对朝政的影响也不可忽视。

在中国历史上，有三次宦官掌权的高峰，一是东汉；二是唐朝后期；三是明朝。这三次宦官专权都对皇朝覆亡起了推波助澜的作用甚至是主要原因。

用制度锁定人治下的部属权力

在《孟子·离娄下》中有这样一句话："君视臣如手足，则臣视君如腹心；君视臣如犬马，则臣视君如国人；君视臣如土芥，则臣视君如仇寇。"这道出了皇帝和朝臣之间的博弈关系。在中国古代皇朝史上，国家被当作皇帝和皇室的天下，朝臣只是皇帝雇佣的打工仔。这种家天下的思想意识和制度安排，是导致皇帝与朝臣关系不断紧张的根本原因。

皇朝末世有如此的一个恶性循环：一方面，皇帝越来越不信任大臣，特别是有能力的大臣，生怕被这些大臣篡位，从而产生对大臣的怀疑，处处打击和压制这些大臣；另一方面，手握大权的朝廷重臣，为了保住自己的地位，不得不通过各种手段夺取更大的权力，最终将皇帝逼下皇位。如果皇帝对这些权臣压制过重，处处设防，处处压制，那么朝廷中有能力控制局面的大臣就会被挤出皇朝的决策圈，皇朝的战斗力无疑会下降。而如果皇帝对这些权臣过于信任，也会产生权臣架空皇帝，皇帝成为傀儡的局面，皇朝灭亡也在所难免。这是两难选择：过于信任，则会导致皇位被夺；过度猜忌，则会导致朝中无可用之人，皇朝最终被外部竞争者所灭。

历史上的短命王朝，灭亡于权臣之手的不在少数。如王莽不仅是外戚，也是一个权臣。东汉献帝刘协，就一直处在权臣的控制之下，始终是权臣的一个傀儡。权臣篡夺皇位最频繁的则是南北朝时期和五代十国时期。

南北朝时期的宋、齐、梁、陈，都是灭于朝中的权臣之手。首先是刘宋夺取东晋皇帝的政权。宋朝的开国皇帝刘裕是东晋末年发展起来的新兴力量。他在与东晋四大家族的斗争中取得了胜利。南兖州刺史萧道成于政治混乱之机积聚了较强的势力。公元 479 年，萧道成灭宋，建立齐。至此，刘宋宣告灭亡。齐高帝萧道成共在位四年，其后则是齐武帝。武帝死后，齐国的皇帝又走上了宋灭亡的老路，他们纷纷杀戮自己的兄亲、叔侄，至东昏侯时，因其疑心过重，几乎将朝内大臣全部处死。这样一来齐国的江山根基又被动摇了。公元 501 年，雍州刺史萧衍起兵攻入建康，结束了齐的统治，建立了梁朝。萧衍是为梁武帝，共在位四十八年。公元 548 年，投降梁的东魏大将侯景倒戈。他以武帝从子萧正德为内应，进攻梁国。公元 551 年，侯景杀死简文帝，梁已完全处于崩溃的边缘。公元 557 年，在讨伐侯景的战争中发展起来的陈霸先灭梁，建立陈。至此，梁宣告灭亡。公元 583 年，陈宣帝卒。其子陈叔宝即位，即是前面我们所说的“文学”皇帝陈后主。公元589年，隋文帝杨坚灭陈，至此，南朝不断上演的权臣篡位结束。

权臣连续夺权的场景，又在五代十国时期重新上演。由朱全忠篡唐而建的朱梁王朝，被世仇李存勖的后唐所灭。其后，后唐大将石敬瑭引契丹兵大败唐军，攻洛阳，后唐灭亡。石敬瑭建立后晋。而后晋河东节度使沙陀部人刘知远灭后晋，建立后汉。公元950年，后汉李守贞等藩镇发生叛乱，隐帝命郭威领兵平叛，但刘承佑猜忌郭威，欲杀之，郭威遂反，隐帝为溃军所杀，后汉亡，郭威建立了后周政权。后周大将赵匡胤则通过陈桥驿兵变，夺了后周皇帝的帝位。赵匡胤在夺权建立北宋之后，立即通过“杯酒释兵权”的手段，剥夺统兵大将的权力，将皇朝大权掌握在自己手中，就是出于防止权臣篡位的考虑。

赵匡胤通过剥夺统兵大将的权力，将皇朝大权掌握在自己手中，从而防止了五代时期大将篡权的恶性循环。但是，对统兵大将的猜忌，却导致宋朝军事一直处于弱势。宋朝的皇帝们谨遵太祖的教导，极度不信任武将，每每派文臣作为监军，监视和控制武将的行动。这使宋朝军队基本没有什么战斗力。终北宋和南宋，一直处在北方少数民族政权的严重威胁之下。

末世皇朝君臣关系的这种两难境地，是中国历史上皇朝更迭频繁的一个重要原因。那么，对于组织来说，这个难题难道永远无法解决吗？有，答案就在制度。

组织与制度：失灵与崩溃

诺贝尔经济学奖得主诺斯在他的研究中发现，一个有效率的制度是国家兴衰的关键因素。组织的成功在很大程度上可以归功于一个良好的制度框架。这样，成员之间权力斗争的范围大大缩小，激烈程度大大减弱，在很大程度上避免了因权力斗争所产生的内耗。因此，稳定性是组织制度的一个重要特征。但是，随着外部环境的不断变迁，环境对组织制度的要求也在不断变化。在制度的稳定性与灵活性之间就会产生一个矛盾。如果组织的制度过于稳定，就会产生惰性，不能适应外部环境的变化，造成组织的僵化和组织活力的丧失。

因此，对于一个组织而言，要想保持基业常青，解决组织制度稳定性与灵活性之间的矛盾就是一个关键的因素。从中国历史上来说，在皇朝的创业阶段，组织制度着重于灵活性，通过灵活的制度安排，创业集团提高了自身的行动效率，从而提高了创业集团的战斗力。守成阶段，创业集团成为统治集团，需要的是制度的稳定性。此时，稳定是组织的基准点。皇朝制度所能够创造的生产力得到充分的发挥，成就了一个国力昌盛的盛世皇朝。而到了转折阶段，因制度的惯性和惰性，已不能适应外部环境的变化，皇朝的衰败趋势开始出现。这个阶段的改革，实际上就是对制度的一种调整。如果制度调试成功了，就可能出现中兴的局面。但是，这个改革终究是在皇朝原有的制度框架中进行的，所改的更多是制度的细节方面，皇朝的整体制度框架还是要维持。外部环境继续发展，而制度的惯性和惰性超过了灵活性，致使制度僵化和异化，末世阶段来临。制度的失效，导致皇朝整体活力和战斗力的下降。皇朝统治集团内部、统治集团与被统治集团之间、皇朝与外部政权之间的力量对比和利益关系都已经发生重大变化，但是皇朝的制度却没有相应的改变。旧制度已经不能容纳已发生改变的利益关系，各个集团之间的矛盾开始凸现并导致激烈的冲突。这就是末世阶段的制度图景。

末世皇朝制度的特点就是僵化和异化。所谓僵化就是制度不能适应新环境的要求，而丧失了作为调整和规范组织成员规则的功能；所谓异化，就是制度虽然在变化，但其变化的方向偏离了为组织稳定和繁荣的正常轨道。末世皇朝的制度安排出了问题：第一是皇朝的权力制衡机制和监察机制。第二是皇朝中央政府对地方政府的控制机制。这两个方面相互作用，终致皇朝的覆亡。

积重难返的制度成为绊脚石

监察制度作为皇帝对文武百官的权力制约机制，在皇朝成长中起到了重要的作用。但是，随着皇朝的发展，这个监察制度越来越成为权力斗争的工具。这主要表现在两个极端，一个极端是皇帝对官僚集团的监察完全失效，皇帝成了真正的“孤家寡人”；另一个极端是皇帝对官僚集团的监控监察体系越来越严密。

从某种意义上讲，宦官和外戚的专权会割断皇帝对文武百官的控制途径。一旦皇帝对皇朝官僚集团的监察失去效力，那么不可避免的就会出现某些官僚独揽大权的局面。最后导致皇帝失去了对整个官僚集团的控制。东汉末年汉献帝的悲惨下场，就是皇帝对官僚集团控制失灵的后果。实际上，皇帝对官僚集团的失控从汉和帝就开始了。汉和帝刘肇于章和二年（公元 88 年）即皇帝位，尊窦皇后为皇太后。和帝年幼，窦太后临政。而窦太后控制朝政，任用官员的原则有二：一是亲属，二是听话。她把哥哥窦宪由虎贲中郎将提升为侍中，掌管朝廷机密，负责发布诰命；让弟弟窦笃任虎贲中郎将，统领皇帝的侍卫；弟弟窦景、窦环均任中常将，负责传达诏令和统理文书。这样，窦氏兄弟掌握了国家政治的中枢。外戚的专权，割断了皇帝和官僚集团之间的直接联系。皇帝逐渐远离了朝臣。汉桓帝刘志是被梁冀推上帝位的，因而他对梁氏家族的拥戴心存感激。梁冀依仗梁太后在朝廷内外飞扬跋扈，汉桓帝对于外戚梁氏，可以说是感激中带着恐惧，忧怨中带着无奈。到了汉灵帝在位期间，宦官开始走向政治舞台，掌握朝廷的大权。宦官与外戚之间的斗争，还牵扯上了朝中几乎所有的官员。这样的局面，不仅使皇帝无法了解官僚集团的动态，也无法通过官僚集团进行正常的政治统治。到汉灵帝死后，他的儿子少帝刘辩便被已经脱离皇帝控制的军阀董卓废掉，更立汉献帝刘协，刘协结束作为傀儡的悲惨一生时，也宣告了汉朝的灭亡。

另一个极端是皇帝对官僚集团的控制过于严密，使得官僚集团失去本身应有的独立性，成为皇帝的奴才。这实际上是皇朝权力制衡和权力监察制度的异化。明朝监察制度是在总结历代监察制度的基础上发展并完善的。它无论在组织机构、官员的设置，还是职权范围等方面，都进一步完备、系统、严密。不仅有正式的监察制度，还有皇帝的私人监察和特务机构，即锦衣卫、东厂和西厂。但是，到了明朝后期，这种监察制度就成为了皇帝压制和打击官僚集团的手段。如果遇到开明的君主，监察机关尚可成为“纠百官罪恶之司”。如果遇到昏君奸臣当道，时局动荡，法制败坏，监察机关则往往成为制造罪恶之司了。而恰恰明朝的皇帝们大部分都是昏君。嘉靖皇帝就曾多次驳回御史、给事中的弹劾，对严嵩父子一味袒护。正德皇帝时，宦官刘瑾专擅朝政，残害百姓，长期逍遥法外。万历时张居正控制下的监察官员从来只纠察对张居正不利的人。嘉靖三年，群臣因谏诤大礼事件，廷杖官员丰熙等一百三十四人，被廷杖死者十六人之多。另外，监察官员还参与朋党派系之争。随着明朝政治的腐败，统治集团中经常出现党争。嘉靖以后，门户朋党之争尤为激烈，监察官员也都卷入了这些政治斗争，充当党同伐异的鹰犬。天启年间，东林党与阉党之间大规模的“京察”、“大计”之争，几乎把全国所有的官员都卷进去了。监察官员的卷入，不仅使监察机构的作用流于形式，言官重于空谈、轻于实政，加速了整个官僚集团腐败的程度。后来有些监察官员成为党派的骨干，更扩大了党争规模。明中叶后，随着监察制度的积重难返，整个官僚肌体严重腐烂，最后走向灭亡。

异化的制度彻底毁灭组织

皇朝制度的僵化和异化，还造成地方势力尾大不掉，成为影响皇朝生死存亡的重要原因。一般来说，皇朝初创阶段，在中央与地方的关系上设计有一套合适的制度安排，但是，随着环境的变化，地方势力逐渐扩大。应该说，地方势力的尾大不掉与中央政府权力制衡机制的失效是同一个过程，这两个问题实际上是一个问题，即皇朝控制力的衰落。在中央政府中，皇帝不能控制朝臣；在整个帝国内，中央政府不能控制地方政府。这种趋势的长期发展，必然是皇朝的覆亡。这种制度的僵化和异化，是一个逐步演变的过程，我们以唐朝藩镇割据局面的形成，以及最终导致唐朝覆亡的过程，来详细地说明制度逐渐僵化和异化的过程。

唐朝从盛转衰，伴随着一场全国的分裂。这就是藩镇割据。朝廷设置军镇，本为保卫自身安全，但结果却成了对抗中央的割据势力，这是皇朝制度稳定性与适应环境变化的灵活性之间的矛盾。唐代藩镇割据的演变可以分为三个阶段。

从唐代宗李豫初年到唐德宗李适末年为第一阶段，是藩镇割据的形成时期。代宗广德元年（公元 763 年），安史之乱以史朝义自缢，其党羽纷纷投降朝廷而告结束。朝廷无力彻底消灭这些势力，便以赏功为名，授以节度使称号，由其分统安史所占之地。这些节度使虽名义上服从朝廷，实则独立。军中主帅，或父子相承，或由大将代立，朝廷无法过问。

第二阶段从唐宪宗李纯永贞元年至元和末年，是讨伐叛镇的时期。永贞元年（公元 805 年），唐宪宗即位，在他祖、父十多年努力之后，中央军力和财力都有了一定基础，他开始施行削藩政策。通过唐宪宗一朝的努力，藩镇长期割据似乎被消解了。但这仅仅是表面现象。通过武力对割据势力进行打击，只是治标不治本的办法。彻底解决割据问题的办法在于制定一个良好的制度。但是，处于风雨飘摇中的唐朝中央政府，自身的乱源——宦官专权和朋党之争还没有解决，又怎么有能力去解决地方问题。

第三阶段从唐穆宗初至唐懿宗末，是藩镇复活并猖獗的时期。

宪宗伐叛创下的新局面没有维持多久。由于长期战争，中央府库的积蓄已经枯竭，宪宗晚年任用聚敛之臣，遭到百姓怨恨；新的统一局面也使大臣们思想麻痹。元和十五年，宪宗死，穆宗即位后，“销兵”（即裁减兵员）的主张盛行一时。销兵虽可以节省财政开支，但被裁的士卒无可靠生计，又是一个乱源。长庆元年（公元821年）卢龙发生兵乱，将士囚禁朝廷派去的新节度使张弘靖，尽杀其幕僚。接着，成德军将又杀了自魏博移镇成德的节度使田弘正，朝廷命裴度统兵讨伐，又命魏博节度使田布出兵助讨成德，但将士不肯出力，要求田布行河朔故事（即恢复独立状态），后田布自杀。于是“河北三镇”又脱离了中央控制，被裁的士卒纷纷投奔其下。新的割据者朱克融、王廷凑、史宪诚还原旧传统。裴度的讨伐军无功而还。朝廷因为军费浩大，无法支撑长期作战，只好承认现实。经此，唐朝中央再也没有恢复河北的打算。即使在唐朝尚能控制的区域内，也出现了一些较弱的新割据者，如徐州大将王智兴逐节度使崔群，自领军务，朝廷即授以节镇。泽潞节度使刘悟擅囚监军使刘承偕，朝廷无可奈何，宣布流放刘承偕，刘悟方才将其释放。后来刘悟子孙三代据有泽潞。唐武宗会昌四年（公元844年），在李德裕主持下，平定了泽潞。这次被称为“会昌伐叛”的胜利，对于稳定中央直接控制地区起了积极作用。总之，在第三阶段中，藩镇有所复活并发展，不过程度不如第一阶段之甚。在这段时间内，不论是在唐朝控制的地区，还是割据藩镇控制的地区，都经常发生牙将逐帅的事件。

藩镇割据是唐朝覆灭的一个政治毒瘤。而此后五代十国的历史实际上就是唐朝藩镇割据历史的延续。直到宋太祖赵匡胤建立北宋，通过“杯酒释兵权”的办法，削夺了统兵大将的兵权，并将地方的各种权力统统收归中央，才得以解决。

组织制度的稳定性和灵活性之间的矛盾，一直贯穿在组织存在的整个生命周期之中。组织要想基业常青，就必须首先解决这个问题。但是，制度之能发挥作用，不仅需要制度本身设计上的灵活性和稳定性的统一，还需要有文化的支持。没有文化的支持，组织制度所起的作用就会大打折扣。

文化不再　组织死亡

组织的衰亡是由多种原因造成的。战略失当、制度僵化抑或人才枯竭，都会导致组织走向灭亡。但是，如果我们将组织理解为由人组成的，组织的行为实际上就是人的行为，那么，组织的灭亡首先乃是组织思想的死亡，是组织文化的没落。在组织的衰亡阶段，组织的主体文化已经失去了对臣民的约束力和吸引力。

在中国皇朝的历史上，一个皇朝在其灭亡时期，首先表现为官吏的大规模贪污腐化、皇帝的懦弱无能；其次则是各种皇朝的异化势力，诸如宦官、军阀、盗匪等等，层出不穷；而最致命的则是民不聊生，广大人民生活在水深火热之中。整个皇朝堕落了，作为皇朝灵魂的主体文化衰亡了，皇朝本身势必迟早灭亡。

钱穆先生在《国史大纲》中讲到，东汉末年士大夫们不肯同心协力建设一个统一的国家，主要有两个原因，“一则他们已有一个离心的力量，容许他们各自分裂。二则他们中间没有一个更健全、更伟大的观念或理想，可以把他们的离心力团结起来”。在这里，钱穆先生就把思想和文化上的沦落当作了皇朝衰亡的一个重要原因。

主体文化的裂变：文化不再

统一的思想和文化，乃是组织制度和行政统一的精神保证。这个统一的思想和主体文化，不仅为组织成员的行动提供统一的纲领，而且通过社会舆论的强大威力约束不想统一的成员。主体文化的作用在皇朝的创业、成长、盛世阶段，得到了充分的发挥。而在转折和改革阶段，文化的变革也是改革成功的一个关键因素。但是到了皇朝的末世阶段，随着皇朝政治、经济状况的恶化，统一的思想和文化遭遇重创。而统一思想的解体和日渐衰落的主体文化，又反过来加速了皇朝的分裂和覆亡。

我们来看思想变化在东汉灭亡中的作用。我们前面已经讲到，东汉亡于地方军阀势力的割据，中间则夹杂着外戚和宦官的专权。外戚和宦官的专权与内斗，是导致东汉政治腐败的主要原因。在这个过程中，东汉的地方势力开始崛起，并控制了中央政府。地方长官演变成为割据一方的军阀有一个过程，这个过程就是儒家大一统观念的衰落过程。汉初，地方行政长官即郡太守，其地位是很高的，秩两千石，与中央政府的九卿处于同一个地位。郡太守可以直接调到中央政府作九卿的官职。到了东汉，郡太守的地位越来越高。有中央政府的尚书、仆射，被任命为地方的太守，而太守也越来越多地到中央担任九卿或三公。郡太守可以有自己的属官和幕僚，可以自由主持地方的政事，自由支配地方的财政，并拥有地方军队的调动和指挥权。这样的郡太守，权高位重，并且任期也很长，俨如古代的诸侯。但这在西汉和东汉前期并没有引起大的动乱。这一方面固然是因为西汉和东汉前期中央政府力量强大，但是汉武帝通过“罢黜百家，独尊儒术”，确立了大一统的儒家思想在皇朝政治指导思想上的主导地位，这个主导思想对于维护统一所起的作用不容忽视。整个主流文化和主流的社会舆论都在支撑着帝国的统一。地方割据势力并没有在文化、思想和舆论上占据上风。

到东汉后期，特别是汉桓帝和汉灵帝统治时期，地方势力逐渐膨胀。在这个地方势力膨胀的过程中，则有一种观念和思想以及这个思想所造就的文化，在支持地方势力的膨胀。这就是钱穆先生所谓的“二重的君主观念”(《国史大纲》)。即地方长官的下属都把自己的长官作为自己的“君”，而自己则是地方长官的“臣”。所以一郡的官吏对于太守来说，在思想上都以君臣的名分自称。有些郡太守死后，其手下的官员还有为之死节的。东汉末年，广陵太守张超被曹操所杀。张超原来做太守时的一个手下叫臧洪，已经被袁绍任命为东郡太守了。但当得知张超被杀后，十分怨恨袁绍不去救张超，虽然他是袁绍任命的，但还是与袁绍绝交了。在给袁绍的绝交书中，臧洪说：我之所以担任您任命的太守，是为了一个共同的理想，即扫清寇逆，共尊王室。但是我原来的主人被曹操侵略时，向您求救，被您拒绝了，才被杀掉。这样的话，我们之间的友谊就没有继续下去的理由了。如果我再继续和您交往下去，那么我忠孝的名声就被侮辱了。

这种观念的流行，使得地方的最高长官不再是中央所控制的官员，而成为拥有效忠自己势力的地方诸侯。当时所形成的社会风气是除非在中央政府任职，否则地方官吏的心目中，乃至道义上，就只有一个地方政权而并没有中央的观念。这种思想观念打破了儒家天下一统的传统主流思想，在文化层面上为地方势力的割据提供了支持。甚至已经身为中央政府的官员了，仍然有许多人为了去给自己的旧主人奔丧，而丢弃在中央政府的官职。

在中国古代历史上，掌握皇朝思想主流的是士大夫阶层。而在东汉末期，当时的士大夫们已经有了两重君主的观念。这个两重君主的观念与儒家所宣扬的天下一统的思想相抵触。国家一统的思想式微，而逐渐代之以家臣和诸侯的思想；君臣的观念也逐渐淡薄，而代之以友朋。这种思想上的变化，东汉后期开始形成，到了汉献帝时期，则已经盛行。董卓、曹操、袁绍、袁术、刘表、孙权、刘备等割据一方的军阀都拥有效忠于自己的官僚集团。他们的官僚集团并不以自己是汉朝的官员自居。所以那些逼迫汉献帝退位禅让的大臣，诸如华歆、王郎等人，并不以自己背叛东汉为耻，因为在他们的思想中和社会主流的文化中，他们并不是汉朝的官员，而是曹操集团的官员。

这段历史验证了组织思想文化对组织衰亡的重要作用。组织成员思想的变化和组织主流文化的没落，对于组织的衰亡而言，无疑是雪上加霜。

文化的堕落与蜕变：人心不古

中国历史上，皇朝在鼎盛时期确定的主体思想通常为儒家思想。儒家思想的核心价值观乃是君君臣臣、父父子子，特别重视这种人与人之间的伦理观念。所谓“忠臣不事二主”，就是这种伦理观念的通俗说法。

但是，到了皇朝的末世阶段，主体文化发生了裂变。儒家的正统观念不再能够有效约束普通臣民的行为了。这种主体文化裂变的外化，就是皇朝末世的人心不古。所谓人心不古，指的是人们不再以皇朝的主体文化作为自己行为的潜在规范。以儒家学说为例，在儒家学说的主体地位不断被侵蚀的过程中，原来儒家的对皇帝君主的忠诚观念也发生了变化，背叛自己原来的君主，已经不会再受到文化的制约和舆论的谴责。

在大唐帝国的末世阶段，原先跟随黄巢起义的朱温，投降了唐朝；而后又杀死唐朝的末代皇帝，自立为帝。这种行为不仅没有遭到整个社会的抵制，而且还在后来的五代十国中重复上演。这无疑说明儒家的那种忠于君主的主体思想已经被彻底破坏。

五代时期，冯道（882－954），字可道，自号“长乐老”，瀛州景城（今河北沧州西北）人。唐末投刘守光作参军，刘守光败后投时任河东监军的宦官张承业，被命为巡官。张承业以其“文章履行”为由，将冯道推荐给晋王李克用，冯道遂被命为河东节度掌书记。后唐庄宗李存勖即位后拜冯道为户部尚书、翰林学士。李克用的养子李嗣源后来兵变，夺取了李存勖的皇位，即为后唐明宗。冯道转而奉迎李嗣源，因“劝进”有功拜为宰相。长兴四年（933年）明宗死，冯道继续担任愍帝时期的宰相。不久潞王李从珂在凤翔反，愍帝出逃后冯道率百官迎潞王入京，潞王登基，即唐末帝，冯道继续担任宰相一职。后晋灭后唐后，冯道又事后晋，任司空、同中书门下平章事等职，后又加封司徒，兼侍中，封鲁国公。石敬瑭死后，冯道任后晋出帝石重贵之宰相。契丹灭晋后，冯道事契丹，被封为太傅，跟从辽太宗耶律德光北归至常山。后汉建立后，归汉以太师职奉后汉。后周灭后汉后，又事后周，被拜为太师兼中书令。冯道死于954年，年七十三岁。冯道死后，被周世宗追封为瀛王。冯道一生，历经五代，三入中书，担任宰相、三公、三师等职位近三十年，前后奉侍八姓十帝，终身享受“国家高级领导人待遇”。冯道处乱世而历巨变，政权和皇帝走马灯似的轮替不休，他的官运却一路亨通，长兴不衰，不但长年位极人臣，死后更被追封瀛王，五代末年其声望一度达到顶峰，实为历代所罕见。

像冯道这种见风使舵的人，不仅没有受到当时各个集团领导人的排斥，也没有受到当时舆论的谴责。这说明在当时，儒家的忠孝思想和观念已经不能起到约束社会成员的作用了。文化不再，人心不古，再次得到了验证。

宣传攻守易位：又一道轮回

文化之起作用，需要宣传作为手段。而到了皇朝的末世阶段，皇朝的主体文化已经裂化，进行宣传的基础和优势已经不再。各种异己力量则充分利用了皇朝政治上的腐败和经济上的破产，在宣传上打击皇朝，加速了皇朝的覆亡和新势力的崛起。那些竞争对手，不论是朝中统治集团，还是被统治集团，以及外部政权，无不利用宣传来打击已经风雨飘摇的旧皇朝，为自己夺取天下造势。这些宣传除了揭露末世皇朝的腐朽之外，还为新政权的建立披上合理、合法的外衣，即夺权有理。

我们曾从创业的角度论及舆论宣传的重要作用。那时，宣传的重要作用乃是揭露对手的残暴、腐朽，宣扬自身的主张，从而在舆论上占据优势。不破不立，破中有立。末世皇朝在新兴势力的舆论攻击下，毫无还手之力，彻底丧失了宣传力量。最根本原因是末世皇朝的政治、经济、文化等都已经腐朽了没落了，已经没有了优势宣传的本钱。再者，末世皇朝的宣传机器也运转失灵了。而舆论和宣传优势的丧失，无异于失去了话语权，从而加剧失去民心。

皇朝末年，新兴势力集团的崛起和取代旧皇朝的过程，无不与舆论和宣传有关。王莽篡汉自立，就是利用舆论和宣传打击末世皇朝的典型。汉成帝死后，王莽遭受重大打击，被剥夺了官职，又被赶出京城。在交通不发达的古代，离开京城就意味着很难再咸鱼翻身了。处在绝境中的王莽想到了制造舆论、依靠舆论。元寿二年（公元前 2 年），王莽的儿子王获杀死了一个奴隶，当时法律规定，主人对奴隶有生杀之权，即使是冤杀，处罚就可以了事。但是王莽借题发挥，他让自己的儿子自杀偿命。这个大义灭亲的举动，使众多大臣纷纷为他求情，要求恢复他的官职。恰恰这一年又发生了日食，这在古代被认为是一种不祥的征兆，说明皇帝犯了错误。这又成了为王莽说情的大臣们借题发挥的好题目。汉哀帝只好下诏将王莽召回京城。不久，汉哀帝病死，王莽得以东山再起。王莽为自己的复出巧妙地利用了舆论的力量。而面对王莽这个对手，汉哀帝和汉平帝以及皇帝身边的人，在舆论上拿不出任何反击的措施，从而使得王莽得以做大。

借助舆论和宣传为自己夺权做准备的情形，在中国历史上屡见不鲜，明明大家都知道有些事情纯粹就是骗人，还是屡试不爽。1916 年，袁世凯称帝之前，也学了这一手，大造舆论，为自己称帝收买人心。

东汉末期，曹操的儿子曹丕要夺取汉献帝的皇位，也是采取了这样的方式。先是各地出现各种祥瑞和异常现象，并且都显示曹氏应该代替刘氏作皇帝。然后，曹丕让手下的大臣逼迫汉献帝下诏书将皇帝禅让给曹丕。而且还要下三次，曹丕假意拒绝三次。这些样子都是为了在舆论上获得支持。曹丕在登上皇位后，曾说了一句话：所谓的尧、舜、禹的禅让，其中的道理，我算是明白了。

皇朝末世，不仅权臣篡位重视舆论和宣传，那些反对皇朝统治的起义也利用这种方式来获得支持。比如元朝末年的红巾军起义时，独眼石头人上面刻着“石人一只眼，挑动天下反”的字样。

末世皇朝的悲剧就在于，想当年皇朝的创业者们就是利用现在反对者的手段创业成功的；而现在，自己又成为了被攻击的对象，历史的轮回，岂不让人回味不已？

组织的转折，无比漫长又充斥着辛酸；组织的改革，有着重振雄风的伟大志向，但是对后来人而言，这个伟大志向只不过表现为挽救组织灭亡的最后一搏，组织的衰亡在这种“无力回天”的悲壮中不可避免的到来了！

通常，每到后期，组织就陷入了令领导者无法掌握的混乱无序状态，伴之的是那么无奈，终之的则是轰然崩溃。但这终究是一个生命周期，是历史演变的法则。纵观历史，亡国皇帝不尽是无道昏君，也有颇具壮志和能作为的，但是终究逃脱不了历史的规律。

面临崩溃，于凄凉中反思，皇朝的灭亡是诸多因素共同作用的结果。除了分析皇帝的角色（领导者的作用）外，也必须挖掘皇朝本身的（结构的、行为的、管理的、文化的）原因。就好比，以崇祯皇帝的个人素质，若放在皇朝的成长阶段或者转折阶段，也不大可能背上亡国之君的名分，崇祯皇帝的“君非亡国之君，臣乃亡国之臣”，固然有为自己开脱责任之嫌，就当时明王朝混乱的管理制度、颓废的社会局势，实在是积重难返，明王朝的灭亡已是大势所趋，挽狂澜已非一人之力，崇祯皇帝的绝望之情难以言表。所以，惟有立足于皇帝和皇朝两个基点，从领导与组织的相互作用切入，才可能最大限度的破解古代中国皇朝的兴衰和更替，发现古代中国皇帝的管理成败与得失。

衰亡固然让人哀叹，但又有谁愿留恋在那破败不堪、死气沉沉的末世皇朝?！开基虽然起于乱世，但又有谁不向往那气象万千、歌舞升平的组织新兴?！

破立之间，不由兴叹：风雨飘摇中，大厦将倾；乱世情态下，孕育新生。

结语

围绕着组织演变，我们在前五章分别从皇朝的时代环境、阶段领袖、人才管理、组织制度、文化政策五个方面，对皇朝的开基、成长、巅峰、转折、衰亡五个阶段进行了动态管理学透视。其实，皇朝的阶段演变过程就是对组织进行动态管理的过程。而静观中国古代皇朝，皇帝所拥有的至高无上的地位和不受限制的权力，决定了皇帝的角色至关重要，他的素质和能力基本决定了他所经营皇朝的兴衰成败，也就演绎出了一幕幕皇朝兴衰更替大戏。戏中主角之于戏剧的决定性，不容我们迟疑和回避。

角色定位，是现代组织管理学的基本原则，是组织（群体）行为的静态因子，它强调角色基础、角色分工、角色能力和角色责任，其实就是现代组织的职位说明书。在这里，一般预设有：首先是组织的各个方面，有无定位角色；其次是基于组织的任务，定位是否准确；再次是随着条件的变化，角色有没有进行及时调整；还有一个岗位与能力相匹配问题，也就是在一定的环境中，占据这个位置的人的能力是否足够胜任这个角色。谈到一个组织，毫无疑问，领导者的角色首当其冲。领导者作为组织的代表和符号，贯穿于组织产生、成长、兴盛乃至衰亡的全过程。领导者作为群体之首、事业之帅，是智慧、学识、才能、胆略和经验的集合体，肩负的使命和执行的职能不可替代。正如是，解析一个组织的兴衰成败，必须厘定该组织最高领导者的角色问题，否则，无以回应勾勒和实现组织目标，无以聚合和发挥群体功能。管窥中国古代皇朝的动态演变，我们已经发现，除了皇朝本身的（环境的、结构的、管理的、文化的）原因，皇帝之于皇朝每个阶段的作用都非常重要，完全有必要也必须加以思考。

众所周知，“皇帝”作为君主名号，起始于秦始皇。之前各王朝有“王”而无“帝”，实行的是“受民受疆土”的分封制，组织结构、人事制度、文化传统与秦后有着根本不同。秦国王嬴政称“始皇帝”以后，“海内为郡县，法令由一统”，“命为制，令为诏”，“天下大事无大小皆决于上”，天下权力都集中到了皇帝一人手里。自此，皇帝成了名副其实的皇朝领导者，围绕皇帝的**人格**开始符号聚合，围绕皇帝的意志开始制度建构，皇帝究竟应该具备什么样的素质，担负着什么样的**使命**，在领导者的两大基点——**决策**和**用人**——上又是如何施力，以及运用着怎样的必不可少的**权谋**，都有待我们进行角色定位，完成静态管理分析。

1. 人格。围绕皇帝这个角色进行人格分析，我们发现皇帝被环境所要求和塑造的个人性格、气质、能力和行为特征，已经形成了比较稳定的意识倾向性和特征反应。只有了解、理解了皇帝的这种人格，清楚、明白了皇帝的这个符号聚合，才能从本质上认知皇帝做为最高领导者在皇朝这个组织中所处的位置和所起的作用，这也是角色定位的关键所在。

我们认为，皇帝的人格有五方面意思：最纯粹的人性舞台，构成皇权的品质；有意识的领导准备，强化皇帝的素质；无模式的自我修炼，成就皇帝的情商；潜规则的始作俑者，写照皇朝的管理；难形容的极权孤独，诉说皇帝的命运。

皇帝是皇朝的拥有者，并且在领导着皇朝的发展。皇权的倾向是摆脱限制、毫无顾忌，并且渗透在社会的每个角落。质言之，皇帝是独制天下而无所制的。正因此，皇权才是最无所顾忌的，也才把人性发挥得淋漓尽致。人的欲望是无止境的，因此智者推崇节制的美德。无所制的权力与无止境的欲望相结合，于己是尽情挥洒，对人可就是悲境梦魇了。

掌握如此皇权的皇帝，为我们提供了一个管窥领导者的视界，即如何产生了一个权力无限大、欲望无限大的领导者，这样的领导者又将给组织带来什么危害，怎样才能避免或者至少降低有违组织初衷的损害。管理学给我们的启示是，不能忽视人性在个人身上及组织中的作用，如果任其滋生、发酵，什么样的情况都可能出现，但结果只会有一个，那就是杜牧所说的“秦人不暇自哀而后人哀之，后人哀之而不鉴之，亦使后人复哀后人也”。犹如小时候，我们所读到的普希金的《渔夫与金鱼》的故事，那个丑陋的老太婆，随着第一个愿望的被满足，第二个愿望接踵而来，一个接一个，胃口越来越大。最后的结果呢，仍旧只有一只旧木盆。世人的贪欲，得寸进尺，得陇望蜀，没有止境。世人一旦有某种权力在手尚且如此，君王的贪欲也就更为可怕，因为他拥有无限的权力，没有人可以阻止他。权力的过分集中导致位于权力金字塔最顶端的皇帝无须为其他任何人负责，致使缺乏责任感；假如皇帝再迷失了方向，不再为皇朝初建时设定的目标而努力，也就丧失了使命感。试想，大权在握，不受限制，缺乏责任，丧失使命，将是怎样的一个后果?！正因为权力场中的人性如此，才有了围绕权力所设定的种种制度，以赋予权力的权威、规范权力的运行，从而避免失却权力的初衷。这就是我们的分析基础。

古代皇朝是这么个舞台，现代商界亦然。如果一个组织缺乏对最高权力运行规则的设计、缺少对最高权力游弋空间的限制，或者虽然有限制但在最高领导者的权威笼罩下，根本无法得到有效贯彻，那么，该组织也势必将随着英雄式领导者的式微，而随即从光辉的顶点陨落消失。古代皇朝中，汉武帝刘彻、唐玄宗李隆基、清高宗乾隆如此；现代企业中，这样的例子也不胜枚举，像爱多的胡志标、三株的吴炳新、春都的高凤来，终成商界之悲歌。

从前五章的论述，我们已经看到中国古代皇朝所展现的这么一个历史简单定律：创业→成长→巅峰→转折→衰亡。每个皇朝的兴衰成败都不外乎是客观因素（以皇朝自身原因为代表的历史力量）和主观意志（以皇帝自身原因为代表的领导力量）在某一情势下的节点。历史和经验给定的逻辑是：环境的、结构的、管理的、文化的原因在皇朝演变中占有相当比重，皇朝并不是全系于皇帝一身。但是，皇帝毕竟是作为皇朝的最高领导者的，犹如组织的领导核心一样，他的思想和作为是左右皇朝的决定性因素之一。因此，自古以来，皇家就特别注意对皇帝本人和皇位继承人的培养、教育和锻炼。

清圣祖康熙帝虽是满清政权入关并扎根中原的终成者，但其本身却是对汉文化深为折服的，而且还能兼习西洋科学。这其实是与其祖母孝庄皇后有意识的领导培养直接相关。康熙不仅本人得益于此，更是把对文化教育的重视发扬光大，把儒家的修齐治平作为教育子孙的纲领。他为他的子孙们确定了四书五经及满汉蒙文等文化课程，要求皇子皇孙们定期参加皇家的骑射锻炼。他还意识到，要想使祖宗基业万代相传，光靠文武兼修还不行，还必须使子孙们在胸襟和气度上得到全方位训练。也就是要想做一个优秀或者称职的领导者，不仅要博学多才，还要博闻强记、见多识广、气宇轩昂。为此，康熙在自己带兵打仗、出巡四方的时候，总是尽可能多地把皇子皇孙们带在身边，让皇子们都多识些天下事务、治国政务，心里装着天下，而不是将视野局限在京城深宫中，仅囿于蝇营狗苟的微细。素质可以有意识地准备，但是情商却都是无模式的修炼。这也就说明了为什么同是千古一帝康熙皇帝的儿子，有的城府极深，有的喜形于色；有的自恃权力，有的注重权威；有的纠缠微细，有的高瞻远瞩；有的执迷不悟，有的渐修顿悟……如此种种，均解构了为什么有人已无限接近领导的位置，却难以担当领导的角色，最终落得身不由己；有人虽看似远离领导的位置，却已经近乎于领导的水平，自然是瓜熟蒂落、花落本家！

史书千万，思绪万千。皇帝的权力确是无限大，皇朝虽有围绕皇帝意志和皇朝使命建构的制度规范，但是皇朝却是中国式管理中的潜规则的始作俑者。刚看过由武汉人民艺术剧院创作演出的大型历史话剧《张之洞》，其间导演着力塑造的人物形象“敢为天下先，凡难而进，知其不可为而为之”的张之洞，便是触动、冲击皇朝管理潜规则之人。质言之，敢为天下先，便是敢于突破天下一律的禁锢；凡难而进，更是道出了触动潜规则的难度；知其不可为，张之洞身在皇朝官场也是洞晓那个约定俗成的潜规则的；而为之，让人无法不感慨个人行为之于组织惯性的微薄之处，张之洞仰天长吁生不逢时，是英雄的悲剧，还是悲剧的英雄，让人思酌再三。张之洞44岁被慈禧太后破格由四品翰林擢升为二品封疆大员，巡抚山西，由此开始了与潜规则的较量历程。在山西，张之洞一到任，便不顾山西业已形成的盘根错节、场内漆黑的局面，坚决拿下了以同是二品身份领衔藩司的、曾国藩部将葆东及其为首的众多府县，一石荡起百千浪，全朝本部十八省为之色变，强烈要求朝廷不得纵容张之洞的不守规矩，可见当天下一色的时候，天下都认为一个错误的行为是惯常，你行使原本合乎逻辑、合乎道理的举动，便成了不守规矩，如此的官场，何来淳厚的社会风气。始作俑者？始作俑者！慈禧太后更是无奈，惟有把解进京城的葆东释放并任以官职，也只好调离抚晋兴革不到三年的张之洞。慈禧太后召张之洞进京，当张之洞申诉是非时，慈禧太后声色动容地“调教并指点”张之洞：张之洞，你要明白两句话，第一，高处不胜寒；第二，大有大的难处。连掌有皇朝最高权力的慈禧太后都很无奈，可见皇朝潜规则的力道是多么深邃；另一方面，也说明了皇朝领导者的惨淡命运以及难以形容的极权孤独。张之洞调任两广总督后，赶上中法战争爆发，在督战谅山时更是冒着被摘掉顶戴花翎的后果，不顾他也知晓的、业已形成的规则，起用被朝廷通缉的黑旗军刘永福，因此打胜了晚清难有胜迹可尝的中法战争。慈禧太后对此也欢欣鼓舞，却一样地被可怕的官场惯性所湮灭，中法战争不败而败。张之洞任湖广总督十八年中，他在武汉施新政、兴实业、办新学、练新军、修铁路……

竭尽心力，留下了不可磨灭的功绩。然而，在那个明知不可为的动荡时代，张之洞每走一步都荆棘丛生，招来朝野一片鼓噪和诋毁。阳光后面是黑暗，黑暗之中充满着苦痛。这丛生的荆棘便是皇朝的潜规则，那一片鼓噪和诋毁，便是触动了看不见但力道独特、力量无穷的潜规则的反应。对此反应苦痛的，不仅有不顾一切触犯潜规则的张之洞，还有那处于深宫的慈禧太后——拥有极权但却无比孤独的皇朝领导者。

2. 使命。在西方等同于愿景，好比我们心中的那个最大、最远的愿望。拿秦始皇为自己所起的名号“始皇帝”来说，把皇朝传给子子孙孙，二世、三世……以至千世万世，就是秦始皇建构皇朝系列作为时心中的那个愿望。换言之，就是现在常说的、皇帝所希望的基业长青。

> 我们认为，基业长青有五方面含义：牢固掌控皇权，这是皇朝管理的基点；调和利益冲突，这是皇朝管理的关键；洞悉民心所向，这是皇朝管理的基础；永续皇朝统治，这是皇朝管理的蓝图；难解兴衰更替，却是皇朝管理的困境所在。

皇位可以继承，江山也可以承继，但开基皇帝的人品威望、治世才干却无法遗传，新皇帝，无论是成长阶段、还是巅峰阶段、转折阶段的皇帝都必须一切从头学起，但是基业长青的梦想却是更始不变、世代相传的。这也是古代皇朝与现代组织共同和相通的地方。

天下可由马上而得，但不可由马上而治。一旦创业成功，就再不能象打天下阶段驰骋疆场、随心所欲，以目的证明手段之正当了。要想守成有望、基业长青，就必须谨慎、节制、建构、规范；就必须励精图治，因势利导，顺势而治。即使这样，要达成基业长青的使命也绝非易事。在此情态下，任谁不兢兢业业，如履薄冰。稍有疏忽、半点闪失，祖宗之家业便毁于一旦，再没有什么基业长青，愿望也将永成天方夜谭。

3. 决策。是管理工作的首要环节。古代皇朝的乾纲独断也好，现代组织的民主集中也罢，都是一个决策过程，都需要领导者识别环境、利用机会、整合力量、解决问题。中国古代皇朝史上的重大决策，如秦始皇焚书坑儒、汉景帝削藩、刘备隆中对、李渊太原起兵、唐太宗和亲、宋太祖杯酒释兵权、赵光义北伐、宋仁宗立储、蒙元国策、朱棣迁都、崇祯杀袁崇焕、康熙平定三藩、统一台湾等等，虽有大环境、小气候的影响，但无不是成也领导、败也领导。

> 我们认为，古时皇帝和现时领导的决策，无不归结为四个字——战略运筹，内涵的意思有这么五点：把握战略方向，是为使命第一；把握整体态势，是为全局为要；把握关键环节，是为谋定后动；把握现实要求，是为统筹谋划；把握成长步骤，是为与时俱进。

4. 用人。古称知人善任是治国之要道。比于现今，用人乃是组织领导者除了决策以外的又一重要着力点。正如新中国的缔造者毛泽东强调的，“路线确定之后，干部就是决定的因素。”无论是曹操之三下求贤令，还是刘备之三顾茅庐；无论是唐太宗之成于魏征直谏、房谋独断，还是唐玄宗之失于李林甫、杨国忠；宋神宗之于王安石，明神宗之于张居正，乃至乾隆朝中之和珅、刘墉、纪晓岚等等，无不体现出皇朝用人之关键，无不显示着皇帝用人之处心积虑。

我们认为，用人方略虽然多多，但仍然可以归结为这样五点：唯才是举，任人唯贤，是为领导识才之慧眼；不拘一格，是为领导选才之方法；知人善任，是为领导用才之韬略；国以才立、事以才成，是为领导聚才之方略；海纳百川，是为领导容才之度量。

5. 权谋。在中国被形象地称为帝王术，而且历来被明里嘲讽、暗里运用。其实，现今推崇的策略与古时所谓的权谋是一个意思。凡事只一味的强调原则，直来直去，看似光明磊落，其实一事难成。因为原则只是出发点，要想找到落脚点和归宿，必须找准切入点，必须不失灵活地策略一番，这便是权谋运用的过程。只不过在古代帝王那里，皇帝为了他的统治，更显得赤裸裸罢了。所以一提到皇帝统治，“极尽权术”四个字便不得不提。然而，天下最难之事，莫过于帝王治下之术。即便是拥有足以傲世的文治武功，康熙皇帝也曾感慨：事功易，成功难；成功易，终功难。这时，不见了千古一帝的绝伦风采，反倒多了几许辛酸和无奈。

我们认为，皇帝权谋可以凝结为这么六个方面，虽然没有全面列入，但最重要的已基本涵盖：是为王霸、刚柔、儒法、德威、左右、内外。真是辩证法充斥其中，平衡术弥漫内外。

王霸，即修之以王道，图之以霸道。刚柔，即恃之以刚猛，用之以宽柔。儒法，即尊之以儒教，施之以刑法。德威，即明之以德化，慑之以威严。左右，即环之于左膀，顾之于右臂。内外，即扶之以内廷，制之以外朝。

附录一：主要皇朝皇帝的五阶段分类

	帝王	简要介绍	历史事件
创业阶段	秦始皇（嬴政）前 259 年——前 210 年	秦始皇嬴政，秦庄襄王的儿子。从公元前 230 年到前 221 年，秦国先后灭了韩、赵、魏、楚、燕、齐六国。统一全国后，自称皇帝，建立了中央集权制度，实行郡县制，统一度、量衡等，在中国历史上是重大的举措。	荆轲刺秦王 焚书坑儒
	汉高祖（刘邦）前 256 年——前 195 年	汉高祖刘邦，字季，出身农民家庭，陈胜反秦起义，刘邦响应，自称“沛公”。公元前 206 年，刘邦攻入咸阳，后又与项羽争天下，经 4 年，打败项羽。于前 202 年建立汉朝，史称“西汉”。	垓下之战 白登之围
	汉光武帝（刘秀）前 6 年——57 年	光武帝刘秀，字文叔，汉高祖刘邦的九世孙。参加绿林起义军后，在昆阳以少胜多，打败王莽军。25 年刘秀称帝。	马革裹尸
	魏武帝（曹操）155 年——220 年	魏武帝曹操，字孟德，175 年举孝廉，任洛阳部尉，后镇压黄巾起义有功，官职不断提升。196 年，曹操迎汉献帝至许昌，取得“挟天子以令诸侯”的政治优势。曹操颁布“屯田令”，又任人唯贤，势力不断壮大，先后灭掉吕布、袁术、袁绍等，使“三分天下有其二”，但 208 年于赤壁败于孙刘联军，形成三国局面。曹操不仅是杰出的政治家、军事家，而且是出色的文学家，代表作有《观沧海》。	三下求贤令 官渡之战 统一北方
	昭烈帝（刘备）161 年——223 年	昭烈帝刘备，字玄德，河北涿县人。小时家境贫寒。东汉末年，黄巾起义爆发，他镇压有功，任徐州牧。经一系列征战，取荆州、益州、汉中，与魏、吴成三国鼎立之势。221 年于成都称帝，国号汉，年号“章武”，史称“蜀汉”。219 年，吴蜀江陵一战孙权夺荆州，关羽败死，刘备为收复荆州，于 221 年发动彝陵之战，后被吴将陆逊击败，223 年，刘备死于白帝城，时年 62 岁。	桃园结义 三顾茅庐 夷陵之战 托孤白帝城

	吴大帝（孙权）182 年——252 年	吴大帝孙权，字仲谋，父孙坚，兄孙策经征战，据有江东六郡。200 年孙策死，孙权袭职，208 年，于赤壁打败曹操，形成三国鼎立之势，又派吕蒙袭荆州，杀关羽，在夷陵击败刘备。派朱温到台湾。222 年，孙权称帝。孙权治国有术，曹操也不无感慨“生子当如孙仲谋”。	坐领江东 赤壁之战 合淝之战
	晋武帝（司马炎）236 年——290 年	武帝司马炎，司马昭的长子。265 年，司马炎即晋王，逼迫曹奂禅位，建立晋朝，280 年，攻下建业，吴国灭亡，完成了统一事业。晋武帝生活十分荒淫，晋宫内宫女万人以上，社会风气荒淫奢侈。	势如破竹 晋灭吴 王恺、石崇斗富
	隋文帝（杨坚）541 年——604 年	隋文帝杨坚父杨忠，北周隋国公。杨坚袭位后，迫静帝退位，自立为帝，国号“隋”。于 589 年统一全国，结束了长达 300 年的分裂局面。隋朝统一后，社会秩序安定。604 年，杨坚被其子杨广杀死，时年 64 岁。	隋灭陈 开皇之治 炀帝夺位
	唐高祖（李渊）566 年——635 年	唐高祖李渊，生于长安，世袭唐公，其母为隋文帝独孤皇后姐。渊累任州刺史，炀帝时，被召为殿前少监、卫尉少卿。征高丽之役，任督运于怀远镇。615 年任山西河东抚尉大使，617 年出任太原留守。隋末农民起义，时李密率瓦岗军与洛阳王世充相峙战斗，李渊乘机进取关中，11 月攻克长安，建立唐朝。退位后死于 635 年。	太原起兵 洛阳虎牢之战 玄武门之变
	宋太祖（赵匡胤）927 年——976 年	宋太祖赵匡胤 960 年发动“陈桥兵变”，建立宋朝。自建宋始，赵匡胤便建立新的军事制度，加强中央集权，开始统一全国。于公元 964 年、965 年、970 年先后消灭了荆襄、后蜀、南汉三地，又于 974 年击败了势力较为强大的南唐。此后，吴越与福建漳、泉等地的地方势力纷纷“纳土”于宋王朝，纷乱的时局逐渐结束。	陈桥兵变 杯酒释兵权 花蕊夫人

	元太祖（铁木真）1162 年——1227 年	元太祖铁木真，姓奇渥温，名铁木真，蒙古族人。1206 年，被蒙古贵族推举为“成吉思汗”。之后进行大规模的扩张，死于 1227 年，庙号太祖。	辛弃疾 嘉定和议
	元世祖（忽必烈）1215 年——1294 年	元世祖忽必烈，姓奇渥温，父拖雷，蒙哥的弟弟。1260 年即位，1279 年，灭南宋，定都大都。改国号“元”。死于 1294 年，时年 80 岁。	文天祥 马可·波罗 郭守敬与通惠河
	明太祖（朱元璋）1328 年——1398 年	明太祖朱元璋，安徽凤阳人，年号“洪武”。公元 1368 年 8 月，朱元璋领导的起义军攻陷元大都北京，元朝灭亡。同年，朱元璋在建康（今南京）称帝，改元洪武，建立了明王朝，他死于 1398 年，时年 71 岁。	明灭元 水浒传 三国演义 胡惟庸案
	清太祖（努尔哈赤）1559 年——1626 年	清太祖努尔哈赤，明嘉靖三十八年（1559）出生在建州的满族奴隶主家庭。1583 年，“自中称王”。万历四十四年（1616），在赫图阿拉建元称汗，国号大金（史称后金）。与明将袁崇焕在宁远交战中，大败而回并受伤，死于 1626 年。	萨尔浒之战 移宫案 红丸案 宁远之战
	清太宗（皇太极）1592 年——1643 年	清太宗皇太极，努尔哈赤之子，生于明万历二十年（1592）。努尔哈赤宁远战败身亡后即后金汗位，在位 17 年，卒于清崇德八年（1643）。庙号“太宗”。	袁崇焕之死 松锦大捷
成长阶段	汉文帝（刘恒）前 202 年——前 157 年	汉文帝刘恒，刘邦第四子。前 202 年，吕后死，刘恒即位。即位后削弱诸侯势力，减轻农民赋税，重生产，促进社会经济的恢复与发展。汉文帝十分节俭，穿粗制丝绸，妃子衣也不能拖地，陵墓随葬品只有陶器。	缇萦救父 文景之治
	汉景帝（刘启）前 188 年——前 141 年	汉景帝刘启即位后，平定吴楚七国叛乱，中央集权统治大大加强。景帝继续推行减轻赋税和徭役，实行与民休息的政策，遂成“文景之治”。	文景之治 七国之乱

	唐太宗（李世民）598 年——649 年	唐太宗李世民是中国皇朝史上少有的既能打天下又能治天下的开明君王。在唐朝统一全国的一系列战争中，他是起决定性作用的军队统帅，即位后，又通过一系列的改革措施，实现了历史上著名的“贞观之治”。	玄武门之变 玄奘取经 贞观之治
	唐高宗（李治）628 年——683 年	唐高宗李治，李世民第九子。政治上无所作为，后期被武则天把持朝政。683 年病死，时年 56 岁。	药王孙思邈
	武后（武则天）624 年——705 年	武后武则天于 655 年被高宗立为皇后，开始参与朝政。690 年自立为帝，国号周。虽然称帝十几年，实际统治却有五十多年。武则天当政期间，量才适用，国库丰盈。她于 705 年让位于李显，同年病死，时年 82 岁。	中国历史上唯一的女皇帝
	宋太宗（赵炅）939 年——997 年	宋太宗赵炅是宋太祖的弟弟，即位后继续太祖未完成的统一事业，978 年吴越王投降，979 年，北汉王投降，但在两次与辽国的作战时，均遭受惨重失败。自此宋朝与少数民族政权作战开始屡战屡败。	斧声烛影
	明惠帝（朱允炆）1377 年——1402 年	明惠帝朱允炆，皇太子朱标的次子，年号“建文”。惠帝登基后，免除各地拖欠租税，赈灾济民。令官府为民间卖子为奴者赎身。限制僧道占田数量，余田均与平民。但他削藩以统一军事，惹恼诸王，燕王朱棣起兵北京，1402 年攻入南京，惠帝一说被烧死，一说外逃。	靖难之变
	明成祖（朱棣）1360 年——1424 年	明成祖朱棣，朱元璋的第四子，朱棣以入京除奸为名，发动了“靖难之役”。经过四年战争，打败惠帝，夺取了皇位，建元永乐，是为明成祖。1421 年迁都北京，并下令编纂《永乐大典》。	永乐大典 郑和下西洋
	清世祖（福临）1638 年——1661 年	清世祖福临，皇太极第九子，是清朝入关后的第一位皇帝。崇德八年在沈阳即位，改元顺治，在位 18 年。卒于顺治十八年（1661），终 24 岁。	扬州十日 嘉定三屠 李闯王

	清圣祖（玄烨）1654年——1722年	清圣祖玄烨，顺治第三子，中国历史上在位时间最长的皇帝，在位61年。武功昭彰：平定“三藩”，三征噶尔丹，收复台湾，使得江山一统。	尼布楚条约
	清世宗（胤禛）1678年——1735年	清世宗胤禛，康熙第四子。45岁继承帝位，在位13年，死于圆明园。庙号世宗。	摊丁入亩
盛世阶段	汉武帝（刘彻）前157年——前87年	汉武帝刘彻，景帝第九子。武帝在政治上加强中央集权，陆续夺去大批王、侯爵位。先后以卫青，霍去病为将，与匈奴进行长期的战争，屡次大败匈奴。文化上“罢黜百家，独尊儒术”。武帝时是西汉最强盛的时期。	张骞出西域 漠北之战 苏武牧羊 司马迁
	唐玄宗（李隆基）685年——762年	唐玄宗李隆基，睿宗第三子。在位前期励精图治，使国库丰盈，百姓安乐。后期重用李林甫，杨国忠等，致使政治腐败，“安史之乱”险些葬送大唐江山。756年，让位与其子李亨，762年死，时年77岁。	开元之治 李白诗词 鉴真东渡 安史之乱
	宋真宗（赵恒）968年——1022年	宋真宗赵恒，太宗第三子，“性好学”，前期颇勤于政事。然军事上无所作为，不顾寇准等反对，与辽国议和，签订“澶渊之盟”，每年向辽国进贡。宋真宗时，发行“交子”，这是世界上最早的纸币。	澶渊之盟
	宋仁宗（赵祯）1010年——1063年	宋仁宗赵祯原名受益，真宗第六子，仁宗即位时才12岁，由皇太后垂帘听政，1033年亲政。仁宗“好近女色”，军事、政治均无大作为，起用范仲淹变法也失败。但是在其父子在位期间，北宋却是藏富于民，史称“真仁之治”。	庆历新政 活字印刷 柳永诗词
	明仁宗（朱高炽）1378年——1425年	明仁宗朱高炽，明成祖长子，年号“洪熙”。仁宗政治比较清明，采取一些缓和社会矛盾的措施。在位1年，死于1425年，时年48岁。	仁宣之治
	明宣宗（朱瞻基）1398年——1435年	明宣宗朱瞻基，仁宗长子，年号“宣德”。他和其父一样，比较能倾听臣下的意见，宣宗时君臣关系融洽，经济也稳步发展，与仁宗并称“仁宣之治”。	

	清高宗（弘历）1711年——1799年	清高宗弘历，生于康熙五十年（1711），卒于嘉庆四年（1799）。他是雍正的第四子，在位60年，退位后又当了三年太上皇，终年89岁。	四库全书 康乾盛世 十全武功
转折阶段	汉昭帝（刘弗陵）前95年——前74年	汉昭帝刘弗陵，武帝幼子。昭帝多次下令减轻人民负担，对匈奴的关系处理也较得当。昭帝死于前74年，时年21岁。	昭宣中兴
	汉宣帝（刘询）前91年——前49年	汉宣帝刘询，汉武帝曾孙，祖父刘据，父刘进。昭帝无子，立刘询。宣帝时，进一步确立了儒家思想的统治地位。他多次下令减轻人民负担。史称“孝宣之治，信赏必罚，可谓中兴”。	
	汉元帝（刘奭）前76年——前33年	汉元帝刘奭，宣帝子。即位后封王皇后一家五司马，侯十余，埋下外戚专权的祸根。元帝时汉朝国力开始衰弱。	昭君出塞
	唐肃宗（李亨）711年——762年	唐肃宗李亨，玄宗第三子。“安史之乱”时被拥立为帝。	杜甫诗词
	唐代宗（李豫）公元727年——779年	唐代宗李豫，肃宗长子。762年被宦官拥立为帝。平乱守成，中才之主。他在平定安史之乱时被封为兵马大元帅，在位时遭到吐蕃的进攻，失地逃亡。	
	唐德宗（李适）742年——805年	唐德宗李适，代宗长子，他猜忌刻薄，重用奸佞，为唐朝灭亡埋下了祸根。	
	唐顺宗（李诵）761年——806年	唐顺宗李诵，德宗长子。在位不到1年，退位给李纯。	
	唐宪宗（李纯）778年——820年	李纯，顺宗长子。宪宗依靠一些良相，在统一战争中取得了一些成就。基本结束了自安史之乱以来的藩镇割据的局面。但他重用宦官，终被宦官所杀。时年43岁。	灭藩镇 宪宗中兴
	唐穆宗（李恒）795年——824年	唐穆宗李恒，宪宗第三子。穆宗是一个荒淫的皇帝，刚登位就纵情声色。他企求长生不老，服药过量而死，时年30岁。	

	唐敬宗（李湛）809 年——826 年	唐敬宗李湛，穆宗长子。他在位时宦官势力太大，身不由己。826 年 12 月被宦官杀死。时年 18 岁。	
	唐文宗（李昂）809 年——840 年	唐文宗李昂是穆宗的第二子，他当政时宦官专权，文宗成为宦官的傀儡。他在位的时候也曾希望能剿灭宦官，失败告终。	甘露事件
	唐武宗（李炎）814 年——846 年	唐武宗李炎，穆宗第五子。武宗在位时，社会矛盾有一定的缓解，但他信奉道教，吃丹药而亡，时年 33 岁。	
	唐宣宗（李忱）810 年——859 年	唐宣宗李忱，宪宗第十三子，是武宗的叔父，他在位期间，注重考核官员，天下小康，他推崇佛教，也因吃丹药毒死，时年 50 岁。	
	唐懿宗（李漼）833 年——873 年	唐懿宗李漼，宣宗长子。他的生活十分荒淫，政治腐败，社会矛盾尖锐。	
	宋神宗（赵顼）1048 年——1085 年	宋神宗赵顼，宋英宗长子，1067 年即位。1069 年起用王安石，推行新法十几年，取得一定效果。神宗死后，在大官僚、大地主的反对下，变法终止。	王安石变法 《资治通鉴》
	宋哲宗（赵煦）1076 年——1100 年	宋哲宗赵煦，神宗第六子。即位时 10 岁，由祖母宣仁太后垂帘听政，起用司马光，尽行废止王安石的变法。哲宗死时 25 岁。	苏东坡诗词
	明英宗（朱祁镇）1427 年——1464 年	明英宗朱祁镇，宣宗长子，年号“正统”。即位时才 9 岁，宦官王振专权，1449 年，瓦喇大举南侵，王振挟英宗亲征，英宗被俘，史称“土木之变”，1450 年被放回，直到 1457 年，才又即位。死于 1464 年，时年 37 岁。	于谦保卫北京 土木之变
	明代宗（朱祁钰）1428 年——1457 年	明代宗朱祁钰，宣宗次子，年号“景泰”。英宗被俘后被拥立为帝，即位后，用于谦为兵部尚书，粉碎了瓦喇对北京的进攻，迫使瓦喇放回英宗，英宗放回后，景帝将其软禁。直到景帝病危时，英宗才又被拥为帝。	
	明英宗（朱祁镇）1427 年——1464 年	年号“天顺”。景泰八年（1456 年）朱祁钰生病，武清侯石亨、副都御史徐有贞及王振余党太监曹吉祥等乘机发动“夺门之变”，英宗再复帝位，改年号天顺。后杀害抗击瓦喇保卫北京有功的大臣于谦等多人。	

	明宪宗（见深）1447 年——1487 年	明宪宗朱见深，英宗长子，年号“成化”。宪宗好方术，溺于女色，致使宦官“奸欺国政”。	
	明孝宗（朱祐樘）1470 年——1505 年	明孝宗朱祐樘，宪宗三子。年号“弘治”，孝宗“更新庶政，言路大开”，使英宗朝以来奸佞当道的局面，得以改观。被誉为“中兴之令主”。	
	明武宗（朱厚照）1491 年——1521 年	明武宗朱厚照，孝宗长子，年号“正德”。好逸乐，贪女色，是明朝有名的荒唐皇帝，因荒淫过度，死于 1521 年，时年 31 岁。	
	明世宗（朱厚熜）1507 年——1567 年	明世宗朱厚熜，宪宗孙，父兴献王。年号“嘉靖”，世宗前期颇有一些作为，诛杀宦官，节用宽民，但后期荒淫无度，政治腐败，多次爆发农民起义。世宗因服丹药中毒死，时年 60 岁。	庚戌之变 戚继光抗倭
	明穆宗（朱载垕）1537 年——1572 年	明穆宗朱载垕，世宗第三子。年号“隆庆”，在位 7 年，死于 1572 年，时年 36 岁。	西游记
	明神宗（朱翊钧）1563 年——1620 年	明神宗朱翊钧，穆宗第三子。年号“万历”，即位时才 10 岁，张居正与司礼太监冯保共掌朝政，推行改革，国力鼎盛一时。神宗亲政后，深居宫中，荒淫享乐，政治腐败。发生梃击案、移宫案、红丸案等。神宗时，北方努尔哈赤建立后金，窥视中原。神宗死于 1620 年，时年 58 岁。	张居正 本草纲目 中日朝鲜之役
	清仁宗（颙琰）1760 年——1820 年	清仁宗颙琰，号嘉庆，清高宗弘历的第十五子。生于乾隆二十五年（1760）。五十四年被封为嘉亲王，乾隆六十年登基，改元嘉庆，在位 25 年，终年 61 岁。庙号“仁宗”。	白莲教起义
	清宣宗（旻宁）1782 年——1850 年	清宣宗旻宁，年号道光，清朝入关后的第六代皇帝，生于乾隆四十七年（1782 年 9 月 16 日），卒于道光三十年正月十四日。在位 30 年，终年 69 岁。	虎门销烟 鸦片战争 南京条约
	清文宗（奕𬣙）1831 年——1861 年	清文宗奕𬣙，道光十一年生于北京圆明园，1861 年病故，在位 11 年。	太平天国 英法联军 辛酉政变
	清穆宗（载淳）1856——1875 年	清穆宗载淳，年号同治咸丰与叶赫那拉氏的独生子。生于咸丰六年（1856）。同治十二年亲政，次年卒，年 19 岁。庙号“穆宗”。	政变 垂帘听政

衰亡阶段	秦二世（胡亥）前 230 年——前 207 年	秦二世胡亥，秦始皇第十八子，秦始皇出巡死于沙丘，宦官赵高和丞相李斯篡改遗诏，立胡亥为帝，赐太子扶苏死。胡亥即位后，宦官赵高掌实权，统治惨无人道，终激起陈胜、吴广起义。二世胡亥于前 207 年被赵高杀死，时年 24 岁。	揭竿而起
	汉成帝（刘骜）前 52 年——前 7 年	汉成帝刘骜，元帝子。成帝时，汉王朝衰落，外戚专权，成帝终日与赵飞燕饮酒作乐，成帝死于前 7 年，时年 46 岁。	赵飞燕
	汉哀帝（刘欣）前 25 年——前 1 年	汉哀帝刘欣，元帝的庶孙，成帝的侄子。哀帝时，社会矛盾尖锐，哀帝却只信鬼神天地，宠幸男宠董贤，造成王莽专权。哀帝死于公元前 1 年，时年 26 岁。	断袖之癖
	汉平帝（刘衎）前 9 年——公元 6 年	汉平帝刘衎，元帝庶孙，中山孝王刘兴子。即位时 9 岁。王莽掌权。公元 5 年，被王莽毒死。时年 14 岁。	
	汉孺子婴（刘婴）3 年——24 年	汉孺子婴刘婴，宣帝的元孙，刘显的儿子，即位时才 2 岁。公元 8 年，王莽自立，公元 24 年，刘婴被杀，时年 21 岁。	王莽代汉
	汉桓帝（刘志）132 年——167 年	汉桓帝刘志，章帝的曾孙。蠡吾侯刘异的儿子。桓帝即位时 15 岁，外戚掌权。他依靠宦官诛杀外戚梁翼，此后又宦官专政。桓帝死于 167 年，时年 36 岁。	外戚专权
	汉灵帝（刘宏）156 年——189 年	汉灵帝刘宏，章帝玄孙，桓帝死无子，刘宏即位。灵帝朝一团污气，宦官把持朝政，称“十常侍”。灵帝常说：“张常侍是我父，赵常侍是我母。”灵帝之世，民不聊生，买卖官爵，横征暴敛，终于 184 年爆发黄巾大起义。	黄巾军起义
	汉献帝（刘协）181 年——234 年	汉献帝刘协，即位时 9 岁，董卓专权，后曹操迎献帝于许昌。220 年，曹操死，曹丕自立为帝，建立魏国，汉亡，刘协被贬为山阳公。献帝从未掌握朝政。	官渡之战 赤壁之战
	魏高贵乡公（曹髦）241 年——260 年	魏高贵乡公曹髦，曹丕孙，曹霖的儿子。14 岁即位，260 年，被司马昭杀死，时年 19 岁。留下“司马昭之心，路人皆知”的民谚。	

	魏元帝（曹奂）246 年——302 年	魏元帝曹奂，曹操孙，燕王曹宇的儿子。265 年被司马炎所废，被封为陈留王。死于 302 年，时年 57 岁。	禅让帝位
	蜀汉后主（刘禅）207 年——271 年	蜀汉后主刘禅，刘备子，甘夫人所生，223 年即位，时年 17 岁。刘禅无能，但在诸葛亮辅佐下，蜀汉得到发展。诸葛亮联吴攻魏但均告失败。蜀汉国力日弱，于 263 年被魏国所灭。刘禅被擒到洛阳，死于 271 年。	魏灭蜀之战 宠信宦官 乐不思蜀
	东吴乌程侯（孙皓）242 年——283 年	孙皓，孙权的孙子，父孙和。孙皓即位后，大修宫舍，残暴好杀，穷奢极欲，于 280 年，被晋武帝司马炎所灭，死于 283 年，时年 42 岁。	势如破竹 晋灭吴
	晋愍帝（司马邺）300 年——317 年	晋愍帝司马邺，晋武帝孙，吴孝王司马晏的儿子。司马邺即位时才 13 岁。由琅琊王司马睿，南阳王司马保辅政。匈奴刘曜进攻长安，愍帝投降，受尽侮辱，317 年被杀，时年 18 岁。	
	隋炀帝（杨广）569 年——618 年	随炀帝杨广，文帝第二子，曾在统一中国的战争中立下汗马功劳。但在他杀父即位后，生活淫奢，大兴土木，劳民伤财，并频频出巡，激起大规模的农民起义。于 618 年，在江都被宇文化及杀死，时年 50 岁。	炀帝夺位 大运河 三征高丽 瓦岗山
	唐僖宗（李儇）862 年——888 年	唐僖宗李儇，懿宗第五子。在位期间，发生了黄巢领导的农民起义兵一度占领长安。僖宗死于 888 年，时年 27 岁。	黄巢起义
	唐昭宗（李晔）867 年——904 年	唐昭宗李晔，懿宗第七子。被朱温（即后梁太祖）所杀，时年 38 岁。	
	唐哀帝（李柷）892 年——908 年	唐哀帝李柷，为昭宗第九子，907 年让位与朱温，908 年被朱温所杀，时年 17 岁。	
	宋徽宗（赵佶）1082 年——1135 年	宋徽宗赵佶，宋神宗第十一子，宋哲宗死后，无子由哲宗弟赵佶继位。任用奸相蔡京，吏治腐败。在位期间，爆发了宋江，方腊等农民起义。1125 年金兵南下，宋徽宗传位于其子赵恒（钦宗），自称太上皇。宋徽宗是一个败国皇帝，但却是一个艺术家，他工画花鸟且首创“瘦金体”书法。	方腊 宋江 金联宋灭辽

	宋钦宗（赵桓）1100年——1156年	宋钦宗赵桓，宋徽宗长子，即位后“声技音乐，一无所好”，颇有振作之意。贬杀蔡京、童贯等奸臣，任用李纲抗金。1127年金兵攻破汴梁，被俘北上，1156年被杀，终年57岁。	金联宋灭辽 靖康之变
	元顺帝（妥欢帖睦尔）1320年——1370年	元顺帝，名妥欢帖睦尔，明宗长子。其间，爆发了大规模的农民起义，1368年朱元璋遣大将徐达率领明军攻入大都，顺帝出逃，元亡。1370年，顺帝病死，时年51岁。	脱脱更化 红巾军
	明光宗（朱常洛）1582年——1620年	明光宗朱常洛，神宗长子。年号“泰昌”，是一个贪财好色的皇帝，由于淫欲过度，即位当天就病倒了，后因服用丹砂过度而亡。时年39岁。	移宫案 红丸案
	明熹宗（朱由校）1605年——1627年	明熹宗朱由校，光宗长子。年号“天启”，在位时任用宦官魏忠贤，致使政治腐败，努尔哈赤乘机攻占沈阳。熹宗死于1627年，时年23岁。	移宫案 红丸案 宁远之战
	明思宗（朱由检）1611年——1644年	明思宗朱由俭，光宗第五子，年号“崇祯”。即位后，诛杀魏忠贤，颇为勤政，勉力振作，无奈积重难返，各地农民起义不断爆发，北方皇太极骚扰入侵，又性多疑，刚愎自用。终于1644年李自成攻入北京时崇祯在景山自缢身亡。时年35岁。死前于蓝色袍服上大书“勿伤百姓一人”。	袁崇焕之死 徐霞客游记 松锦大捷
	清德宗（载湉）1871年——1908年	清德宗载湉，同治十年出生于北京宣武门太平湖畔醇王府，其父奕寰是道光帝的第七子。他在位34年，终年38岁。	马关条约 戊戌变法 辛丑条约
	清宣统帝（溥仪）1906年——1967年	清宣统帝溥仪于光绪三十二年（1906年2月7日）生于北京什刹海边的醇王府。1967年10月17日病逝，终年61岁。	辛亥革命 帝制终结

附录二：案例评析

向中国皇帝学管理，实际上是从现代管理学的角度，对中国皇帝如何打天下、怎样治国所进行的一次系统总结。通过探询中国皇帝在治国、平天下等方面的利弊得失，我们可以从中发现许多值得现代的企业家、政治家学习的经验，也可以从中汲取许多失败的教训。这些都是中华民族几千年的智慧结晶，都是中华民族的宝贵历史财富。

文中，我们梳理总结出一个“五五”制原则，即一个皇朝的发展一般要经过五个阶段：开基、成长、巅峰、转折、衰亡；每一个阶段都有五个因子：时代环境、阶段领袖、人才管理、组织制度、文化建设，如此结成了管窥中国皇帝的五个纬度。为增强个案的连续性和经验的可验证性，我们从中国皇朝史的每一个发展阶段，各挑选了一个案例，作为对黄色管理“五五”制的一个注解。

案例一

朱元璋：开国皇帝

明太祖朱元璋，中国历史上所有皇帝当中出身最为低下的一位。有人经常把汉高祖刘邦与朱元璋相比较，并将二人都当作从社会底层登上皇帝宝座的典型例证。刘邦虽然也出身于社会底层，但是刘邦毕竟做过亭长，在农业社会中也属于比较“精英”的那一类人物。

而朱元璋则出身于身无立锥之地的一个佃农之家，父亲死了，他竟然找不到一块地来埋葬；出生时也没有名字，只是叫做朱重八，实际上就是在兄弟中排行第四的意思。在当时，穷苦人家是没有名字的，或者用父亲的年龄作为自己的名字，或者用某一个数字作为自己的代号。朱元璋就属于这种没有名字的阶层。从元朝至正十二年（公元 1352 年），朱元璋二十五岁参加郭子兴的红巾军当大头兵开始，到明朝洪武元年（公元 1368 年），朱元璋四十一岁当上皇帝，只有短短十六年的时间。这不能不说是一个奇迹；而朱元璋也不能不成为引起历史学家和管理学家注意的典型案例。

清代史学家赵翼曾说："盖明祖一人，圣贤、豪杰、盗贼之性，实兼而有之者也。"在朱元璋的身上，豪气和匪气并存，后世对他的评价也是毁誉参半。但无论如何，谁也无法否认他是个有"色彩"的人。他奇特的个性、传奇的身世、跌宕起伏的创业史以及独树一帜的治国驭人之术，都令人好奇，引人深思。

朱元璋的成功创业，从管理学的角度剖析，可以说是"五五"制的典型。

天下大乱中的战略决定

元末明初，天下大乱，群雄并起。如此的局势下，如何进行战略决策以找到创业之路，至为关键。

朱元璋在打天下的过程中，有三次重大的战略决定。我们说，战略是组织成功的指南针，是组织行动的总纲领。战略对头，可以事半功倍，而战略错误则导致严重的后果。创业阶段的战略成功，首先是对创业集团所面对环境的一种前瞻性反映。朱元璋的三次战略决定，基本上确定了他以及他领导的创业集团发展、壮大的轨迹。

这三个战略决定依次是：决定参加红巾军；“高筑墙、广积粮、缓称王”；誓师北伐，统一全国。第一个决定现在看来，不过是个人的一个决定，但是，这个决定对于当时的朱元璋来说，则决定着他一生的命运。第二个决定，使朱元璋区别于当时的其他各路割据势力和创业集团，得以积蓄力量，各个击破，从而取得老大的位置；而同时这也是决定中国二百年历史的一个决定。第三个决定，则是朱元璋能够统一全国，将自己的统治扩大到全国的一个决定。如果不做这个战略决定，那么朱元璋和他的创业集团也不过是偏安一隅的一个地方性政权而已，还会随时受到北方强大的蒙元势力的威胁，很可能不会延续下来。

朱元璋的三次战略决定，也是动态战略管理的典型。随着不断变化的外部环境，组织战略也要改变以适应变化了的形势。在这一点上，朱元璋做的非常到位。他能够随时把握环境的变化，并随时改变自己的战略，这是朱元璋成功的基本条件。

朱元璋的领袖魅力

创业集团需要一个核心领导层，而核心领导层要有一个能够将整个集团凝聚起来的领袖。这个领袖要想带领创业集团获得最终胜利，必须具备超凡的个人魅力。

朱元璋幼年的艰辛生活，造就了他坚强刚毅的性格；云游僧的经历开拓了他的眼界，加深了他对现实社会的了解。朱元璋投奔郭子兴没有多久，就因为英勇机敏被提升为九夫长，也由此得到郭子兴赏识，娶了郭子兴养女马氏，从而在义军中的地位不断提升。当彭大、赵君用逃到濠州，鸠占鹊巢，矛盾加剧，郭子兴被赵君用囚禁时，郭子兴的部将，甚至他的儿子都躲匿起来，没有人敢站出来救郭子兴。正是朱元璋从前线赶回来，利用彭大和赵君用之间的矛盾，夜访彭大，陈说利害关系，劝说彭大出兵，才将郭子兴解救出来，而当时他参军刚刚六个月。如此临危不乱、果敢机智的素质，是他超出常人、终成大业的重要原因。朱元璋没有读过多少书，但他虚心好学，喜欢结纳儒士。他先后网罗了冯胜、陶安、刘基、朱升等一大批儒雅之士，给予他们很高的待遇。他还经常与这些人谈古论今，分析时势，请他们出谋划策。朱元璋因此而眼界更加开阔，素质迅速提升。

朱元璋的这些素质，这些个人魅力，都是他能够成为明朝创业集团领导核心的重要原因，也是他能够带领这个创业集团，夺取天下的关键所在。

朱元璋的人才政策

善于识人、用人、团结人才为自己服务，是朱元璋能够成功的源动力。朱元璋出身于佃农家庭，但这没有妨碍他积极、用心地网罗和吸纳其他各个阶层的人才。

在他的身边，既有小时候的玩伴，也有大儒士、大地主，还有从对方阵营中投诚过来的人才。这些人才，为他夺得江山立下了赫赫功勋。他手下的李善长、徐达、汤和、耿炳文、郭兴、郭英、周德兴等人都是他的同乡，对他忠心耿耿，出生入死。朱元璋注重“文武相资”，认为开创帝业好似构筑大厦，武臣似“斧斤”，剪伐砍削；文臣如“黝垩”，藻绘粉饰，二者偏废则难以有成。因此，他很重视招揽儒士，听取他们的建议。正是在陶安、冯胜的建议下，朱元璋攻取金陵，东征西讨，成就帝王之业。攻取徽州后，他亲自上门拜访朱升，得到“高筑墙，广积粮，缓称王”的建议，并坚决加以执行，因此能够在群雄先后称帝时韬光养晦，保全实力，逐步发展壮大。

创业时期的制度建设

朱元璋对于创业阶段的制度建设，则充分秉承了灵活性的原则。在不同的时期，针对不同的外部环境，对创业集团的制度有着不同的安排。这些不同的安排，不仅在制度上保证了组织的政令和军令的畅通，而且还极大地节约了组织的信息沟通成本和交易成本。可以说，是朱元璋集团效率和战斗力大大高于其他集团的首要条件。

朱元璋的制度安排基本继承了前朝的格局。朱元璋集团照例设置了丞相的职务和行中书省的机构。但是，在实际的操作过程中，根据当时的条件，也作了诸多修正。比如，设置大元帅的职务，统领一切兵马，赋予临敌作战的将领以极大的权力。但刚开始时，朱元璋并没有设立大元帅的职务，各个将领都直接对他负责。有一次，大将常遇春打了一个大胜仗，却把降兵全部杀死。同样作为大将，徐达却阻止不住，因为徐达在制度上没有约束常遇春的权力。随着战事的发展和环境的变化，朱元璋决定加封徐达为大元帅，节制诸将。

灵活的组织制度，是朱元璋集团战斗力和执行力高于其他集团的主要原因。

文化建设

朱元璋虽然自己没有读过几天书，但在他的创业过程中，却极大地发挥了文化建设的作用。在朱元璋成为集团的实际领袖后，他利用手中的权力，改变了原来轻视文人和文化的政策。每占领一个地方，朱元璋总要访求当地有名的儒生，罗致在幕府里做事。即使不来，也要去请教。那个给朱元璋建议“高筑墙、广积粮、缓称王”的朱升，就是徽州当时著名的儒生。在打下婺州以后，朱元璋知道婺州是两百年来的理学中心，出了很多著名学者，被叫做“小邹鲁”。他立即聘请当地著名学者十三人为他讲解经书、历史。并任命金华人叶仪、宋濂为五经师，范祖为咨议。宋濂是当时名满天下的儒学大师。在打下浙东后，朱元璋知道当地的刘基是大学问家，便三番五次邀请刘基出山帮助自己打天下。这表明朱元璋集团是个典型的学习型组织。

朱元璋的北伐檄文可称得上历史上的宣传典型。这篇檄文不仅揭露了元朝政府的腐朽，而且宣传了朱元璋集团的正义性，对于鼓舞士气，打击敌人，获得民众的支持，起到了不可忽视的作用。

案例二

汉景帝：守成皇帝

汉景帝刘启是文帝长子，母亲窦姬，汉孝惠帝七年（公元前188年）生于代地中都。在位十六年，卒于景帝后三年（公元前141年），谥号“孝景皇帝”。汉景帝在西汉历史上占有重要地位，他继承和发展了其父汉文帝的事业，与父亲一起开创了“文景之治”；又为儿子刘彻的“汉武盛世”奠定了基础，完成了从文帝到武帝的过渡。

作为一个身处皇朝成长阶段的皇帝，汉景帝所面临的皇朝环境、他的领袖能力、人才观、制度建构和文化建设，典型地表现出组织成长阶段和守成领袖的特征。

时代环境

汉朝建立以来，经过高祖刘邦、吕后，特别是汉文帝的偃武修文，与民休息，使社会经济得以恢复和发展，百姓生活日渐好转，刘汉的江山逐渐得到了百姓的支持和拥戴。但是，在政治上，刘邦分封的同姓王们的势力也逐渐坐大，成为影响皇朝大局的重要原因。

高祖十二年（公元前195年），刘邦立兄刘仲之子刘濞为吴王。吴王刘濞开铜矿，铸“半两”钱，煮海盐，设官市，免赋税，吴国经济迅速发展，刘濞的政治野心也开始滋生。文帝时，吴太子入朝，与皇太子刘启（即景帝）博弈，因争棋路发生争执，皇太子抓起棋盘将吴太子砸死。汉文帝派人将尸体运回吴国，吴王刘濞愤怒地说：“天下一宗，死长安即葬长安，何必来葬?”又将灵柩运回长安埋葬。从此，刘濞称疾不朝。汉文帝干脆赐他几杖（茶几、手杖，对老年人尊敬和优待的象征），准许他不用朝请。但吴王刘濞不但没有悔改，反而更加骄横。

面对这样的形势，要想开万世之基业，就需要一个高瞻远瞩的皇帝。

皇帝谋略

作为一个守成皇帝，汉景帝的谋略主要表现在平定“七国之乱”。平定七国之乱，历经两个阶段，第一个阶段，错杀了主张削藩的晁错；第二个阶段，则是用武力平定了叛乱。

七国叛乱的消息传到长安后，景帝立即派中尉周亚夫（绛侯周勃的次子）为太尉，率军迎击吴楚叛军，派曲周侯郦寄击赵，将军栾布率兵解齐之围，并命窦婴（窦太后堂兄之子）为大将军，驻荥阳督战。景帝派周亚夫等迎击叛军的同时，内心却摇摆不定。而袁盎却向景帝建议："方今之计，独有斩错，发使赦吴、楚七国，复其故地，则兵可毋刃血可俱罢。"景帝为换取七国罢兵，果然相信袁盎的话，表示"不爱一人以谢天下"，于是腰斩晁错于东市，并残酷地族诛。景帝诛晁错，去掉了七国起兵的借口，然而七国仍不罢兵，进一步暴露出其反叛的面目。

景帝后悔莫及，于是决定以武力平息叛乱。而最终取得胜利，而汉景帝的策略与纳谏是紧密相关的。太尉周亚夫向景帝献计："楚兵勇悍，正面交锋恐难取胜，希望弃梁国之地，然后断绝吴楚粮道，就可以平定他们了。"此计正是以暂时放弃某些空间来换取时间，达到牵制叛军、挫其锐气的目的。汉景帝采纳了这个正确的建议，并付诸实施。后来战争的发展完全证实了周亚夫的判断。

人才政策

汉景帝的人才政策在平定七国之乱中就已充分体现。汉景帝深谙用人之道，如以太尉周亚夫为汉军主帅，可谓选帅得人。在朝廷中，汉景帝敢于任用主张削藩的晁错，也给了晁错极大的支持，只是由于晁错自身的原因没有避免悲剧的发生。

景帝为了治理京城的众多皇亲国戚和官僚贵族，任命执法严厉的宁成做中尉。宁成到任不久就震慑住了胡作非为的权贵们。敢大胆进谏的程不识，景帝让他做太中大夫，负责评议朝政。对于外戚的任用，景帝也能辨别是非，恰当使用。窦婴原是外戚，在七国之乱时，景帝经过比较，觉得其他外戚比不过窦婴，就封窦婴为大将军，镇守荥阳配合平叛，窦婴出色地完成了任务。景帝的母亲窦太后好几次让景帝封窦婴做丞相，景帝不顾母亲的埋怨，觉得窦婴不太稳重，所以一直没有答应，而是让更合适的卫绾做了丞相。景帝为人很宽厚仁慈，不记旧仇。张释之就是个很典型的例子：张释之在景帝做太子时曾经阻止他的车入殿门，因为他在进宫门时没有下车，违反了法令。最后这事还让文帝母亲薄太后知道了，文帝不得不摘下帽子认错，承认自己教子不严。这使当时的景帝很没面子，但景帝并没有像很多昏君那样，一即位便报私仇，反而让张释之做了廷尉。

制度建设

汉景帝在位期间的制度建设体现在紧抓主要矛盾，继续削夺各个藩王的权力，加强中央集权，从而为汉武帝时期的繁荣盛世奠定了制度基础。

平定七国之乱后，绝大多数诸侯王国仅领有一郡之地，实际地位已经降为郡级，国与郡基本上趋于一致。另外，汉景帝抑贬诸侯王的地位："令诸侯王不得复治国"，剥夺和削弱诸侯国的权力，收回王国的官吏任免权，取消"诸侯皆赋"，仅保留其"食租税"之权，并且收盐铁铜等利源及有关租税。此后，诸侯王不再具有同中央对抗的物质条件。经过景帝的改革，汉初推行的诸侯王国制，至此发生了明显的变化，诸侯王在名义上是封君，实际上"唯得衣食租税"而已。

文化政策

汉景帝时期的文化政策，还是以黄老学派的无为思想为基础的。但是，汉景帝并没严厉禁止其他学派的发展。西汉初期，朝廷流行黄老学派，即以黄帝和老子命名的学派，主张无为而治，轻徭薄赋。

景帝在提倡黄老的同时也让包括儒家学说的其他各派存在、发展，这不仅为汉朝的休养生息政策提供了理论基础，也为后来董仲舒学说的发展及其被汉武帝重视采用提供了前提条件。由此，文化的建构力与作用力可见一斑。

案例三

唐玄宗：盛世皇帝

孟子有句名言，“生于忧患而死于安乐”。唐玄宗李隆基的一生可说是这句名言的最好注脚。唐玄宗于先天元年（公元712年）即位，于至德元年（公元756年）因太子李亨在灵武称帝，被迫退为太上皇，在位将近五十年，也做了多年的太平天子。也正因为太平日子太多，才由俭素转为骄奢，从勤政转为溺于声色，由任贤良变为用奸佞，终致天下大乱，土崩瓦解。

在唐玄宗在位期间，既有“开元盛世”时期的繁荣景象，也有“安史之乱”的残破与凄凉。在中国历史上，盛世皇帝无不表现出这种“双重人格”。而唐玄宗表现得最为典型。

盛世环境：繁荣与隐忧

唐玄宗在位期间历经皇朝前期的繁荣与后期的衰败。

在唐玄宗之前，大唐帝国经过太宗李世民、高宗李治、武后则天、睿宗李旦、中宗李显等几代皇帝的休养生息政策，统治逐步稳定下来，经济发展也进入了一个快速增长的阶段。唐初实行的租庸调制、府兵制以及轻徭薄赋的财政政策，到开元初年产生明显的效果。李隆基接掌的大唐帝国，正处于稳定的上升期和生命的巅峰期。

不仅经济力量蒸蒸日上，而且各种制度臻于完备，官僚体系的运转处于最有效率的时期。

但是，时代环境也孕育着一个隐忧的暗流：那就是伴随着鼎盛，整个皇朝充斥着奢侈浪费和扩张野心。尤其杨玉环为贵妃后，李隆基开始纵情享乐，不理朝政。勤政和爱民这两大品德开始丢失。宫女增加到四千人，仅为杨贵妃刺绣织锦的工匠就有几百人。“一骑红尘妃子笑，无人知是荔枝来”，为杨贵妃从岭南传送新鲜的荔枝，不知要耗费多少民财。皇帝为整个皇朝开了头，上行下效，整个官僚体系也开始大肆浪费。玄宗为了满足扩张的野心，不顾国力四处出击。天宝六年，命令河西陇右节度使王忠嗣攻打吐蕃的石堡城。八年又命陇右节度使哥舒翰帅六万大军攻打石堡城，兵士死了几万人，只换得一座小城。王昌龄在《塞下诗》中写道“纷纷几万人，去者无生还”。如此的穷兵黩武，不仅加重了边疆地区同中央政府的矛盾，还使得数十万将士曝尸疆场，内地劳动力匮乏，大量耕地荒芜，社会生产力遭到了极大的破坏。

盛世皇帝：明君与昏君

与所面临环境相对应，李隆基是典型的“双重人格”集于一身。

李隆基的“英明”主要体现在两个方面：一是打击政敌太平公主，一是任用贤臣名相，从而巩固自己的统治。李隆基即位后，面临着太平公主的咄咄攻势。太平公主倚仗李旦太上皇的身份继续擅权用事，与李隆基的冲突越来越严重，太平公主意图废掉李隆基，另立新帝，和宫人元氏密谋用毒药害死李隆基。李隆基的亲信大臣都劝他急速行动。李隆基却因太平公主是自己的亲姑，父亲与她骨肉情深，所以迟迟不决。开元元年（公元 713 年）七月，魏知古上告太平公主欲在四日发动兵变，李隆基不敢再拖，亲自布置指挥羽林军，分道搜捕太平公主及其党羽。太平公主逃到山中的寺庙里，三天后才出来，在她的府邸被李隆基赐死，数十名党羽被斩杀。平定太平公主之乱，结束了中宗李显以来王室、贵戚的纷争，朝廷纲纪得以肃清，大唐政权得以步入正轨。国家动乱依赖于大将平定，国家安定有赖于贤相治理，这是古代社会经典的治平理论。李隆基深明此理，相继任用姚崇、宋璟为相，步入开元盛世。

而其昏聩，也表现在两个方面：一是重用奸臣李林甫、杨国忠，宠信宦官高力士和大将安禄山；一是奢侈腐化、溺于声色、穷兵黩武。唐玄宗的这些昏聩之举，直接导致了“安史之乱”的发生。

盛世人才：贤臣与奸臣

用人不疑，疑人不用，是李隆基用人的一大特点。姚崇初为宰相时，一次向李隆基奏请依序为郎吏升职，李隆基却仰视大殿的屋顶，不加理睬，姚崇说了几遍，李隆基始终不予理会，姚崇以为自己说错什么了，又找不出原因，只好忐忑地退了出去。宦官高力士劝谏李隆基说：“陛下新总万机，宰臣奏事，当面加可否，奈何一不省察?”李隆基说：“朕任元之（姚崇名）以庶政，大事当奏闻共议之，郎吏卑秩，乃一一以烦朕耶!”不久高力士到中书省传达旨意，姚崇转忧为喜，感激之余放手施为，国家政治蒸蒸日上。接替姚崇的是宋璟，《资治通鉴》记载：璟为相，务在择人，随材授任，使百官各称其职，刑赏无私，敢犯颜正谏。上甚敬惮之，虽不合意，亦曲从之。

古时宰相的职能最为重要，国家政治的好坏，经济发展的快慢，往往取决于宰相是否得人。李隆基任用姚宋而天下大治，开创开元盛世；用李林甫而天下大乱，几乎丢了江山。李林甫居相位十九年，独持国柄，同样相业“辉煌”：妒贤嫉能、闭塞言路；编织情报网，屡兴大狱，对付异己；败坏军制，酿成安史之乱。李林甫为杜绝朝中大臣凭借边功入朝为相的可能，奏言文臣不当为将，应专用寒士和胡人，胡人勇决习战，寒士孤立无党，必能为朝廷尽死。李隆基因天下富庶、国力强盛，开始有“吞并四夷”的野心，也不想用文臣节制武将，以免影响军队战斗力，便同意了。而把精兵猛将都调往边关，将领如安禄山等几十年不调换，形成外强中干的局面，终成“安史之乱”。

盛世制度：正效应与副作用

组织的生命巅峰，最怕为着“盛夏的果实”，领导层离德、基层离心。表现在皇朝制度上，核心是如何好处理君权与相权、中央与地方的关系。

唐玄宗为了加强边境的防御，在重要的边境地区设立了十个军镇（也叫做藩镇），军镇的长官叫节度使。节度使带领军队，还兼管行政和财政，权力很大，地位很重要。可以说，唐玄宗的这个措施，在藩镇权力处于可控制的范围内时，对维护中央、对全国统治还能起到重要作用。但是，一旦控制力不够，遂成难以革除的心腹之患。天宝十四年（公元 755 年），安禄山带领十五万大兵起兵反唐，足以警世。

盛世文化：控制与开放

唐玄宗与独尊儒术的汉武帝和施行文字狱的乾隆皇帝不同，在文化上持一种比较开放的态度。这种态度的形成以唐朝的繁荣盛世为基础，也反过来促进了唐朝的繁荣盛世。

唐玄宗在对待外来文化上，持的是多元发展，相互交融的态度。从唐玄宗对待西胡舞曲的态度上，就可以窥见一斑。唐玄宗是一个音乐皇帝，元稹、白居易都推崇他“雅好度曲”，是出色的作曲家，一生作曲无数。他嗜好乐舞大曲、法曲，善于吸收来自西域的胡乐，称为“胡部新声”，加速了华夷音乐的渗透与融合，特别是胡音唐化的步伐。唐玄宗完成了佛曲的改造，发展为舞曲，使胡音一跃而为纯粹的唐舞，千古传颂的《霓裳羽衣曲》便是其代表作。唐朝的文化开放与多元形态，不仅适应了唐朝盛世的经济和社会环境，而且为盛世创造了文化上的辉煌。

案例四

宋神宗：变革皇帝

变革是组织到了转折阶段，为了继续生存和发展而采取的措施。在现代组织中，变革更是常见。而在中国历史中，遵循祖宗成法已经成为历朝历代的治国原则，所以皇朝的改革基本是迫不得已，而不是主动的要求。而且，皇朝改革成功的例子少之又少。宋神宗时期的王安石变法，就经历了由初期的成功到后期的失败，综合了中国历史上皇朝改革的各种典型因素。虽然宋神宗和王安石的变法在历史上毁誉参半，但是不管后人如何评价，用心剖析这个变法的过程，对于现代组织来说，也是一个很好的镜鉴。

改革环境

北宋建立之后，一直到宋神宗时期，国力都比较弱小。这种境况在宋仁宗时就已非常严重，为应对局面，其时也施行了“庆历新政”。之后的宋神宗时期，北宋不仅军事力量弱小，军队没有战斗力，而且财政危机也越来越严重了。

北宋始终有强大的外敌和威胁存在，政府却惧怕出现强势的将领，但又要保持足够强的国防力量。《水浒传》说林冲是八十三万禁军教头有点夸张，但北宋的军队人数是在不断增加的，赵匡胤时二十万，赵光义时六十万，到了仁宗已经达到一百二十五万。养兵已成为国家的严重负担。万幸的是，历任皇帝都比较重视读书人，没有出现暴戾的昏君，政治上还算清明，虽有内忧外患，社会却没有出现大的动荡。国家的这种暗弱，不仅引起了宋神宗的重视，朝臣中有志之士也非常关心，王安石便是其中之一。

改革皇帝

在中国历史上，要想做一个成功的改革皇帝，首先要有破除祖宗旧制的魄力，其次要有识人、用人的眼光和对改革的坚定支持。

据《宋史》记载，宋神宗赵顼自幼“好学请问，至日晏忘食”。即位之后，面临内外忧患、军力暗弱、财政困乏等困难，神宗没有气馁，而是力图“思除历世之弊，务振非常之功”，表现出“励精图治，将大有为”，“愤然将雪数世之耻”的政治气概。宋神宗即位之前已闻知王安石的政治抱负和才能，“由是想见其人”。因此即位不数月，就让王安石出任江宁知府。几个月后，又召王安石为翰林学士兼侍讲，寄以治国安邦的厚望。神宗对王安石富国强兵的变法主张极为欣赏，并在变法的前一阶段，即熙宁七年（公元 1074 年）以前，对新法的推行给予大力支持。如果没有神宗的支持与配合，王安石在全国范围内实行变法是不可能的。宋神宗的政治抱负和锐意改革的决策，是进行变法的基本保障。

改革家

对于有心改革皇朝旧制的皇帝而言，选择一个优秀的改革家是最重要的事情。王安石作为一个毁誉参半的改革家，成因与败果集于一身。

王安石在江浙一带主政地方的时候，就开始试行他的改革，为日后在全国推行变法做了试点。他的改革试验取得了很大的成功，当地百姓交口称颂。王安石不是一个只在书斋里做花团锦簇文章，而对国计民生无所认识的书生文人，他在年轻时就在西北地区游历，广泛接触社会现实，对问题有清醒认识，并能够也敢于开出药方。但是，组织力量和控制进程却是王安石的致命弱点。王安石变法遭到了以司马光为首的北宋士林的反对。他为了抵抗这股力量，同时也为了大力推行变法，不得不大量起用新贵。而这些新贵多是借用变法来谋取政治上的利益，并非真正为了国家利益考虑。当变法执行者如此时，变法本意必遭扭曲，效果必然变味，变法必遭彻底失败。

制度改革

历朝历代的改革无不是从制度改革入手的。但是，皇朝制度千千万万，先改哪一个制度，后改哪一个制度，即制度改革的优先顺序，也直接影响着改革的成败。

王安石变法伊始就着手整顿财政，而忽略了吏治改革。“农田、水利、青苗、均输、保甲、免役、市役、保马、方田诸役，相继并兴，号为新法，颁行天下”。王安石为改变积贫积弱局面，一开始就把改革重点放在整顿财政上，以敛财为先。也由于新法在推行过程中用人不当，新法成为扰民、困民之举，遭到百姓反对；且变法从根本上触犯了官僚地主及大商人的利益，故又遭到这部分势力的反对。可见，在吏治没有澄清、阻力没有化解之前，改革是很难顺利、如期进行的。可以说，吏治改革是整体改革的首要条件。官僚体系的效率直接决定着皇朝改革的成败。

改革：对主体文化的调适

王安石变法在开始时就有对主体政事文化调适的决心（天变不足畏，祖宗不足法，人言不足恤）。其中心和关键在于“理财”，“以天下之力，以生天下之财；取天下之财，以共天下之费；自古治世，未尝以财不足为患也，患在治财无其道也”，他一再倡导“国用不足者，以未得善理财者故也”，“善理财者，不加赋而国用足”。由此可见，王安石的新法主要是在财政经济政策方面的变革。这在积贫积弱的北宋时期，是比较应时，相当合理的。但是由于他的新法偏重于经济改革，对政治人事方面着力不足，以致难于形成变革的氛围，难以坚定追随者的信心，难以确保新法的忠实执行。也因此使得变法的结果严重违背初衷：本意助民脱贫致富，忠君爱国，却加重了人民的负担，还造成了朝廷的派系之争。由此，变法的命数可想而知。

案例五

崇祯皇帝：亡国之君

明崇祯皇帝是个亡国皇帝，这是不可否认的事实。但奇怪的是，他是一个比较不挨骂的亡国之君。而且，我们定格的亡国之君，印象如夏桀、商纣、胡亥、汉献帝、陈后主、隋炀帝、宋徽宗之类，这些人或残暴无情，或荒淫无耻，或昏庸无道，或懦弱无能，不亡没有道理。这些人在历史上，是骂名多于同情。但崇祯不一样。

清臣张廷玉在《明史》中这样评价崇祯："呜呼！庄烈非亡国之君，而当亡国之运，又乏救亡之术，徒见其焦劳瞀乱，孑立于上十有七年。而帷幄不闻良、平之谋，行间未睹李、郭之将，卒致宗社颠覆，徒以身殉，悲夫！"这实际上就是"君非亡国之君，臣乃亡国之臣"的另类说法。

江河日下的末世皇朝

到崇祯即位时，明朝已是风雨飘摇，奄奄一息。崇祯元年，饿殍遍野的陕西已燃起饥民起义的星星之火，更大的农民起义风暴正在酝酿。长城关外的东北，后金贵族早已崛起，努尔哈赤的子孙正虎视眈眈觊觎着关内的大明王朝。内忧外患像蔓延而来的大火，如呼啸而来的大潮，这就是崇祯皇帝朱由检接手时的天下。这绝对是一个烂摊子，而且这个摊子已到了烂透的地步——二十余年荒怠、异常的弊政，尤其是天启年间的腐朽黑暗，大明朝已经滑向无底的深渊。作为最高统治者的皇帝，原本应该是权倾天下的。但崇祯从接手皇位的那一天起，就感到坐着的不是权位象征的喷金龙椅，而是一座孕育着愤怒与仇恨的火山。

君非亡国之君？

从崇祯皇帝即位伊始的系列作为来看，他绝不是昏聩无能的皇帝，相反是果断和勤政。

清除阉党，整顿吏治是其革新朝政的重要举措。1627 年，他铲掉魏忠贤的羽翼，果断下令将其贬谪到凤阳，随即又下令逮治。面对危机四伏的政局，他求治心切，很想有所作为。每逢经筵，恭听阐释经典，毫无倦意，召对廷臣，探求治国方策。勤于政务，事必躬亲。对于当时的政治黑暗腐败，他也想有所作为，为此，他起用了东林党人，试图解除内忧外患，挽救行将灭亡的大明江山。与前两朝相较，朝政有了明显改观。

但是，优点在此时也成了崇祯皇帝的致命缺陷：对自己过于自信，对朝臣过于猜忌。错杀袁崇焕就是崇祯皇帝猜忌之心发作的结果，而这个结果又导致了更严重的后果：在刚愎自用和人人可危的境况中，在后金和大顺的夹击下，明朝覆亡。

臣乃亡国之臣？

崇祯朝的大臣虽然多有无能懦弱之辈，但袁崇焕却是一个反例。那么，“臣乃亡国之臣”又是什么意思？从现代管理学的角度，这句话应该从官僚体系的整体效率上来理解。到了明朝末年，整个官僚体系都已经腐化堕落了。也就是说，虽然终崇祯一朝没有出现罪大恶极的奸佞，但是整个皇朝的官员都在贪污、都在压榨百姓，当外敌入侵时，普遍缺乏斗争的勇气和能力。官员的普遍贪污又恰好碰上了比较理想主义和比较崇尚节俭并身体力行的崇祯皇帝。这种情况的后果就是君臣关系的紧张：皇帝不信任大臣，大臣不忠于皇帝。这样的状况，臣又怎能不成为亡国之臣？

末世皇朝的制度

导致明朝末年皇朝官僚普遍贪污的根本原因还在于明朝的制度。明朝官员薪水之低是历朝罕见的，一个知县的月薪是七点五石，约折价十两银子左右，即使是正二品的尚书，也只不过区区六十一石，还不到一百两银子，但一个官员要想维持正常的开支——还不是花天酒地，这点薪俸连杯水车薪也算不上。大清官海瑞生活在比崇祯早几十年的万历年间，他为母亲做寿时，只能买二斤猪肉，连总督胡宪宗闻知也觉得甚是不忍。等到海瑞晚年东山再起，被任命为正二品的南京右都御史时，为了置办一身官服，竟然不得不变卖家产。

在这种超级低薪的前提下，官员们如果不是集体贪污受贿，就可能无法生存下去。而明朝的官僚制度，本身似乎对一定程度的受贿是默许的——如地方官员向京官例行的炭敬、冰敬，以及官员出差时成了惯例的打秋风等等，均被视作正常。因而在明代，各个州县在征收上交国家的正税以外还向百姓摊派多少钱粮、一个下级地方官每年应该向上司进几次贡、每次的数额大约是多少，都有一定的潜规则可循，这本身也已成为明代官僚体制的一部分。

既然这种官僚系统的集体贪污和腐化已经成为了一种惯例，那么，又有什么理由争辩皇朝不覆亡呢？

末世皇朝的文化

末世皇朝在文化上已经没有多少可以作为了。文化的作用只有在物质基础比较强大的基础上才能事半功倍、有所作为。而到了皇朝的末期，皇朝的整个物质基础和制度基础已经腐烂了，在这个腐烂的物质基础之上，又怎能有积极向上的文化？

崇祯皇帝也不是不重视文化建设。他在位期间，以皇帝的名义发布了许多指示，要求大臣们学习和弘扬“文官不爱钱，武官不怕死”的精神。但是，在整个官僚系统集体腐败、国家内忧外患叠加的环境之中，这种文化宣传已经没有什么实质意义了。与此相反，末世皇朝的对手们，却在依靠自身的物质和制度基础，对这个行将灭亡的旧王朝进行文化较量和宣传攻防。崇祯皇帝没有在宣传上胜过敌人，却在宣传上被敌人狠狠打击。这就是努尔哈赤征伐明朝的“七大恨”。明朝就这样在竞争者的号角声中走向灭亡。

附录三：管理3+1课题组介绍

课题组长：冯成平

副 组 长：夏　熹　冯胜平　贺岁华　陈玉婷

参与成员：（按姓氏笔画排序）

白少飞　冯北平　仲志远　吕洪业　师延彬

李　佳　李全利　陆　宁　罗丽娜　武晶晶

荣滕娟　耿　云　袁　莉　唐东生　贾东丽

倪彩玉

课题成果：

《红色管理——向中国共产党学管理》　作者：冯成平　袁　莉

《黄色管理——解析中国皇朝管理》　作者：冯成平　白少飞

《蓝色管理——破解西方管理本源》　作者：冯成平　吕洪业　耿　云　唐东生

《管理治国——中华新文明的崛起》　作者：冯成平　仲志远

附录四：主要参考书目

1. 司马迁：《史记》（全十册），中华书局1959年版。

2. 司马光：《资治通鉴》（全十册），中华书局1956年版。

3. 杜尚侠，张庆利：《正说汉朝二十四帝》，中华书局2005年版。

4. 杨明之：《正说唐朝二十帝》，中华书局2005年版。

5. 游彪：《正说宋朝十八帝》，中华书局2005年版。

6. 许文续，陈时龙：《正说明朝十六帝》，中华书局2005年版。

7. 阎崇年：《正说清朝十二帝》，中华书局2005年版。

8. 易中天：《帝国的惆怅——中国传统社会的政治与人性》，文汇出版社2005年版。

9. 张健鹏，陈亚明：《圈子》，当代世界出版社2006年版。

10. 兰丕炜：《治乱龟鉴》，辽宁大学出版社1996年版。

11. 马小红等：《亡国鉴——风雨话君王》，深圳海天出版社1993年版。

12. 李蒙：《帝国的黄昏——解密二十四朝末代皇帝》，中共党史出版社2006年版。

13. 吴杨，王红梅：《中国历史上的重大决策》，百花文艺出版社2006年版。

14. 黄进华：《皇权悲剧——中国传统社会的历史宿命》，中国三峡出版社2006年版。

15. 田兆阳：《中国传统行政文化》，当代世界出版社1999年版。

16. 丁通编著：《管理者读史》，中共中央党校出版社2005年版。

17. 钱穆：《中国历代政治得失》，三联书店2005年第二版。

18. 金观涛，刘青峰：《兴盛与危机》，湖南人民出版社1984年版。

19. 赵伯平：《中国企业的病根子》，民主与建设出版社2004年版。

20. 杨静光编著：《古今管理理论概要》，中共中央党校出版社2005年版。

21. ［美］海因茨·韦里克，哈罗德·孔茨：《管理学——全球化视角》（第11版），经济科学出版社2004年版。

22. ［美］小约翰·谢默霍恩：《管理学原理》，人民邮电出版社2005年版。

23. 周三多、陈传明、鲁明泓编著：《管理学——原理与方法》（第四版），复旦大学出版社2003年版。

24. 王基建，白玉主编：《现代企业管理》，武汉理工大学出版社2005年版。

25. 关培兰编著：《组织行为学》，中国人民大学出版社2002年版。

26. 陈荣平：《管理大师中的大师——彼得·德鲁克》，河北大学出版社2005年版。

27. ［美］彼得·杜拉克：《21世纪的管理挑战》，生活·读书·新知三联书店出版社2003年版。

28. ［美］普华永道变革整合小组：《管理悖论——高绩效公司的管理革新》，经济日报出版社2002年版。

29. 田泪源：《中国民营企业成功模式分析》，中国华侨出版社2005年版。

30. 田泪源：《中国民营企业失败原因分析》，中国工人出版社2006年修订版。

后　记

如果让一个人说出，在中国历史上谁过着最为享受的日子，谁具有极具排场的威风，他定会毫不犹豫地说，当然是皇帝了，还能有谁?！那时的皇帝富有四海，那时的皇权至高无上，那时的皇朝深不可测，对人们来说，这是多么难以抗拒的魔力和诱惑呀！可是，我们稍加留神就会注意到，皇帝虽富有四海，但静处“紫禁城”的内心却是无比孤独；皇权虽至高无上，但对失去权力的恐惧却是如影随形；皇朝虽深不可测，但大白于天下的却是看不尽的兴衰更替。打天下时，诸雄争霸，豪情万丈；定天下中，觥筹交错，兔死狗烹；盛世之下，拓疆开土，路不拾遗；转折阶段，矢志改革，图以中兴；衰亡时期，哀其不幸，怒其不争。如此的图景，如此的命运，谁是主角，又当何解?

多少年来，人们从自然经济、小农意识、政治体制、传统文化，乃至系统论、结构功能主义等角度来评断中国古代封建的长久与帝制的延续，可谓见仁见智，不一而足。对封建王朝的主角——皇帝，也基本是在时势与英雄、开明与昏庸的张合之间定性和定型的。给人的印象是，一旦牵扯到个人，尤其是皇帝本人，学科理性就变得忽隐忽现。是没有合适的透视镜，还是缺乏持镜的人?就当前来看，我们倾向于后者。就工具而言，我们选择了管理学，透过管理学来管窥中国古代历史，透过静态管理定位皇帝的角色，透过动态管理解析皇朝的循环，是为动中有静，静中有动，动静结合。

纵观历史，我们给出两个比拟：把古代中国的封建皇朝比作一个企业集团，把古代中国的封建皇帝比作一个企业领导人，尽管古代之事并不具备某些现代性，但我们通过研究发现二者有着诸多相似性与共通之处。基于此，我们分析一个（企业）组织的领导者应具备什么样的素质，又是如何实现他的意志的；分析一个（企业）组织的发展演变过程，从而研判它的生命周期，也就是在什么阶段是怎样结构有如何管理。我们要做的工作——撰写《黄色管理》一书，就是拟从静态管理和动态管理两个维度，围绕角色定位和组织演变两个基点，来尽可能地破解这么一个历史简单定律：创业→成长→巅峰→转折→衰亡。历史和现实给出的逻辑是，这个简单定律不仅是中国古代皇朝的生动描述，更为惊异的是，它也是中国现代（家族式）企业生命周期的真实图景。以古鉴今，由今观古，不得不由衷地感叹：历史的大门在任何时候都向任何人敞开，就看现实中的人谁能够把握得更好，学到的最多；就好比先生之于学子，任谁都是一样的传道授业解惑，但谁成状元谁落第，就非老师之力了。历史之于现实，无疑也是“师傅领进门，修行在个人”。

再来看角色定位和组织演变，这是我们论述的两个基点。

角色定位是现代组织管理学的基本原则，是组织（群体）行为的静态因子。它强调角色基础、角色分工、角色能力和角色责任，其实就是现代组织的职位说明书。在这里，一般预设有：首先是组织的各个方面，有无定位角色；其次是基于组织的任务，定位是否准确；再次是随着条件的变化，角色有没有进行及时调整；还有一个岗位与能力相匹配的问题，也就是在一定的环境中，占据这个位置的人的能力是否足够胜任这个角色。在中国古代皇朝中，皇帝所拥有的至高无上的地位和不受限制的权力，决定了皇帝的角色至关重要，他的素质基本决定了他所经营皇朝的兴衰，也就演绎出一幕幕王朝兴衰更替大戏。戏中主角之于戏剧的决定性，不容我们迟疑和回避。

组织演变同样是现代组织管理学的基点，是组织（群体）行为的动态因子，它强调外部环境、结构功能、制度变迁和组织愿景，其实演变过程就是对组织进行动态管理的过程。在这里，一般预设有：首先，组织面临着什么样的外部环境；其次，外部环境对这一阶段的组织及其领导者有什么要求；其三，组织的战斗力是怎样激发并形成机制的，即人才管理；其四，组织制度对组织运行起着什么样的规范作用，它的效率和效果有没有经得起时间的检验，能否主动适应组织内外部条件的变化；其五，组织形成的文化有没有生命力，是否得到承续和发扬，没落的途中对思想文化是疏导还是围堵、是改造还是控制。

古代中国除了在其结构形态上有长期停滞的表征外，还有另一种不能忽略的历史现象——皇朝（皇权国家）的周期性更替。纵观中国历史，旧王朝覆灭的同时新王朝代之而起，呈现出一种时间上的周期性。而再细琢磨，就会发现，秦王朝以降的每个朝代，基本都呈现这样一种图景：一个个皇朝相继兴起、成长，又明里鼎盛、暗伏危机，直至衰落、崩溃。皇权国家内部呈现的阶段性，除了皇帝的角色（领导者的经营作用）外，也必须挖掘皇朝本身的（结构的、行为的、管理的、文化的）原因。所以，惟有立足于皇帝和皇朝两个基点，才可能最大限度地破解古代中国皇朝的兴衰和更替，发现古代中国皇帝的管理成败与得失。

行文至此，从读者的角度看，通过本书究竟可以领会或体验到什么呢？我们的本意落为四点，那就是“了解点历史，学一点管理，懂一点政治，品一点文化。”

其一，了解点历史。这里的历史不再像大部分教科书那样——基本是编年体；也不像帝王智谋、正说皇帝、戏说历史之类——基本是故事选编；当然，也不会像历史学术著作那样宏篇大论、见微知著。本书尝试着围绕皇帝与皇朝及其相互作用和要求，来管窥古代中国的历史。毕竟，一部皇帝史，一部中国史，说得夸张，却也道出了关键所在。因此，我们想换个角度，在娓娓道来的轻松中了解点历史。

其二，学一点管理。市面上“学管理”风头正猛，“不为学问究，也被时髦追”，表明管理还是要学一点的。但究竟是学什么管理、向谁学管理呢？想必是贴近生活的、联系实际的，当然，若能把读者本人带进其中，激发出特别的感觉更好。标准如此，那就惟有历史了，已经渗透在骨子里的自己的历史。不用说“以古鉴今，由今观古”，也不必拿“忘记历史，就意味着背叛”来说事儿，细细捉摸，单是历史中的管理案例就遴选不尽，管理经验也精炼不穷，管理教训更是汲取不够。这方面，尤以古代中国皇帝的角色定位和管理得失，以及他所经营皇朝的兴衰演变和动态管理为要。

其三，懂一点政治。自古以往的中国人都多多少少喜欢谈点政事，哪怕是夸张的传播，哪怕是在“莫谈国事”的时代，也都有内我的评价，至于懂多少“政治”或者政治讲的恰当与否，好像没有特别的要求。人天生为政治动物，终归还是要懂一点政治的。政治从何处来呢？现实是一方面，而我们中国人自古还是倾向于从历史中学的。清人龚自珍就有一句话：“欲知大道，必先知史”。是的，历史中不只有帝王的阴谋权术，散落其间的政治智慧，潜移默化的政治规则，日积月累的政治习惯，还有钱穆先生历数过的政治得失，也都在“法其可法，戒其可戒”（章太炎语）之列吧。

其四，品一点文化。当我们在为建设先进文化努力的时候，一定不能忽略：“文化的源泉是历史”。在历史中学习文化，就好比在旷野上品味香茗，有种心旷神怡、豁然开朗的感觉。而且，历史中不尽是帝王冠以教化之名的思想控制手段和文人骚客之墨宝遗迹，更蕴含了修齐治平之精神境界和小康大同之理想追求。正是文化的传承，绵延了五千年的中华文明。“中华文明是世界古代文明中始终没有中断、连续5000多年发展至今的文明。中华民族在漫长历史发展中形成的独具特色的文化传统，深深影响了古代中国，也深深影响着当代中国。现时代中国强调的以人为本、与时俱进、社会和谐、和平发展，既有着中华文明的深厚根基，又体现了时代发展的进步精神。”这是胡锦涛同志在美国耶鲁大学的演讲片断。也可见，品一点历史文化，无论于国于己，都还是不无裨益的。

历史不尽惆怅，管理不尽深邃，政治不尽严肃，文化不尽枯燥。《黄色管理》要是能给大家这么个感觉，应该说，就达到目的了。